Curiosités Inf

P. L. Jacob

Alpha Editions

This edition published in 2023

ISBN : 9789357957199

Design and Setting By
Alpha Editions
www.alphaedis.com
Email - info@alphaedis.com

Contents

PREFACE

Simon Goulart en envoyant a son frere Jean Goulart un volume de son *Thresor des histoires admirables et memorables* lui dit: "Ce sont pieces rapportees et enfilees grossierement ausquelles je n'adjouste presque rien du mien, pour laisser a vous et a tout autre debonnaire lecteur la meditation libre du fruit qu'on en peut et doit tirer. Dieu y apparoit en diverses sortes pres et loin, pour maintenir sa justice contre les coeurs farouches de tant de personnes qui le regardent de travers; item pour tesmoigner en diverses sortes sa grace a ceux qui le reverent de pure affection."

Autant nous en dirons de notre ouvrage. De tout temps il y a eu des croyants et des incredules.

"Les ignorans, dit Bodin[1], pensent que tout ce qu'ils oyent raconter des sorciers et magiciens soit impossible. Les atheistes et ceux qui contrefont les scavans ne veulent pas confesser ce qu'ils voyent, ne scachans dire la cause, afin de ne sembler ignorans. Les sorciers et magiciens s'en moquent pour deux raisons principalement: l'une pour oster l'opinion qu'ils soyent du nombre; l'autre pour establir par ce moyen le regne de Satan. Les fols et curieux en veulent faire l'essay."

[Note 1: En la preface de sa *Demonomanie*.]

* * * * *

LES DIABLES

I.—EXISTENCE DES DEMONS

"Il y en a plusieurs, dit Loys Guyon[1], tant incredules de nostre temps, qui ne veulent croire qu'il y ait des demons ou malins esprits qui habitent en certaines maisons (qui sont cause que personne n'y peut frequenter) ou par les deserts qui font fourvoyer les voyageurs. Et aussi en d'autres lieux... Ce qui m'a donne occasion d'escrire de ces demons, c'est que lisant le livre du voyage de Marc Paul, Venetien, des Indes Orientales, il escrit d'un desert, qu'il appelle Lop, qui est situe dans les limites de la grande Turquie qui est entre les villes de Lop et de Sanchion, qu'on ne scauroit passer en vingt-cinq ou trente journees, et pour ce qu'il est necessaire a aucuns, pour la negotiation qu'ont ceux de Lop avec ceux de Sanchion ou de la province du Tanguth, de passer par ces deserts, combien qu'ils s'en passeroyent bien, s'ils pouvoyent, veu les dangers et grandes difficultez qui s'y trouvent... C'est chose admirable qu'en ce desert l'on void et oid de jour, et le plus souvent de nuict, diverses illusions et fantosmes, de malins esprits, au moyen de quoy, ja n'est besoin a ceux qui y passent de s'eslongner a la trouppe, et s'escarter de la compagnie. Autrement, a cause des montagnes et costaux, ils perdroyent incontinent la veuee de leurs compagnons. Et les appellent par leurs propres noms, feignans la voix d'aucuns de la trouppe et par ce moyen les destournent et divertissent de leur vray chemin, et les meinent a perdition tellement qu'on ne scait qu'ils deviennent. On oid aussi quelquefois en l'air des sons et accords d'instrumens de musique, et le plus souvent des bedons et tabourins, et pour ces causes ce desert est fort dangereux et perilleux a passer.

[Note 1: *Diverses lecons*. Lyon, 1610, 3 vol. in-12, t. II, p. 300 et suivantes.]

"Voila ce qu'en a laisse par escrit, Marc Paul qui y a este, qui vivoit l'an 1250, je pensoy que ce fussent choses fabuleuses (et controuvees a plaisir ou pour quelque autre raison). Mais ayant leu les oeuvres de Teuet, cosmographe, pour la plus grand part tesmoin oculaire de beaucoup de choses que plusieurs autheurs ont laisse par escrit, et entre autres de ce desert de Lop, je n'ay plus creu que ce fussent fables.

"Que semblables choses ne se voyant ailleurs, il se void en ce qu'on a escrit de plusieurs grands et illustres personnages qui s'estoyent retirez aux deserts d'Egypte, comme sainct Machaire, sainct Anthoine, sainct Paul l'hermite, lesquels ont trouve tous les deserts lieux pleins de grande solitude, remplis de demons. Comme fit sainct Anthoine qui estant sorti de sa cellule, ayant envie de voir jour et Paul l'hermite, qui demeuroit en un desert plus haut que luy trois journees, trouva en chemin, une forme monstrueuse d'homme, qui estoit un cheval, et tel que ceux que les poetes anciens ont appele Hippocentaures. Auquel il demanda le chemin du lieu ou demeuroit ledict

Paul Hermite, lequel parla. Mais il ne peut estre entendu et monstra de l'une de ses mains le chemin et puis apres il s'osta de devant luy, s'enfuyant d'une grande vitesse. Or si c'est homme estoit point quelque illusion du Diable, faite pour espouvanter le sainct homme ou si (comme les solitudes sont coustumieres de produire diverses formes d'animaux monstrueux) le desert avoit engendre cest homme ainsi difforme, nous n'en avons rien de certain.

"Sainct Anthoine donc s'esbahissant de ceste occurrence, et resvant, sur ce que desja il avoit veu, ne discontinua son voyage, et de passer outre. Mais il ne fut gueres avant, qu'estant en un vallon pierreux et plein de rochers, il vid un autre homme d'assez basse stature, mais laid, et difforme, ayant le nez crochu et deux cornes qui lui armoyent horriblement le front, et le bas du corps, lequel alloit en finissant ainsi que les cuisses et pieds d'un bouc. Le vieillard sans s'estonner de ceste forme si hideuse, ne s'esmouvant d'un tel spectacle, si effroyable, se fortifia, comme estant bon gendarme chrestien vestu des armes de Jesus-Christ,… et, voicy ce monstre susdit qui lui presenta des dattes et fruicts de palmier comme pour gage d'amitie et asseurance. Ceci encouragea ce bon hermite qui, apprivoise du monstre, s'arresta un peu et s'enquit de son estre et que c'est qu'il faisoit en ceste solitude, auquel cest animal inconu respondit: Je suis mortel et un des citoyens et habitans de ce desert, que les gentils et idolatres aveugles et deceus sous l'illusion diverse d'erreur, adorent et reverent sous le nom de faunes, pans, satyres et incubes. Je suis venu de la part de ceux de ma trouppe, et compagnie vers toy pour te requerir qu'il te plaise de prier le commun Dieu et Seigneur de nous tous, pour nous miserables, lequel scavons estre venu au monde pour le salut et rachat de tous les hommes, et que le son de sa parole a este seme et espandu par toute la terre. Ce monstre parlant ainsi, le voyager charge d'ans et venerable hermite Anthoine pleuroit a chaudes larmes, lesquelles couloyent le long de sa face honnorable, non de douleur, ains de joye.

"En Hirlande, il s'y void et entend des malins esprits parmi les montagnes, et combien qu'aucuns disent que ce ne sont que des fausses visions qui proviennent de ce que les habitans usent de viandes et breuvages vaporeux, comme de pain faict de chair de poisson seche. Et leur boire sont bieres fortes. Mais i'ay sceu (asseurement) des Anglois qui y ont demeure quelques annees, qui vivoyent civilement et delicatement, qu'il y avoit des esprits malins parmy les montagnes, lesquels molestent par leurs facons de faire et font peur aux voyageurs soit de jour et de nuict.

"Plusieurs autres demons luy ont donne de grandes fascheries en son desert, lui jettans sur son chemin des vaisselles d'or et d'argent, lesquelles choses il voyoit soudain s'esvanouir."

"Les Arabes qui, communement voyagent par les deserts de leurs pays, y voyent des visions espouvantables et quelquefois des hommes qui s'esvanouissent incontinent, entre autres Teuet atteste avoir ouy dire a un truchement arabe qui le conduisoit par l'Arabie deserte nommee Geditel, qu'un jour conduisant une caravanne par les deserts du royaume de Saphavien, le sixiesme de juillet, a cinq heures du matin, luy Arabe et plusieurs de sa suite ouyrent une voix assez esclattante, et intelligible qui disoit en la mesme langue du pays: Nous avons longuement chemine avec vous. Il fait beau temps, suivons la droitte voye. Avint qu'un folastre nomme Berstuth, qui conduisoit quelques trouppes de chameaux, qui toutesfois n'apercevoit homme vivant, la part d'ou venoit ceste voix, respond: Mon compagnon, je ne scay qui tu es, suy ton chemin. Lors ces paroles dites, l'esprit espouvanta si bien la trouppe composee de divers peuples barbares qu'un chascun estoit presque esperdu, et n'osoyent a grand peine passer outre.

"Jesus-Christ fut tente au desert par le malin esprit.

"Et voila comme l'on peut recueillir que ce ne sont fables (de dire) qu'il y a des esprits malins par les deserts; et qu'il semble que Dieu permet qu'ils habitent plus tost en ces lieux escartez que la ou demeurent les hommes a fin qu'ils n'en soyent si communement offensez. Comme fit l'ange Raphael duquel est parle en la saincte Escriture, au livre de Tobie, qui confina le demon qui avoit fait mourir sept maris a la fille de Raguel aux deserts de la haute Egypte.

"D'autres demons frequentent la mer et les eaux douces, et dans icelles, et causent des naufrages aux navigeans et plusieurs autres maux, et y apparoissent des phantosmes. Et d'iceux esprits, comme escrit Torquemada, il s'en void journellement sur la riviere Noire, en Norvege, qui sonnent des instrumens musicaux et lors cest signe qu'il mourra bien tost quelque grand du pays. J'ay veu et frequente avec un Espagnol qui par tourmente de mer fut jette jusques aux mers, qui sont environ les terres du grand Khan de Tartarie, qu'il a veu souvent en ces regions-la de ces phantosmes tant sur mer que sur terre, notamment aux grandes solitudes de Mangy et deserts de Camul, et choses si estranges que je ne les auseroy mettre par escrit, de peur qu'on ne les voulust croire.

"Quelqu'un pourra objecter qu'il n'est pas vraysemblable que les demons qui sont aux deserts de Lop, et d'ailleurs appellent les voyageans par leurs noms, d'autant qu'iceux n'ont organes pour pouvoir parler suivant ce que Jesus-Christ dit que les esprits n'ont ni chair ni os. Je respon, suivant en l'opinion de S. Augustin, S. Basile, Coelius Rodigin et Appulee, que les anges se peuvent former des corps aeriens, de la nature la plus terrestre, et par le moyen d'iceux parler comme firent ces trois anges qui apparurent a Abraham. Et l'ange Gabriel, qui annonca la conception de Jesus-Christ a la Vierge Marie. Et que les demons s'en peuvent aussi forger non pas d'une matiere si pure, mais plus abjecte.

"J'ay parle d'un monstre chevre-pied qui apparut a sainct Anthoine, que je pense avoir este engendre par le moyen de Satan, d'autre facon que les autres demons. Neantmoins il requit ce sainct personnage de prier Dieu pour luy et pour d'autres monstres habitans ce desert. Son corps n'estoit point aerien mais charnel, comme ceux des boucs. Il fut prins et mene tout vif en Alexandrie vingt ans apres, au grand estonnement de tous ceux qui le virent, et combien qu'on le voulust nourrir curieusement quelques jours apres sa prise il mourut, et son corps fut sale et embaume et puis porte a Antioche et presente a Constantin, fils du grand Constantin.

"Lycosthene escrit estre avenu a Rotwille en Alemagne, l'an de grace 1545, que le diable fut veu en plein midi allant et se pourmenant par la place: cest ici que les citoyens s'effroyerent, craignans qu'ainsi qu'il avoit fait ailleurs, il ne bruslast toute la ville. Mais chascun s'estant mis en devotion de prier Dieu, et ordonner des jeunes et aumosnes, ce malin esprit lors s'en alla, et jacoit que le diable vienne peu souvent vers nous si est ce que Dieu le souffrant, il n'y vient point sans de bien grandes occasions, et pour estre l'executeur de la vengeance divine. Et ne nous faut point tourmenter sur ce que les demons sont si corporels, ainsi que vrayement tient la doctrine des chrestiens, veu que Dieu le veut ainsi.

"Ils se rendent sensibles et visibles par les moyens des corps empruntez ou formez en l'air ou en esblouissant le sens des personnes, et leur presentant des idees en l'ame, qu'ils pensent voir par la veuee exterieure ainsi que S. Augustin dit, qu'aucuns de son temps pensoyent estre transmuez par quelques sorcieres en bestes a corne, la ou le bon sainct ne voyoit autre cas que la figure de l'homme, mais le sens visible de ceux-cy estant ensorcele et perverti par la force de l'imagination causoit l'opinion de leur changement ou l'effect estoit tout au contraire. Suivant ces discours, il se void que par tout les demons ou diables s'efforcent de nuire a l'homme, encor qu'il se retire au plus hideux et inhabitable desert du monde, soit qu'il habite dans les plus populeuses villes, tousiours taschera-il de le faire tresbucher."

Lavater[1], ministre calviniste, admet avec beaucoup de mefiance les faits surnaturels; son ouvrage est precede de plusieurs chapitres ou il raconte des faits merveilleux en apparence et qui pour lui ne sont que des supercheries; ils ont pour titres:

[Note 1: *Trois livres Des apparitions des esprits, fantosmes, prodiges, etc. composez par Loys Lavater, plus trois questions proposees et resolues, par M. Pierre Martyr.* Geneve, Fr. Perrin, 1571, in-12.]

"CH. I. Les melancholiques et insensez s'impriment en la fantasie beaucoup de choses dont il n'est.

"CH. II. Gens craintifs se persuadent de voir et ouir beaucoup de choses espouvantables dont il n'est rien.

"CH. III. Ceux qui ont mauvaise vue et ouie imaginent beaucoup de choses qui ne sont pas.

"CH. IV. Beaucoup de gens se masquent, pour faire que ceux ausquels ils s'adressent, pensent avoir veu et oui des esprits.

"CH. V. Les prestres et moines ont contrefait les esprits et forge des illusions comme un nomme Mundus abusa de Paulina par ce moyen, et Tyrannus de beaucoup de nobles et honnestes femmes.

"CH. VI. Timothee Aelurus ayant contrefait l'ange, usurpe une couschee: quatre jacopins de Berne ont forge beaucoup de visions et de ce qui s'en est ensuivi.

"CH. VII. L'histoire du faux esprit d'Orleans.

"CH. VIII. D'un cure de Clavenne qui apparut a une jeune fille et luy fit croire qu'il estoit la Vierge Marie et d'un autre qui contrefit l'esprit; ensemble du cordelier escossois et du jesuite qui contrefit le le diable a Ausbourg."

Voici cette derniere histoire:

"Pendant que j'escrivois cet oeuvre, j'ay entendu par des gens dignes de foy, qu'en l'an 1569 il y avoit a Ausbourg, ville fort renommee d'Allemagne, une servante et quelques serviteurs d'une grande famille qui ne tenoyent pas grand compte de la secte des jesuites au moyen de quoy l'un de ceste secte promit au maistre qu'il feroit aisement changer d'opinion a ses serviteurs. Pour ce faire, apres s'estre deguise en diable, il se cacha en quelque lieu de la maison ou la servante allant querir quelque chose de son gre, ou y estant envoyee par son maitre, trouva ce jesuite endiable qui luy fit fort grand peur. Elle conta incontinent le tout a un de ses serviteurs, l'exhortant de n'aller en ce lieu-la. Toutefois peu apres il y vint, et comme ce diable desguise vouloit se ruer dessus, il desgaine son poignard et perce le diable de part en part, tellement qu'il demeure mort sur la place. Cette histoire a este ecrite et imprimee en vers allemans, et est maintenant entre les mains de tout le monde.

II.—APPARITIONS DU DIABLE

Le Loyer[1] pretend que les demons paraissent plus volontiers dans les carrefours, dans les forets, dans les temples paiens et dans les lieux infestes d'idolatrie, dans les mines d'or et dans les endroits ou se trouvent des tresors.

[Note 1: *Discours et histoires des spectres, visions et apparitions*, par P. Le Loyer. Paris, Nic. Buon, 1605, in-4 deg., p. 340.]

Nous lui empruntons l'histoire suivante:

"Un gendarme nomme Hugues avait ete pendant sa vie un peu libertin et mesme soupconne d'heresie. Comme il etoit pres de la mort, une grande trouppe d'hommes se presenta a luy et le plus apparent d'entre eux luy dit: Me connois-tu bien, Hugues?—Qui es-tu, repondit Hugues?—Je suis, dit-il, le puissant des puissants, et le riche des riches. Si tu crois que je te puis preserver du peril de mort, je te sauveray et ferai que tu vivras longuement. Afin que tu scaches que je te dis vray, scaches que l'empereur Conrad est a ceste heure paisible possesseur de son empire et a subjugue l'Allemagne et l'Italie en bien peu de temps. Il luy dit encore plusieurs autres choses qui se passoient par le monde. Quand Hugues l'eut bien escoute, il haussa la main dextre pour faire le signe de la croix, disant: J'atteste mon Dieu et Seigneur Jesus-Christ, que tu n'es autre qu'un diable menteur. Alors le diable lui dit: Ne hausse pas ton bras contre moy et tout aussitost ceste bande de diables disparut comme fumee. Et Hugues, le meme jour de la vision, trespassa le soir."

Le Loyer raconte aussi[1] cette autre apparition du diable:

[Note 1: *Discours et histoires des spectres*, etc., page 317.]

"En la ville de Fribourg, du temps de Frederic, second du nom, un jeune homme brusle par trop ardemment de l'amour d'une fille de la mesme ville, pratiqua un magicien auquel il promit argent, s'il pouvoit par son moyen jouir de l'amour de la fille. Le magicien le mene de belle nuit en un cellier escarte ou il dresse son cercle, ses figures et ses caracteres magiques, entre dans le cercle et y fait pareillement entrer l'escolier. Les esprits appelez se presentent mais en diverses formes, fantosmes et illusions... Enfin le plus meschant diable de tous se montre a l'escolier en la forme de la fille qu'il aymoit et en contenance fort joyeuse s'approche du cercle. L'escolier aveugle et transporte d'amour, estend sa main hors le cercle pour penser prendre la fille, mais tout content, le diable lui saisit la main, l'arrache du cercle et le rouant ou tournant deux ou trois tours lui casse et brise la tete contre la muraille du celier, et jeta le corps tout mort sur le magicien, et ce fait luy et les autres esprits disparurent.

"Il ne faut pas demander si le magicien fut bien effraye a ce piteux spectacle, se voyant en outre charge du pesant fardeau de l'escolier. Il ne bougea de la nuit de l'enclos de son cercle, et le lendemain matin il se fit si bien ouir criant et lamentant, qu'on accourt a son cry et est trouve a demy mort avec le corps de l'escolier et est degage a toute peine."

"Au surplus, dit Le Loyer[1], quant aux heretiques et heresiarques de nostre temps, ils ne se trouveront pas plus exempts d'associations avec le diable et de ses visions. Car Luther a eu un demon, et a este si impudent que de le confesser bien souvent par ses ecrits. Je ne le veux faire voir que par un traicte qu'il a faict de la messe angulaire, ou il se descouvre ouvertement et dit qu'entre luy et le diable y avoit familiarite bien grande, et qu'ils avoient bien mange un muy de sel ensemble. Que le diable le visitoit souvent, parloit a luy fort privement, le resveilloit de nuict, et le provocquoit d'escrire contre la messe, luy enseignant des arguments dont il se pourroit servir pour l'impugner.

[Note 1: Meme ouvrage, p. 297.]

"Mais Luther est-il seul qui a sa confusion est contraint de confesser sa conference avec le diable? Il y a aussi Zwingle, sacramentaire qui dit que resvant profondement une nuict sur le sens des paroles de Jesus-Christ: Cecy est mon corps, se presente a luy un esprit, qu'il est en doute s'il estoit blanc ou noir, qui lui enseigna d'interpreter le passage de l'Ecriture sainte d'une autre facon que l'Eglise des catholiques ne l'interpretoit et dire que ces mots: Cecy est mon corps, valaient tout autant comme qui diroit: Cecy signifie mon corps...

"Alors que Bucere, disciple de Luther, estoit en l'agonie de la mort, un diable s'apparut en la chambre ou il estoit et s'approchant peu-a-peu aupres de son lit, non sans essayer les presens poussa rudement Bucere et le fit tomber en la place ou il trespassa a l'instant.

"C'est aussy chose qu'on tient pour toute veritable et ainsi l'affirme Erasme Albert, ministre de Basle, que trois jours devant que Carolostade trespassa, le diable fut veu pres de luy en forme d'homme de haute et enorme stature, comme Carolostade preschoit. Ce fut un presage de la mort future de cet heretique."

Dans l'affaire des possedees de Louviers, suivant le Pere Bosroger[1],

[Note 1: *La Piete affligee, ou Discours historique et theologique de la possession des religieuses dictes de Saincte-Elisabeth de Louviers, etc.*, par le R.P. Esprit de Bosroger. Rouen, Jean Le Boulenger, 1652, in-4 deg., p. 137.]

"La soeur Marie de Saint-Nicholas apperceut deux formes effroyables, l'une representait un vieil homme avec une grande barbe, lequel ressemblait a nostre faux spirituel; ce phantosme qu'elle apperceut a quatre heures du matin, environ le soleil levant s'assit sur les pieds de sa couche, et luy dit d'un ton d'homme desespere: Je viens de voir Madelene Bauan, et la soeur du Saint-Sacrement; ah que Madelene est mechante! elle est entierement a nous, mais l'autre nous ne la scaurions gagner. Ce spectre obligea la soeur Marie de Saint-Nicholas de recourir a Dieu en faisant le signe de la croix, et aussitost elle fut delivree de ce phantosme; l'autre estoit seulement comme une teste grosse et fort noire, que cette fille envisagea en plein jour a la fenestre d'un grenier, laquelle donnoit dans celui ou elle travailloit; cette teste la regarda long-temps, et luy causa une grande frayeur, elle ne laissa pourtant de la considerer attentivement, jusqu'a ce qu'elle remarqua que cette teste commencoit a descendre de la fenestre; car pour lors elle fut saisie de peur, et se retira, puis aussitost ayant pris courage, elle alla dans le grenier ou la forme avoit paru, mais elle n'y trouva plus rien, sinon quelque temps apres qu'elle avisa dans le meme endroit des cordes qui se rouloient d'elles-memes et l'on voyoit tomber le linge dont elles etoient chargees; souvent on renversoit les meubles et on entendoit des bruits epouvantables."

D'apres le meme auteur, dans la meme affaire[1],

[Note 1: *La Piete affligee*, p. 421.]

"Un homme ayant apporte a Picard une lettre d'importance arriva a onze heures de nuit a son presbytere passant au travers de la cour close d'un mur, et entra dans la cuisine qui etoit ouverte, ou il trouva Picard courbe sur la table, et un homme noir et inconnu vis-a-vis de luy. Picard luy feit sa reponse de bouche, passa de la cuisine dans une chambre basse, laquelle il trouva pareillement ouverte; aussitost le deposant entendit un cry effroyable dont il avoit eu grand peur: ce vilain homme noir et inconnu luy reprocha qu'il trembloit, et avoit peur."

Crespet[1] cite d'autres apparitions du diable:

[Note 1: *Deux livres de la hayne de Sathan et malins esprits contre l'homme et de l'homme contre eux*, par P. P. Crespet, prieur des Celestins de Paris. 1590, in-12, p. 379.]

"Or le bon Pere Cesarius dans ses exemples dit bien autrement d'une concubine de prestre, laquelle voyant que son paillard desespere s'estoit tue soy-mesme, s'alla rendre nonnain ou estant a cause qu'elle n'avoit entierement confesse ses pechez, fut vexee d'un diable incube qui la tourmentoit toutes les nuicts, pour a quoy obvier, elle s'advisa de faire une confession generale de tous ses pechez. Ce qu'ayant faict, jamais le diable n'approcha d'elle depuis.

"Je ne puis omettre, ajoute-t-il, ce que a ce propos je trouve es archives de ce monastere ou je reside, qu'un bon religieux plein de foy (1504) voyant que le diable se meslant parmy les esclairs de tonnerre estoit entre en l'eglise ou les religieux estoient assemblez pour prier Dieu, et qu'il vouloit tout renverser et prophaner les choses dediees a Dieu, se vint constamment presenter arme du signe de la croix et commanda au nom de crucifix a Sathan de desister et sortir de la maison de Dieu, a la voix duquel il fut force d'obeir, et se retirer sans aucune offence."

"Mais entre tous les contes, desquels j'aye jamais entendu parler, ou veu, dit Jean des Caurres[1], cestui-cy est digne de merveille, lequel est advenu depuis peu de temps a Rome. Un jeune homme, natif de Gabie, en une pauvre maison, et de parents fort pauvres, estant furieux, de mauvaise condition et de meschante conversation de vie, injuria son pere, et luy fit plusieurs contumelies; puis estant agite de telle rage, il invoqua le diable, auquel il s'estoit voue: et incontinent se partit pour aller a Rome, et a celle fin entreprendre quelque plus grande meschancete contre son pere. Il rencontra le diable sur le chemin, lequel avoit la face d'un homme cruel, la barbe et les cheveux mal peignez, la robe usee et orde, lequel lui demanda en l'accompagnant la cause de sa fascherie et tristesse. Il lui respondit qu'il avoit eu quelques paroles avec son pere, et qu'il avoit delibere de luy faire un mauvais tour. Alors le diable luy fit reponse que tel inconvenient luy estoit advenu; et ainsi le pria-il de le prendre pour compagnon, et a celle fin que ensemble ils se vengeassent des torts qu'on leur avoit faicts. La nuit doncques estant venue, ils se retirerent en une hostelerie, et se coucherent ensemble. Mais le malheureux compagnon print a la gorge le pauvre jeune homme, qui dormoit profondement et l'eust estrangle, n'eust este qu'en se reveillant il pria Dieu. Dont il advint que ce cruel et furieux se disparut, et en sortant estonna d'un tel brui et impetuosite toute la chambre que les solives, le toict et les thuilles en demeurerent toutes brisees. Le jeune homme espouvante de ce spectacle, et presque demy mort, se repentit de sa meschante vie et de ses meffaicts, et estant illumine d'un meilleur esprit, fut ennemy des vices, passa sa vie loing des tumultes populaires et servit de bon exemple. Alexandre escrit toutes ces choses."

[Note 1: *Oeuvres morales et diversifiees en histoires, etc.*, par Jean des Caurres. Paris, Guill. Choudiere, 1584, in-8 deg., p. 390.]

"Lorsque j'etudiais en droit en l'academie de Witemberg, dit Godelman[1], cite par Goulart[2], j'ay ouy souvent reciter a mes precepteurs qu'un jour, certain vestu d'un habit estrange vint heurter rudement a la porte d'un grand theologien, qui lors lisoit en icelle academie, et mourut l'an 1516. Le valet ouvre et demande qu'il vouloit? Parler a ton maistre, fit-il. Le theologien le fait entrer: et lors cest estranger propose quelques questions sur les controverses qui durent sur le fait de la religion. A quoi le theologien ayant donne prompte solution, l'estranger en mit en avant de plus difficiles, le theologien lui dit: Tu me donnes beaucoup de peine: car j'avois le present autre chose a faire et la dessus se levant de sa chaire montre en un livre l'exposition de certain passage dont ils debatoyent. En cest estrif il apercoit que l'estranger avoit au lieu de doigts des pattes et des griffes comme d'oyseau de proye. Lors il commence a lui dire: Est-ce toi donc? Escoute la sentence prononcee contre toi (lui monstrant le passage du troisieme chapitre de Genese): La semence de la femme brisera la teste du serpent. Il adjousta: Tu ne nous engloutiras pas tous. Le malin esprit tout confus, despite et grondant, disparut avec grand bruit, laissant si puante odeur dedans le poisle qu'il s'en sentit quelques jours apres, et versa de l'encre derriere le fourneau."

[Note 1: Jean-George Godelman, docteur en droit a Rostoch, au traite *De magis, veneficis, lamis, etc.*, livre 1, ch. III.]

[Note 2: *Thresor d'histoires admirables et memorables de nostre temps, recueillies de divers autheurs, memoires et avis de divers endroits.* Paris, 1600, 2 vol. in-12.]

Le meme auteur fournit encore cette autre histoire a Goulart:

"En la ville de Friberg en Misne, le diable se presente en forme humaine a un certain malade, lui monstrant un livre et l'exhortant de nombrer les pechez dont il se souviendroit, pour ce qu'il vouloit les marquer en ce livre. Du commencement le malade demeura comme muet: mais recouvrant et reprenant ses esprits, il respond. C'est bien dit, je vay te deschifrer par ordre mes pechez. Mais escri au dessus en grosses lettres: La semence de la femme brisera la teste du serpent. Le diable, oyant cette condamnation sienne s'enfuit, laissant la maison remplie d'une extreme puanteur."

Goulart emprunte celle-ci a Job Fincel[1]:

[Note 1: Job Fincel, au premier livre *Des Miracles*.]

"L'an mil cinq cens trente quatre, M. Laurent Touer, pasteur en certaine ville de Saxe, voyant quelques jours devant Pasques a conferer avec aucuns du lieu, selon la coustume, des cas divers et scrupules de conscience, Satan en forme d'homme lui apparut et le pria de permettre qu'il communiquast avec lui; sur ce il commence a desgorger des horribles blasphemes contre le Sauveur du monde. Touer lui resiste et le refute par tesmoignages formels recueillis de l'Escriture sainte, que ce malheureux esprit tout confus, laissant la place infectee de puanteur insupportable s'esvanouit."

"Un moine nomme Thomas, dit Alexandre d'Alexandrie[1], personnage digne de foy, et la preud'hommie duquel j'ay esprouvee en plusieurs afaires m'a raconte pour chose vraye, avec serment, qu'ayant eu debat de grosses paroles avec certains autres moines, apres s'estre dit force injures de part et d'autre, il sortit tout bouillant de cholere d'avec eux et se promenant seul en un grand bois rencontra un homme laid, de terrible regard, ayant la barbe noire, et robe longue. Thomas lui demande ou il alloit? J'ay perdu, respondit-il, ma monture, et vai la cercher en ces prochaines campagnes. Sur ce ils marchent de compagnie pour trouver ceste monture, et se rendent pres d'un ruisseau profond. Le moine commence a se deschausser pour traverser ce ruisseau: mais l'autre le presse de monter sur ses espaules, promettant le passer a l'aise. Thomas le croid, et charge dessus l'embrasse par le col: mais baissant les yeux pour voir le gue, il descouvre que son portefaix avoit des pieds monstrueux et du tout estranges. Dont fort estonne, il commence a invoquer Dieu a son aide. A ceste voix, l'ennemi confus jette sa charge bas, et grondant de facon horrible disparoit avec tel bruit et de si extraordinaire roideur, qu'il arrache un grand chesne prochain et en fracasse toutes les branches. Thomas demeura quelque temps comme demy-mort, par terre, puis s'estant releve, reconnut que peu s'en estoit falu que ce cruel adversaire ne l'eust fait perir de corps et d'ame."

[Note 1: Au IVe livre, chap. XIX de ses *Jours geniaux*, cite par Goulart, *Thresor d'histoires admirables*, t. Ier, p. 535.]

III.—ENLEVEMENTS PAR LE DIABLE

J. Wier[1] rapporte cette histoire d'une femme emportee par le diable:

[Note 1: *Histoires, disputes et discours des illusions et impostures des diables, des magiciens, infames, sorciers et empoisonneurs, le tout compris en 5 livres*, traduit du latin, de Jean Wier, sans date, vers 1577.]

"L'an 1551 il advint pres Megalopole joignant Wildstat, les festes de la Pentecoste, ainsi que le peuple se amusoit a boire et ivrongner, qu'une femme que estoit de la compagnie, nommoit ordinairement le diable parmy ses jurements, lequel en la presence d'un chacun l'enleva par la porte, et la porta en l'air. Les autres qui estoyent presens sortirent incontinent tous estonnez pour voir ou ceste femme estoit ainsi portee, laquelle ils virent hors du village pendue quelque temps au haut de l'air, dont elle tomba en bas et la trouverent apres morte au milieu d'un champ."

D'apres Textor[1]: "Il y en eut un lequel ayant trop beu, se print a dire, en follastrant, qu'il ne pouvoit avoir une ame, puisqu'il ne l'avoit point veue. Son compagnon l'acheta pour le prix d'un pot de vin, et la revendit a un tiers la present et inconnu lequel tout a l'heure saisit et emporta visiblement ce premier vendeur au grand estonnement de tous."

[Note 1: En son *Traicte de la nature du vin*, liv I, ch. XIII, cite par Goulart, *Thresor des histoires admirables*, t. III, p. 67.]

Crespet[1] cite d'autres exemples d'enlevements par le diable: "Tesmoing, dit-il, ce grand usurier qui dernierement voyant que les bleds estoient a bon prix se desespera et appellant le diable il le veit incontinent a son secours, qui l'emporta au haut d'un chesne et le jectant du haut en bas, lui rompit le col.

[Note 1: *De la hayne de Sathan*, p. 379.]

"Un autre qui avoit perdu son argent au jeu; apres qu'il eut blaspheme le nom de Dieu et de la Vierge Marie, fut visiblement emporte par le diable, auquel il s'estoit voue."

Chassanion[1] rapporte que "Jean Francois Picus, comte de la Mirande, tesmoigne avoir parle a plusieurs lesquels s'estant abusez apres la veine esperance des choses a venir, furent par apres tellement tourmentez du diable avec lequel ils avoyent fait certain accord, qu'ils s'estimeroyent bien heureux d'avoir la vie sauve. Dit d'avantage que de son temps il y eut un certain magicien, lequel promettoit a un trop curieux et peu sage prince de lui representer comme en un theatre du siege de Troyes, et lui faire voir Achilles et Hector en la maniere qu'ils combattoyent. Mais il ne peut l'executer se trouvant empesche par un autre spectacle plus hideux de sa propre personne.

Car il fut emporte en corps et en ame par un diable sans que depuis il soit comparu."

[Note 1: En son *Histoire des jugemens de Dieu*, liv. I, ch. II, cite par Goulart, *Thresor des histoires admirables*, t. II, p. 718.]

Le Loyer[1] raconte encore cette histoire d'un diable noyant un anabaptiste:

[Note 1: *Discours et histoires des spectres, etc.*, p. 332.]

"En Pologne, dit-il, un chef et prince d'anabaptistes invita aucuns de sa secte a son baptesme les assurant qu'ils y verroient merveilles et que le saint esprit descendrait visiblement sur luy. Les invitez se trouvent au baptesme, mais comme cet anabaptiste qui devait etre baptise mettait le pied dans la cuve pleine d'eau, incontinent, non le saint esprit, qui n'assiste point les heretiques, ains l'esprit de septentrion qui est le diable, apparoist visiblement devant tous, prend l'anabaptiste par les cheveux, l'eleve en l'air et tant et tant de fois luy froisse la teste et le plonge en l'eau qu'il le laissa mort et suffoque dans la cuve."

"Nous lisons aussi que le baillif de Mascon, magicien, fut emporte, dit J. des Caurres[1], par les diables a l'heure du disner, il fut mene par trois tours a l'entour de la ville de Mascon, en la presence de plusieurs ou il cria par trois fois: Aydez-moy, citoyens, aidez-moy. Dont toute la ville demeura estonnee, et luy perpetuel compagnon des diables, ainsi que Hugo de Cluny le monstre a plein."

[Note 1: *Oeuvres morales et diversifiees et histoires*, p. 392.]

"Un homme de guerre voyageant par le marquisat de Brandebourg, a ce que rapporte Simon Goulart[1], d'apres J. Wier[2], se sentant malade et arreste a une hostellerie, bailla son argent a garder a son hostesse. Quelques jours apres estant gueri il le redemanda a ceste femme, laquelle avoit deja delibere avec son mari de le retenir, par quoy elle lui nia le depost, et l'accusa comme s'il lui eust fait injure: le passant au contraire, se courroucoit fort, accusant de desloyaute et larcin cette siene hostesse. Ce que l'hoste ayant entendu, maintint sa femme, et jetta l'autre hors de sa maison, lequel cholere de tel affront tire son espee et en donne de la pointe contre la porte. L'hoste commence a crier au voleur, se complaignant qu'il vouloit forcer sa maison. Ce qui fut cause que le soldat fut pris, mene en prison, et son proces fait par le magistrat, prest a le condamner a mort. Le jour venu que la sentence devoit estre prononcee et executee le diable entra en la prison, et annonca au prisonnier qu'il estoit condamne a mourir; toutefois que s'il vouloit se donner a lui, il lui promettoit de le garantir de tout mal. Le prisonnier fit response qu'il aimoit mieux mourir innocent que d'estre delivre par tel moyen. Derechef le diable lui ayant represente le danger ou il estoit, et se voyant rebute, fit neantmoins promesse de l'aider pour rien et faire tant qu'il le vengeroit de ses ennemis. Il lui conseilla donc lorsqu'il seroit appele en jugement de maintenir qu'il etoit innocent et de prier le juge de lui bailler pour advocat celui qu'il verroit la present avec un bonnet bleu: c'est assavoir lui qui plaideroit la cause. Le prisonnier accepte l'offre et le lendemain, amene au parquet de justice, oyant l'accusation de ses parties et l'advis du juge, requiert (selon la coustume de ces lieux la), d'avoir un advocat qui remonstrast son droit: ce qui lui fut accorde. Ce fin Docteur es loix commence a plaider et a maintenir subtilement sa partie, alleguant qu'elle estoit faussement accusee, par consequent mal jugee; que l'hoste lui detenoit son argent et l'avoit force; mesmes il raconta comme tout l'affaire estoit passe, et declaira le lieu ou l'argent avoit este serre. L'hoste au contraire se defendoit, et nioit tant plus impudemment, se donnant au diable, et priant qu'il l'emportast, s'il estoit ainsi qu'il l'eust pris. Alors ce Docteur au bonnet bleu, laissant les plaids, empoigne l'hoste, l'emporte dehors du parquet, et l'esleve si haut en l'air que depuis on ne peut scavoir qu'il estoit devenu." Paul Eitzen[3] dit que ceci avint l'an 1541 et que ce soldat revenoit de Hongrie.

[Note 1: *Thresor d'histoires admirables*, tome I, p. 285.]

[Note 2: Au IVe livre *de Praestigiis Daemonum*, ch. XX.]

[Note 3: Au VIe livre de ses *Morales*, ch. XVIII.]

Les memes auteurs nous font encore connaitre les deux histoires suivantes:

"Un autre gentilhomme coustumier de se donner aux diables, allant de nuict par pays, accompagne d'un valet, fut assailli d'une troupe de malins esprits, qui vouloyent l'emmener a toute force. Le valet desireux de sauver son maistre, commence a l'embrasser. Les diables se prennent a crier: "Valet lasche prise"; mais le valet perseverant en sa deliberation, son maistre eschappa."

"En Saxe, une jeune fille fort riche promit mariage a un beau jeune homme mais pauvre. Lui prevoyant que les richesses et la legerete du sexe pourroyent aisement faire changer d'avis a ceste fille, lui descouvrit franchement ce qu'il en pensoit. Elle au contraire commence a lui faire mille imprecations, entre autres celle qui s'ensuit: Si j'en epouse un autre que le diable m'emporte le jour des nopces. Qu'avient-il? Au bout de quelque temps l'inconstante est fiancee a un autre, sans plus se soucier de celui-ci, qui l'admonneste doucement plus d'une fois de sa promesse, et de son horrible imprecation. Elle hochant la teste a telles admonitions s'appreste pour les espousailles avec le second: mais le jour des nopces, les parens, allies et amis faisans bonne chere, l'espousee esveillee par sa conscience se monstroit plus triste que de coustume. Sur ce voici arriver en la cour du logis ou se faisoit le festin, deux hommes de cheval, qu'on ameine en haut, ou ils se mettent a table, et apres disne, comme l'on commencoit a danser, on pria l'un d'iceux (comme c'est la coustume du pays d'honorer les estrangers qui se rencontrent en tels festins) de mener danser l'espousee. Il l'empoigne par la main et la pourmeine par la salle: puis en presence des parens et amis, il la saisit criant a haute voix, sort de la porte de la salle, l'enleve en l'air, et disparoit avec son compagnon et leurs chevaux. Les pauvres parens et amis l'ayans cherchee tout ce jour, comme il continuoyent le lendemain, esperans la trouver tombee quelque part, afin d'enterrer le corps, rencontrent les deux chevaliers, qui leur rendirent les habits nuptiaux avec les bagues et joyaux de la fille, adjoutans que Dieu leur avoit donne puissance sur ceste fille et non sur les acoustremens d'icelle, puis s'esvanouirent."

Goulard repete aussi cette attaque du diable rapportee par Alexandre d'Alexandrie[1]:

[Note 1: Au IIe livre de ses *Jours geniaux.*]

"Un mien ami, homme de grand esprit, et digne de foy estant un jour a Naples chez un sien parent, entendit de nuit la voix d'un homme criant a l'aide, qui fut cause qu'il aluma la chandelle, et y courut pour voir que c'estoit. Estant sur le lieu, il vid un horrible fantosme, d'un port effroyable et du tout furieux, lequel vouloit a toute force entrainer un jeune homme. Le pauvre miserable crioit et se defendoit, mais voyant aprocher celui-ci soudain il courut au devant, l'empoigne par la main et saisit sa robe le plus estroitement qu'il lui fut possible et apres s'estre long temps debattu commence a invoquer le nom et l'aide de Dieu et eschappe, le fantosme disparoissant. Mon ami meine en son logis ce jeune homme, pretendant s'en desfaire doucement, et le renvoyer chez soy. Mais il ne sceut obtenir ce poinct, car le jeune homme estoit tellement estonne qu'on ne pouvoit le rassurer, tressaillant sans cesse de la peur qu'il avoit pour si hideuse rencontre. Ayant enfin reprins ses esprits, il confessa d'avoir mene jusques alors une fort mechante vie, este contempteur de Dieu, rebelle a pere et a mere, ausquels il avoit dit et fait tant d'injures et outrages insupportables qu'ils l'avoyent maudit. Sur ce il estoit sorti de la maison et avoit rencontre le bourreau susmentionne."

Goulart[1] raconte encore d'autres histoires d'enlevements par le diable d'apres divers auteurs:

[Note 1: *Thresor d'histoires admirables*, t. I, p. 538.]

"Un docteur de l'academie de Heidelberg ayant donne conge a certain sien serviteur de faire un voyage en son pays, au retour comme ce serviteur aprochoit de Heidelberg, il rencontre un reitre monte sur un grand cheval, lequel par force l'enleve en croupe, en tel estat il essaye d'empoigner son homme pour se tenir plus ferme; mais le reitre s'esvanouit. Le serviteur emporte par le cheval bien haut en l'air, fut jette bas pres d'un pont hors la ville, ou il demeura quelques heures sans remuer pied ni main: enfin revenu a soi, et entendant qu'il estoit pres de son lieu, reprint courage, se rendit au logis, ou il fut six mois entiers attache au lict, devant que pouvoir se remettre en pied[1]."

[Note 1: Extrait du *Mirabiles Historiae de spectris*, Leipzig, 1597.]

"Pres de Torge en Saxe, certain gentilhomme se promenant dans la campagne, rencontre un homme lequel le salue, et lui offre son service. Il le fait son palefrenier. Le maistre ne valoit gueres. Le valet estoit la meschancete mesme. Un jour le maistre ayant a faire quelque promenade un peu loin, il recommande ses chevaux, specialement un de grand prix a ce valet, lequel fut si habile que d'enlever ce cheval en une fort haute tour. Comme le maistre retournoit, son cheval qui avoit la teste a la fenestre le reconnut, et commence a hennir. Le maistre estonne, demande qui avoit loge son cheval en si haute escuirie. Ce bon valet respond que c'estoit en intention de le mettre seurement afin qu'il ne se perdist pas, et qu'il avoit soigneusement execute le commandement de son maistre. On eut beaucoup de peine a garrotter la pauvre beste et la devaler avec des chables du haut de la tour en bas. Tost apres quelques uns que ce gentilhomme avoit volez, deliberans de le poursuivre en justice, le palefrenier lui dit: Maistre, sauvez-vous, lui monstrant un sac, duquel il tira plusieurs fers arrachez par lui des pieds des chevaux, pour retarder leur course au voyage qu'ils entreprenoyent contre ce maistre: lequel finalement attrappe et serre prisonnier, pria son palefrenier de lui donner secours. Vous estes, respond le valet, trop estroitement enchaisne; je ne puis vous tirer de la. Mais le maistre faisant instance, enfin le valet dit: Je vous tireray de captivite moyennant que vous ne fassiez signe quelconque des mains pour penser vous garantir. Quoi accorde, il l'empoigne avec les chaines, ceps et manottes, et l'emporte par l'air. Ce miserable maistre esperdu de se voir en campagne si nouvelle pour lui conmence a s'escrier: Dieu eternel, ou m'emporte-on? Tout soudain le valet (c'est-a-dire Satan) le laisse tomber en un marest. Puis se rendant au logis, fait entendre a la damoiselle l'estat et le lieu ou estoit son mari, afin qu'on l'allast desgager et delivrer."

Des Caurres[1] raconte que "a la montagne d'Ethna, non gueres loin de l'ile de Luppari, montagne qu'on appelle la gueule d'enfer, Dieu monstra la peine des damnez. Il y a si long temps qu'elle brusle et tout demeure en son entier, comme fera enfer, quand elle auroit autant entier que toute l'Italie, elle devroit estre consommee. On entend la cris et complainctes, et les ennemis et mauvais esprits meinent la grand bruict, et suscitent de grandes tempestes sur la mer pres de ceste montagne. De nostre temps un prelat apres son trespas, fut trouve en chemin par ses amis, lequel se disoit estre damne et qu'il s'en alloit en ceste montaigne. Il n'y a pas encor longtemps qu'une nef de Sicile aborda la, en laquelle y avoit un pere gardien de ce pays-la avec son compagnon, le Diable luy dit qu'il le suivist pour faire quelque chose que Dieu avoit ordonne. Et soudain fut porte par luy en une cite assez loin de la.

Et quand il fut la, le mauvais esprit le conduit au sepulchre de l'Evesque du lieu, qui estoit mort depuis trois mois: Et lui commanda de despouiller ses habillemens episcopaux, et lui dit apres: Ces habillemens soyent a toy, et le corps a moy comme est son ame; dans une demie heure, ledit religieux fut rapporte audit navire, et racompta ce qu'il avoit veu. Pour verifier cecy le patron du navire fit voile vers ceste cite: le sepulchre fut ouvert et trouverent que le corps n'y estoit point. Et ceux qui l'avoient revestu apres sa mort recogneurent les dicts habillemens episcopaux. Un homme de bien, et grand prescheur d'Italie, a mis cecy en escript, qui a cogneu ces gens-la."

[Note 1: *Oeuvres morales et diversifiees*, p. 378.]

"En ce mesme temps, continue des Caurres, y avoit en Sicile un jeune homme addonne a toute volupte, a jeux, et reniemens: lequel le vice-roy de Sicile, envoya un soir, en un monastere pour querir une salade d'herbes: en chemin soudain il fut ravy en l'air, et on ne le vit plus. Un peu de temps apres un navire passoit aupres de ceste montagne, et voicy une voix qui appelle par deux fois le patron du navire, et voyant qu'il ne respondoit point pour la troisieme, ouit que s'il n'arrestoit il enfondroit le navire. Le patron demande ce qu'il vouloit, qui respondit: Je suis le diable, et di au vice-roy qu'il ne cerche plus un tel jeune homme, car je l'ay emporte, et est icy avec nous: voicy la ceinture de sa femme qu'il avoit prinse pour jouer; laquelle ceinture il jette sur le navire."

IV.—METAMORPHOSES DU DIABLE

Le diable apparait sous toutes sortes de figures.

"Que diray-je davantage? lit-on dans l'ouvrage de Le Loyer[1]. Il n'y a sorte de bestes a quatre pieds que le diable ne prenne, ce que les hermites vivans es deserts ont assez eprouve. A sainct Anthoine qui habitoit es deserts de la Thebaide les loups, les lions, les taureaux se presentoient a tous bouts de champ; et puis a sainct Hilarion faisant ses prieres se monstroit tantost un loup qui hurloit, tantost un regnard qui glatissoit, tantost un gros dogue qui abbayoit. Et quoy? le diable n'auroit-il pas ete si impudent mesmes, que ne pouvant gaigner les hermites par cette voye, il se seroit montre, comme il fit a sainct Anthoine, en la forme que Job le depeint sous le nom de Leviathan, qui est celle qui lui est comme naturelle et qu'il a acquise par le peche, voire qui lui demeurera es enfers avec les hommes damnes. Ce n'est point des animaux a quatre pieds seulement que les diables empruntent la figure, ils prennent celles des oyseaux, comme de hiboux, chahuans, mouches, tahons... Quelquefois les diables s'affublent de choses inanimees et sans mouvement, comme feu, herbes, buissons, bois, or, argent et choses pareilles... Je ne veux laisser que quand les esprits malins se monstrent ils ne gardent aucune proportion parce qu'ils sont enormement grands et petits comme ils sont gros et greles a l'extremite."

[Note 1: *Discours et histoires des spectres, etc.* p. 353.]

"J'ai entendu, dit Jean Wier, cite par Goulart[1], que le diable tourmenta durant quelques annees les nonnains de Hessimont a Nieumeghe. Un jour il entra par un tourbillon en leur dortoir, ou il commenca un jeu de luth et de harpe si melodieux, que les pieds fretilloyent aux nonnains pour danser. Puis il print la forme d'un chien se lancant au lict d'une soupconnee coulpable du peche qu'elles nomment muet. Autres cas estranges y sont advenus, comme aussi en un autre couvent pres de Cologne, le diable se pourmenoit en guises de chiens et se cachant sous les robes des nonnains y faisoit des tours honteux et sales autant en faisoit-il a Hensberg au duche de Cleves sous figures de chats."

[Note 1: *Thresor d'histoires admirables, etc.*]

"Les mauvais esprits, dit dom Calmet[1], apparoissent aussi quelquefois sous la figure d'un lion, ou d'un chien, ou d'un chat, ou de quelque autre animal, comme d'un taureau, d'un cheval ou d'un corbeau: car les pretendus sorciers et sorcieres racontent qu'au sabbat on le voit de plusieurs formes differentes, d'hommes, d'animaux, d'oyseaux."

[Note 1: *Traite sur les apparitions des esprits*, t. Ier, p. 44.]

"Le diable n'apparoit aux sorciers dans les synagogues qu'en bouc, dit Scaliger[1]; et en l'Escriture lors qu'il est reproche aux Israelites qu'ils sacrifioient aux demons, le mot porte aux boucs. C'est une chose merveilleuse que le diable apparoisse en cette forme.

[Note 1: *Scaligerana*, Groeningue, P. Smith, 1669, in-12. 2e partie, article *Azazel*.]

"Les diables, dit-il plus loin[1], ne s'addressent qu'aux foibles; ils n'auroient garde de s'addresser a moy, ie les tuerois tous."

[Note 1: Meme ouvrage, article *Diable*.]

Quelquefois le diable apparait sous la forme empruntee d'un corps mort.

"Je ne puis, dit Le Loyer[1], pour verifier que les diables prennent des corps morts qu'ils font cheminer comme vifs, apporter histoire plus recente que celle-ci. Ceux qui ont recueilliz l'histoire de notre temps de la demoniaque de Laon disent qu'un des diables qui etoit au corps d'elle appele Baltazo print le corps mort d'un pendu en la plaine d'Arlon pour tromper le mary de la demoniaque, et la fraude du diable fut descouverte en ceste facon. Le mary estoit ennuye des frais qu'il faisoit procurant la sante de sa femme, n'y pouvant plus fournir. Il s'addresse donc a un sorcier, qui l'asseure qu'il delivrera sa femme des diables desquels elle estoit possedee. Le diable Baltazo est employe par le sorcier et mene au mary qui leur donne a tous a souper, ou se remarque que Baltazo ne but point. Apres le souper, le mary vint trouver le maitre d'escole de Vervin en l'eglise du lieu, ou il vaquoit aux exorcismes sur la demoniaque. Il ne luy cele point la promesse qu'il avoit du sorcier, et reiteree de Baltazo durant le souper qu'il gueriroit sa femme, s'il le vouloit laisser seul avec elle: mais le maitre d'escole avertit le mary de prendre bien garde de consentir cela. Quelque demie heure apres le mary qui s'etoit retire, amene Baltazo dans l'eglise, que l'esprit Baalzebub qui possedoit la femme appela incontinent par son nom, et luy dit quelques paroles. Depuis Baltazo sort de l'eglise, disparoit et ne scait-on ce qu'il devint. Le maistre d'escole qui voit tout cecy, conjure Baalzebub, et le contraint de confesser que Baltazo etoit diable et avoit prins le corps d'un mort, et que si la demoniaque eut este laissee seule, il l'eust emportee en corps et en ame."

[Note 1: *Discours et histoires des spectres, visions, etc.* p. 244.]

"L'exemple de Nicole Aubry, demoniaque de Laon est plus que suffisant pour montrer ce que je dis, ajoute Le Loyer[1]. Car devant que le diable entrast en son corps, il se presenta a elle en la forme de son pere decede subitement, luy enjoignit de faire dire quelques messes pour son ame, et de porter des chandelles en voyage. Il la suivoit partout ou elle alloit sans l'abandonner. Cette femme simple obeit au diable en ce qu'il lui commandoit, et lors il leve le masque, se montre a elle, non plus comme son pere, mais comme un phantosme hideux et laid, qui luy persuadoit tantost de se tuer, tantost de se donner a luy.—Cela se pouvoit attendre par les reponses que la demoniaque faisoit au diable, luy resistant en ce qu'elle pouvoit.—Je me veux servir de l'histoire de la demoniaque de Laon attestee par actes solennels de personnes publiques, tout autant que si elle estoit plus ancienne. Il y a des histoires plus anciennes qu'elle n'est, ou a peine on pourroit remarquer ce qui s'est veu en ceste femme demoniaque. Ce fut pour nostre instruction que la femme fut ainsi tourmentee au coeur de la France, mais notre libertinisme fut cause que nous ne les peusmes apprendre."

[Note 1: *Discours et histoires des spectres, visions, etc.*, p. 320.]

Bodin[1] fait connaitre une histoire analogue:

[Note 1: *Demonomanie*, livre III, ch. VI.]

"Pierre Mamor recite, dit-il, qu'a Confolant sur Vienne, apparut en la maison d'un nomme Capland un malin esprit se disant estre l'ame d'une femme trespassee, lequel gemissoit et crioit en se complaignant bien fort, admonestant qu'on fist plusieurs prieres et voyages, et revela beaucoup de choses veritables. Mais quelqu'un lui ayant dit: Si tu veux qu'on te croye dis *Miserere mei Deus, secundum magnam misericordiam tuam.* Sa reponse fut: Je ne puis. Alors les assistants se mocquerent de lui, qui s'enfuit en fremissant."

Le diable prend meme parfois la forme de personnes vivantes.

Voici par exemple ce que rapporte Loys Lavater[1]:

[Note 1: *Trois livres des apparitions des esprits, fantasmes, prodiges, etc., composez par Loys Lavater, plus trois questions proposees et resolues par M. Pierre Martyr.* Geneve, Fr. Perrin, 1571, in-12.]

"J'ai oui dire a un homme prudent et honnorable baillif d'une seigneurie dependante du Zurich, qui affirmoit qu'un jour d'este allant de grand matin se promener par les prez, accompagne de son serviteur, il vid un homme qu'il cognoissoit bien, se meslant meschamment avec une jument: de quoy merveilleusement estonne retourna soudainement, et vint frapper a la porte de celuy qu'ils pensoyent avoir veu, ou il trouva pour certain qu'il n'avoit bouge de son lict. Et si ce bailli, n'eust diligemment seu la verite, un bon et honneste personnage eust este emprisonne et gehenne. Je recite ceste histoire, afin que les juges soyent bien avisez en tels cas. Chunegonde, femme de l'empereur Henry second, fut soupeconnee d'adultere, et le bruit courut qu'elle s'accointoit trop familierement d'un gentilhomme de la cour. Car on avoit veu souvent la forme d'iceluy (mais c'estoit le diable qui avoit pris ce masque) sortant de la chambre de l'empereur. Elle monstra peu apres son innocence en marchant sur des grilles de fer toutes ardentes (comme la coutume estoit alors) et ne se fit aucun mal."

"En l'ile de Sardaigne, dit P. de Lancre[1] et en la ville de Cagliari, une fille de qualite, de fort riche et honnorable maison, ayant veu un gentilhomme d'une parfaicte beaute et bien accompli en toute sorte de perfections s'amouracha de luy, et y logea son amitie avec une extreme violence. (Elle sut dissimuler et le gentilhomme ne s'apperceut de rien). Un mauvais demon pipeur, plus instruit en l'amour et plus affronteur que luy, embrassant cette occasion, recognut aisement que cette fille esprise et combatue d'amour seroit bientot abbatue... Et pour y parvenir plus aisement, il emprunta le masque et le visage du vray gentilhomme, prenant sa forme et figure, et se composa du tout a sa facon, si bien qu'on eut dit que c'estoit non seulement son portrait, mais un autre luy-meme. Il la vit secretement et parla a elle, lui feignit des amours et des commoditez pour se voir. De maniere que le mauvais esprit qui trouve les sinistres conventions les meilleures abusa non seulement de la simplicite de ceste jeune fille, ains encore du sacrement de mariage par le moyen duquel la pauvre damoyselle pensoit aucunement couvrir sa faute et son honneur. De sorte que, l'ayant espouse clandestinement, adjoustant mal sur mal, comme plusieurs s'attachent ordinairement ensemble pour mieux assortir quelque faict execrable tel que celuy-ci, ils jouyrent de leurs amours quelques mois, pendant lesquels cette fille faussement contente cachoit le plus possible ses amours... Il advint, que sa mere luy donna quelque chose sainte qu'elle portoit par devotion, qui lui servit d'antidote contre le demon et contre son amour, brouillant ses entrees et troublant ses commoditez. Le diable lui avait recommande de ne pas lui envoyer de messager, mais la jalousie la poussant, elle en envoya un au gentilhomme pour le prier de se rendre aupres d'elle, lui reprocha son abandon, etc. Le gentilhomme tout etonne lui declara qu'elle a ete pipee et etablit qu'a l'epoque du pretendu mariage il etait absent. La damoyselle reconnut alors l'oeuvre du demon et se retira dans un monastere pour le reste de sa vie."

[Note 1: *Tableau de l'inconstance des mauvais anges*, p. 218.]

Wier[1] raconte cette histoire d'une jeune fille servante d'une religieuse de noble maison, a qui le diable voulut jouer un mauvais tour. "Un paysan lui avoit promis mariage; mais il s'amouracha d'une autre: dont ceste-ci fut tellement contristee, qu'estant allee environ une demie lieue loin du couvent, elle rencontra le diable en forme d'un jeune homme, lequel commenca a deviser familierement avec elle, lui descouvrant tous les secrets du paysan, et les propos qu'il avoit tenus a sa nouvelle amie: et ce afin de faire tomber cette jeune fille en desespoir et en resolution de l'estrangler. Estans parvenus pres d'un ruisseau, lui print l'huile qu'elle portoit, afin qu'elle passast plus aisement la planche, et l'invita d'aller en certain lieu qu'il nommoit; ce qu'elle refusa, disant: Que voulez-vous que j'aille faire parmi ces marest et etangs? Alors il disparut, dont la fille conceut tel effroy qu'elle tomba pasmee: sa maistresse, en estant avertie la fit rapporter au couvent dedans une lictiere. La elle fut malade, et comme transportee d'entendement, estant agitee de facon estrange en son esprit, et parfois se plaignoit estre miserablement tourmentee du malin, qui vouloit l'oster de la et l'emporter par la fenestre. Depuis elle fut mariee a ce paysan et recouvra sa premiere sante."

[Note 1: *Histoires, disputes et discours des illusions et impostures des diables*.]

Le meme auteur[1] rapporte cette histoire singuliere d'une metamorphose du diable:

[Note 1: *Histoires des impostures des diables*, p. 196.]

"La femme d'un marchand demeurant a deux ou trois lieues de Witemberg, vers Slesic, avoit, dit-il, accoustume pendant que son mary estoit alle en marchandise, de recevoir un amy particulier. Il advint donc pendant que le mary etoit aux champs que l'amoureux vint veoir sa dame, lequel apres avoir bien beu et mange, il faict son devoir, comme il luy sembloit, il apparut sur la fin en la forme d'une pie montee sur le buffet, laquelle prenoit conge de la femme en cette maniere: Cestuy-ci a este ton amoureux. Ce qu'ayant dit, la pie disparut, et oncques depuis ne retourna."

Bouloese rapporte cette singuliere aventure arrivee a Laon[1]:

[Note 1: *Le Tresor et entiere histoire de la triomphante victoire du corps de Dieu sur l'esprit en colere de Beelzebub, obtenue a Laon l'an 1566*, par Bouloese. Paris, Nic. Chesneau, 1578, in-4 deg..]

"Lors ce medecin reforme, sans en communiquer au catholique, ne perdant cette occasion de bouche ouverte, tira de sa gibessiere une petite phiole de verre contenant une liqueur d'un rouge tant couvert qu'a la chandelle il apparoissoit noir, et luy jetta en la bouche. Et Despinoys esmeu par la puanteur, haulsant la main droicte au devant s'escria disant: Fy, fy, Monsieur nostre maistre que luy avez-vous donne? Et en tomba sur sa main de ce rendue pour un temps fort puante (dont par apres il fut contraint de manger avec la gauche tenant cependant la droicte derriere le dos) comme aussi toute la chambre fut remplie de cette puantueur. Le corps devint roide comme une buche, sans mouvement ny sentiment quelconque. Dont ce medecin reforme fort etonne, dist que c'estoit une convulsion. Et retira une autre bouteille pleine de liqueur blanche, qu'il disoit notre eau de vie avec la quintessence de romarin pour faire revenir a soy la patiente, et faire cesser la convulsion. Et pour exciter la patiente lui feist frotter et battre les mains en criant: Nicole, Nicole, il faut boire. Cependant une beste noire (avec reverence semblable a un fouille-merde: aussi a Vrevin s'etait montree une autre sorte de grosse mouche a vers que par ses effets l'on a jugee estre ce maistre mouche Beelzebub), beste noire que peu apres appela le diable escarbotte, fut veue et se pourmena sur le chevet du lict et sur la main du dict Despinoys en l'endroit de la susdite puante liqueur respandue... Toutefois ce medecin disant estre une ordure tombee du ciel du lit, secoua, mais en vain, pour en faire tomber d'autres. Et se voyant ne pouvoir exciter la patiente et avoir este reprins d'avoir jete en la bouche d'icelle, ceste liqueur tant puante, print une chandelle et s'en alla."

V.—SIGNES DE LA POSSESSION DU DEMON.

"Combien qu'il y ait parfois quelques causes naturelles de la phrenesie ou manie, dit Melanchthon en une de ses epistres[1], c'est toutes fois chose asseuree que les diables entrent en certaines personnes et y causent des fureurs et tourmens ou avec les causes naturelles ou sans icelles; veu que l'on void parfois les malades estre gueris par remedes qui ne sont point naturels. Souvent aussi tels spectacles sont tout autant de prodiges et predictions de choses a venir. Il y a douze ans qu'une femme du pays de Saxe, laquelle ne scavoit ni lire ni escrire, estant agitee du diable, le tourment cesse, parloit en grec et en latin des mots dont le sens estoit qu'il y auroit grande angoisse entre le peuple."

[Note 1: Cite par Goulart, *Thresor des histoires admirables*, t. I, p. 142.]

Le docteur Ese[1] donne comme marques conjecturales de la possession:

[Note 1: *Traicte des marques des possedes et la preuve de la veritable possession des religieuses de Louvein*, par P. M. Ese, docteur en medecine. Rouen, Ch. Osmont, 1644, in-4 deg..]

1 deg. Avoir opinion d'etre possede;

2 deg. Mener une mauvaise vie;

3 deg. Vivre hors de toute societe;

4 deg. Les maladies longues, les symptomes peu ordinaires, un grand sommeil, les vomissements de choses estranges;

5 deg. Blasphemer le nom de Dieu et avoir souvent le diable en bouche;

6 deg. Faire pacte avec le diable;

7 deg. Estre travaille de quelques esprits;

8 deg. Avoir dans le visage quelque chose d'affreux et d'horrible;

9 deg. S'ennuyer de vivre et se desesperer;

10 deg. Estre furieux, faire des violences;

11 deg. Faire des cris et hurlemens comme les bestes.

Nous trouvons dans une histoire des possedees de Loudun[1] les questions proposees a l'universite de Montpellier par Santerre, pretre et promoteur de l'eveche et diocese de Nimes, touchant les signes de la possession, et les reponses judicieuses de cette universite.

[Note 1: *Histoire des diables de Loudun, ou de la possession des religieuses ursulines et de la condamnation et du supplice d'Urbain Grandier, cure de la meme ville*. Amsterdam, Abraham Wolfgang, 1694, in-12, p. 314.]

Question.

Si le pli, courbement et remuement du corps, la tete touchant quelque fois la plante des pies, avec autres contorsions et postures etranges sont un bon signe de possession?

Reponce.

Les mimes et sauteurs font des mouvements si etranges, et se plient, replient en tant de facons, qu'on doit croire qu'il n'y a sorte de posture, de laquelle les hommes et femmes ne se puissent rendre capables par une serieuse etude, ou un long exercice, pouvant meme faire des extensions extraordinaires et ecarquillemens de jambes, de cuisses et autres parties du corps a cause de l'extension des nerfs, muscles et tendons, par longue experience et habitude; partant telles operations ne se font que par la force de la nature.

Question.

Si la velocite du mouvement de la tete par devant et par derriere, se portant contre le dos et la poitrine est une marque infaillible de possession?

Reponce.

Ce mouvement est si naturel qu'il ne faut ajouter de raison a celles qui ont ete dites sur le mouvement des parties du corps.

Question.

Si l'enflure subite de la langue, de la gorge et du visage, et le subit changement de couleur, sont des marques certaines de possession?

Reponce.

L'enflement et agitation de poitrine par interruption sont des effets de l'aspiration ou inspiration, actions ordinaires de la respiration, dont on ne peut inferer aucune possession. L'enflure de la gorge peut proceder du souffle retenu et celle des autres parties des vapeurs melancoliques qu'on voit souvent vaguer par toutes les parties du corps. D'ou s'ensuit que ce signe de possession n'est pas recevable.

Question.

Si le sentiment stupide et etourdi ou la privation de sentiment, jusques a etre pince et pique sans se plaindre, sans remuer, et meme sans changer de couleur, sont des marques certaines de possession?

Reponce.

Le jeune Lacedemonien qui se laissait ronger le foye par un renard qu'il avoit derobe, sans faire semblant de le sentir et ceux qui se faisoient fustiger devant l'autel de Diane jusques a la mort sans froncer le sourcil, montrent que la resolution peut bien faire soufrir des piqures d'epingle sans crier, etant d'ailleurs certain que dans le corps humain il se rencontre en quelques personnes de certaines petites parties de chair, qui sont sans sentiment, quoique les autres parties qui sont alentour, soient sensibles, ce qui arrive le plus souvent par quelque maladie qui a precede. Partant tel effet est inutile pour la possession.

Question.

Si l'immobilite de tout le corps qui arrive a de pretendus possedes par le commandement de leurs exorcistes, pendant et au milieu de leurs plus fortes agitations est un signe univoque de vraie possession diabolique?

Reponce.

Le mouvement des parties du corps etant involontaire, il est naturel aux personnes bien disposees de se mouvoir ou de ne se mouvoir pas selon leur volonte, partant un tel effet, ou suspension de mouvements n'est pas considerable pour en inferer une possession diabolique, si en cette immobilite il n'y a privation entiere du sentiment.

Question.

Si le japement ou clameur semblable a celui du chien, qui se fait dans la poitrine plutot que dans la gorge est une marque de possession?

Reponce.

L'industrie humaine est si souple a contrefaire toute sorte de raisonnements, qu'on voit tous les jours des personnes faconnees a exprimer parfaitement le raisonnement, le cri et le chant de toutes sortes d'animaux, et a les contrefaire sans remuer les levres qu'imperceptiblement. Il s'en trouve meme plusieurs qui forment des paroles et des voix dans l'estomac, qui semblent plutot venir d'ailleurs que de la personne qui les forme de la sorte, et l'on appelle ces gens les engastronimes, ou engastriloques. Partant un tel effet est naturel, comme le remarque Pasquier au chap. 38 de ses Recherches par l'exemple d'un certain boufon nomme Constantin.

Question.

Si le regard fixe sur quelque objet sans mouvoir l'oeil d'aucun cote est une bonne marque de possession?

Reponce.

Le mouvement de l'oeil est volontaire comme celui des autres parties du corps et il est naturel de le mouvoir, ou de le tenir fixe, partant il n'y a rien en cela de considerable.

Question.

Si les reponces que de pretendues possedees font en francois, a quelques questions qui leur sont faites en latin, sont une marque de possession?

Reponce.

Nous disons qu'il est certain que d'entendre et de parler les langues qu'on n'a pas aprises sont choses surnaturelles, et qui pourroient faire supposer qu'elles se font par le ministere du Diable, ou de quelque autre cause superieure; mais de repondre a quelques questions seulement, cela est entierement suspect, un long exercice ou des personnes avec lesquelles on est d'intelligence pouvant contribuer a telles reponces, paroissant etre un songe de dire que les diables entendent les questions qui leur sont faites en latin et repondent toujours en francois et dans le naturel langage de celui qu'on veut faire passer pour un energumene. D'ou il s'ensuit qu'un tel effet ne peut conclure la residence d'un demon, principalement si les questions ne contiennent pas plusieurs paroles et plusieurs discours.

Question.

Si vomir les choses telles qu'on les a avalees est un signe de possession?

Reponce.

Delrio, Bodin et autres auteurs disent que par sortilege les sorciers font quelquefois vomir des clous, des epingles et autres choses etranges par l'oeuvre du diable. Ainsi dans les vrais possedes le diable peut faire de meme. Mais de vomir les choses comme on les a avalees, cela est naturel, se trouvant des personnes qui ont l'estomac faible, et qui gardent pendant plusieurs heures ce qu'elles ont avalees, puis le rendent comme elles l'ont pris et la Lienterie rendant les aliments par le fondement, comme on les a pris par la bouche.

Question.

Si des piqures de lancette dans diverses parties du corps, sans qu'il en sorte du sang, sont une marque certaine de possession?

Reponce.

Cela doit se rapporter a la composition du temperament melancolique, le sang duquel est si grossier qu'il ne peut en sortir par de si petites plaies, et c'est par cette raison que plusieurs etant piques, meme en leurs veines et vaisseaux naturels, par la lancette d'un chyrurgien, n'en rendent aucune goutte comme il se voit par experience. Partant il n'y a rien d'extraordinaire."

J. Bouloese[1] raconte comment vingt-six diables sortirent du corps de Nicole, la possedee de Laon:

[Note 1: *Le tresor et entiere histoire de la triomphante victoire du corps de Dieu sur l'esprit malin de Beelzebub, obtenue a Laon l'an 1566*, par J. Bouloese. Paris, Nic. Chesneau, 1578, in-4 deg..]

"A deux heures de l'apres midy fut rapportee la dicte Nicole, estant possedee du diable, a la dicte eglise ou furent faites par ledit de Motta les conjurations comme auparavant. Nonobstant toute conjuration le dit Beelzebub dit a haute voix qu'il n'en sortirait. Apres diner donc retournant le dit de Motta aux conjurations luy demanda combien ils en etoient sortis? Il repond 26. Il faut maintenant (ce disoit de Motta) que toy et tous tes adherans sortiez comme les autres. Il repond: Non je ne sortiray pas icy; mais si tu me veux mener a sainte Restitute, nous sortirons la. Il te suffise s'ils sont sortis 26. Et puis le dit de Motta demande signe suffisant comment ils estoient sortis. Il dist pour tesmoignage que l'on regarde au petit jardin du tresorier qui est sur le portail; car ils ont prins et emporte trois houppes (c'est-a-dire branches) d'un verd may (d'un petit sapin) et trois escailles de dessus l'eglise de Liesse faicte en croix, comme les autres de France communement. Ce qui a ete trouve vray, comme a veu monsieur l'abbe de Saint-Vincent, monsieur de Velles, maistre Robert de May, chanoine de l'eglise Nostre-Dame de Laon, et autres."

Le meme auteur[1] rapporte les contorsions de la demoniaque de Laon:

[Note 1: *Le tresor et entiere histoire de la triomphante victoire du corps de Dieu sur l'esprit malin de Beelzebub, etc.*, p. 187.]

"Et autant, dit-il, que le reverend pere eveque lui mettoit la saincte hostie devant les yeux, luy disant: Sors ennemy de Dieu: d'autant plus se jectoit-elle a revers de cote et d'autre, en se tordant la face devers les pieds et en muglant horriblement et les pieds a revers les orteils estant mis au talon, contre la force de huict ou dix hommes elle se roidissoit et eslancoit en l'air plus de six pieds, ou la hauteur d'un homme. De sorte que les gardes, voire mesme en l'air avec elle parfois eleves en suoient de travail. Et encore qu'ils s'appesantissent le plus qu'ils pouvoient, pour la retenir en bas: si ne la pouvoient-ils toutes fois maistriser que quasi elle ne leur eschapast, et fust arrachee des mains sans qu'elle se monstrast aucunement eschauffee.

"Le peuple voyant et oyant chose si horrible, monstrueuse, hydeuse et espouvantable crioient: Jesus, misericorde! Les uns se cachoient ne l'osant regarder. Les autres cognoissant l'enragee cruaute de cet excessif indicible et incredible tourment pleuroient a grosses larmes piteusement redoublans: Jesus, misericorde!"

"Apres la patiente ainsi pis que morte dure, roide, contrefaite, courbee et diforme, estoit par la permission du reverend pere eveque laissee a toucher et a manier a ceux qui vouloient. Mais principalement le fut-elle par les pretendus reformez, hommes tres forts. Et nommeement Francoys Santerre, Christofle Pasquot, Gratian de la Roche, Marquette, Jean du Glas et autres tres forts hommes assez remarques entre eux de leur pretendue religion reformee, s'efforcerent mais en vain de luy redresser les membres, de les poser en leur ordre, luy ouvrir les yeux et la bouche. Mais ils ne peurent en sorte que ce feust. Aussy eussiez vous plustost rompu que ploye quelque membre d'icelle, ou faict mouvoir ou le bout du nez ou des aureilles, ou autre membre d'icelle, tant elle estoit roide et dure. Et lors elle estoit tenue, comme elle parloit par apres, declarant qu'elle enduroit un mal incredible. C'est a scavoir le diable par le tourment de l'ame, faisant le corps devenir pierre ou marbre."

Jean Le Breton rapporte les faits suivants sur les possedees de
Louviers[1]:

[Note 1: *De la defense de la verite touchant la possession des
religieuses de Louviers*, par M. Jean Le Breton, theologien.
Evreux, Nic. Hamillon, 1643, in-4 deg., p. 8.]

"Le quatrieme fait est que plusieurs fois le jour, elles temoignent de grands transports de fureur et de rage, durant lesquels elles se disent demons, sans offenser neantmoins personne, et sans blesser mesmes les doigts de la main des prestres, lorsqu'au plus fort de leurs rages, ils les mettent en leur bouche."

"La cinquiesme est que durant ces fureurs et ces rages, elles font d'estranges convulsions et contorsions de leurs corps, et entr'autre se courbent en arriere, en forme d'arc, sans y employer leurs mains, et ce en sorte que tout leur corps est appuye sur leur front autant et plus que sur leurs pieds, et tout le reste est en l'air et demeurent longtemps en cette posture et la reiterent jusqu'a sept ou huict fois: et apres tous ces efforts et mille autres, continuez quelquefois quatre heures durant, principalement, dans les exorcismes, et durant les plus chaudes apres disnees des jours caniculaires, se sont au sortir de la trouvees aussi saines, aussi fraisches, aussi temperees, et le poulx aussi haut et aussi esgal, que si rien ne leur fut arrive."

"Le sixieme est qu'il y en a parmy elles qui se pasment et s'esvanouissent durant les exorcismes, comme a leur gre, et en telle sorte que leur pasmoison commence lorsqu'elles ont le visage le plus enflamme et le poulx le plus fort... Elles reviennent de cette pasmoison sans que l'on y emploie aucun remede et d'une maniere plus merveilleuse que n'en a este l'entree; car c'est en remuant premierement l'orteil, et puis le pied, et puis la jambe, et puis la cuisse, et puis le ventre, et puis la poitrine, et puis la gorge, mais ces trois derniers par un grand mouvement de dilatation... le visage demeurant cependant tousjours apparemment interdit de tous ses sens, les quels enfin il reprend tout a coup en grimacant et hurlant et la religieuse retournant en meme temps en ses agitations et contorsions precedentes."

Le docteur Ese[1] raconte comme suit ce qu'eprouvait la soeur Marie du couvent des religieuses de Louviers:

[Note 1: *Traicte des marques des possedes*, p. 51.]

"La derniere qui etoit soeur Marie du Sainct-Esprit, pretendue possedee par Dagon, grande fille et de belle taille un peu plus maigre, mais sans mauvais teint ny aucune sorte de maladie entra dans le refectoire... le visage droict sans arrester ses yeux, et les tournant d'un coste et d'autre, chantant, sautant, dansant, et frappant doucement, qui l'un, qui l'autre, et en suite en se pourmenant tousjours, parla en termes tres elegants et significatifs du contentement qu'il avoit (parlant de la personne du diable) de sa condition et de l'excellence de sa nature... et disoit tout cela en marchant avec une contenance arrogante, et le geste semblable, ensuite il commenca a entrer en furie et prononcer quantite de blasphemes, puis se prit a parler de sa petite Magdelaine, sa bonne amie, sa mignonne, et sa premiere maistresse, et de la se lanca dans un panneau de vitre la teste la premiere sans sauter et sans faire aucun effort, et y passa tout le corps se tenant a une barre de fer qui faisoit le milieu, et comme elle voulut repasser de l'autre coste de la vitre, on lui fit commandement en langage latin *est in nomine Jesu rediret non per aliam sed per eadem viam*, ce qu'apres avoir longuement conteste et dit qu'il n'y rentreroit pas, elle le fit pourtant et rentra par le meme passage, et aussitost qu'elle fut revenue, les medecins l'ayant consideree, touche le poulx et fait tirer la langue, ce qu'elle permit en raillant et parlant d'autre chose, ils ne luy trouverent ny esmotion telle qu'ils avoient cru devoir estre, ny autre disposition conforme a la violence de tout ce qu'elle avoit fait et dit; et sortir de cette sorte contant tousjours quelque bagatelle et la compagnie se retira."

Un autre historien des possedees de Louviers[1] rapporte ce fait surprenant:

[Note 1: *Histoire de madame Bavent, religieuse du monastere de Sainct-Louis de Louviers*. Paris, 1652, in-4 deg..]

"Au milieu de la nef de cette chappelle estoit expose un vase d'une espece de marbre qui peut avoir pres de deux pieds de diametre et un peu moins d'un pied de profondeur, les bords sont espais de trois doigts ou environ, et si pesant que trois personnes des plus robustes auront peine de le souslever estant par terre, ceste fille qui paroist d'une constitution fort debile entrant dans la chapelle ne fit que prendre ce vase de l'extremite de ses doigts et l'ayant arrache du pied d'estal sur lequel il estoit pose, le renversa sans dessus dessoubs et le jetta par terre avec autant de facilite qu'elle auroit fait un morceau de carte ou de papier. Ceste force prodigieuse en un sujet si foible surprit tous les assistans; cependant la fille paraissant furieuse et transportee couroit de part et d'autre avec des mouvements si brusques et si impetueux qu'il estoit malaise de l'arrester. Un des ecclesiastiques presents l'ayant saisy par le bras fut estonne de voir que ce bras, comme s'il n'eust este attache a l'espaule que par un ressort, n'empeschoit pas le reste du corps de tourner par dessus et par dessoubs par un certain mouvement que la nature ne souffre pas, ce qu'elle fit sept ou huit fois avec une promptitude et une agilite si extraordinaire qu'il est difficile de se l'imaginer."

La *Relation des Ursulines possedees d'Auxonne*[1] contient les faits suivants:

[Note 1: Manuscrit de la Bibliotheque de l'Arsenal, n deg. 90, in-4 deg..]

"Mons de Chalons ne fut pas plutost a l'autel (a minuit) que dans le jardin du monastere et tout a l'entour de la maison fut ouy dans l'air un bruit confus, accompagne de voix incognues et de certains sifflemens, quelquefois de grands crix, de sons estranges et non articules comme de plusieurs personnes ensemble, tout cela avoit quelque chose d'affreux parmy les tenebres et dans la nuit. En meme temps des pierres furent jettees de divers endroits contre les fenestres du choeur ou l'on celebroit la sainte messe, quoique ces fenestres soient fort esloignees des murailles que font la closture du monastere, ce qui fait croire que ne pouvoient pas venir du dehors. La vitre en fut cassee en un endroit mais les pierres ne tomberent point dans le choeur. Ce bruit fut entendu de plusieurs personnes dedans et dehors, celuy qui estoit en sentinelle en la citadelle de la ville de ce coste la, comme il declara le jour suivant, en prit l'alarme et mons l'evesque de Chalons a l'autel ne peut s'empescher d'en concevoir du soupcon de quelque chose de si extraordinaire qui se passoit en la maison, que les demons ou les sorciers faisoient quelques efforts dans ce moment qu'il repoussoit du lieu ou il estoit par de secrettes imprecations et des exorcismes interieurs."

"Les religieuses cordelieres en la mesme ville entendirent ce bruit et en demeurerent effrayees. Elles creurent que leur monastere trembloit soubs leurs pieds et dans ceste consternation et ce bruit confus qu'elles entendirent furent obligees d'avoir recours aux prieres."

"Dans ce mesme temps furent entendues dans le jardin quelques voix faibles comme de personnes qui se plaignoient et sembloient demander du secours. Il estoit pres d'une heure apres minuit et faisoit fort mauvais temps et fort obscur. Deux ecclesiastiques furent envoyes pour voir que c'estoit et trouverent dans le jardin du monastere Marguerite Constance et Denise Lamy, celle-la montee sur un arbre et l'autre couchee au pied du degre pour entrer dans le choeur; elles estoient libres et dans l'usage de leur raison, mais neantmoins comme esperdues, particulierement la derniere, fort faible et sans couleur et le visage ensanglante comme une personne effrayee et qui avoit peine a se rassurer; l'autre avoit aussy du sang sur le visage mais elle n'estoit point blessee, les portes de la maison estoient bien fermees et les murailles du jardin elevees de dix ou douze pieds."

"Le mesme jour apres midy mons l'esveque de Chalons ayant dessein d'exorciser Denise Lamy apres l'avoir envoyee querir et n'ayant pas este rencontree, il lui commanda interieurement de le venir trouver en la chappelle de Saincte-Anne ou il estoit. Ce fut une chose assez surprenante de voir la prompte obeissance du demon a ce commandement qui n'avoit este conceu que dans le fonds de la pensee, car environ l'espace d'un quart d'heure apres, on entendit frapper impetueusement a la porte de la chappelle, comme une personne extremement pressee, et la porte estant ouverte on vit entrer cette fille brusquement sautant et bondissant dans la chappelle, le visage tout change et fort different de son naturel, la couleur haute, les yeux estincelans, un visage effronte et dans une agitation si violente qu'on eut de la peine a l'arrester, ne voulant pas souffrir qu'on mist l'estole a l'entour du corps qu'elle arrachoit et jettait en l'air avec une extreme violence, malgre les efforts de quatre ou cinq ecclesiastiques qui employoient tout ce qu'ils avoient de force et d'industrie pour l'arrester, de sorte qu'il fut propose de la lier: mais on le jugeoit difficile dans les transports ou elle estoit."

"Une autre fois estant dans le fort de ses agitations… on commanda au demon de faire cesser le poulx en l'un de ses bras, ce qu'il fit incontinent avec moins de resistance et de peine que l'autre fois. On lui commanda ensuite de le faire retourner, et cela fut execute a l'instant… Le commandement lui ayant este fait de rendre la fille absolument insensible a la douleur, elle protesta qu'elle estoit en cet estat, presentant son bras hardiment pour estre perce et brule comme on voudroit: en effet, l'exorciste rendu plus hardi par les experiences precedentes ayant pris une aiguille assez longue, la lui enfonca tout entiere entre l'ongle et la chair dont elle se moquoit tout haut, declarant qu'elle n'en sentoit rien du tout. Tantost elle faisoit couler le sang et tantost le faisoit cesser selon qu'il lui estoit ordonne, elle-mesme prenoit l'aiguille et le percoit en divers endroits du bras et de la main. On fit encor davantage: l'un des assistans ayant pris une espingle et lui ayant tire la peau du bras un peu au-dessus du poignet la lui perca de part en part, de sorte que l'on voyoit l'espingle toute cachee dans le bras en sortir seulement par les deux extremites, et tout cela sans qu'il en sortist une goutte de sang, sinon apres lui avoir commande d'en donner, et sans monstrer la moindre apparence de sentiment ou de douleur."

La meme relation donne comme preuves de la possession des religieuses d'Auxonne:

"Les grandes agitations du corps qui ne se peuvent concevoir que par ceux qui en sont tesmoins. Ces grands coups de teste qu'elles se donnent de toute leur force tantost contre le pave, tantost contre les murs, et cela si souvent et si durement qu'il n'est aucun des assistans qui ne fremisse en le voyant sans qu'elles tesmoignent de sentir aucune douleur ny qu'il paroisse ny sang, ny blessure, ny contusion."

"L'estat du corps dans une posture extremement violente, se tenant droictes sur les genoux, pendant que la teste renversee en arriere penche a un pied pres ou environ vers la terre, en sorte qu'il paroist comme tout rompu. Leur facilite de porter la teste estant plus basse par derriere que la ceinture du corps sans bransler des heures entieres, leur facilite de respirer en cet estat, l'egalite du visage qui ne change presque point dans ces agitations, l'egalite du poulx, la froideur dans laquelle elles sont pendant ces mouvements, la tranquillite dans laquelle elles demeurent au mesme instant qu'elles en sont revenues subitement sans que la respiration soit plus forte que l'ordinaire, les renversements de la teste en arriere jusque contre terre avec une promptitude merveilleuse. Quelquefois les trente et quarante fois de suite devant et arriere, la fille demeurant a genoux et les bras croises sur l'estomach quelquefois et dans le mesme estat, la teste renversee tournant a l'entour du corps et faisant comme un demy cercle avec des effets apparemment insupportables a la nature."

"Les convulsions horribles et universelles par tous les membres accompagnees de hurlemens et de cris. Quelquefois la frayeur sur le visage a la veue de certains fantosmes ou spectres dont elles se disoient estre menacees dans un changement si extraordinaire et des traits si differents de leur naturel qu'elles imprimoient la crainte dans l'ame des assistans, quelquefois avec une abondance de larmes que l'on ne pouvoit arrester, accompagnees de plaintes et de cris aigus. D'autrefois la bouche extraordinairement ouverte, les yeux egares et la prunelle renversee au point qu'il n'y paroissoit plus que le blanc, tout le reste demeurant cache soubz les paupieres mais retournants a leur naturel au simple commandement de l'exorciste assiste du signe de la croix."

"Souvent on les a veu ramper et se trainer par terre sans aucun secours ou des pieds ou des mains, quelquefois le derriere de la teste ou le devant du front a este veu se joindre a la plante des pieds, quelques unes couchees par terre qu'elles ne touchent que de l'extremite de l'estomach, tout le reste du corps, la teste, les pieds et les bras portes en l'air en assez long espace de temps, quelquefois renversees en arriere en sorte que touchans le pave du haut de la teste ou de la plante des pieds, tout le reste demeuroit en l'air estendu comme une table, elles marchoient en cet estat sans le secours des mains. Il leur est ordinaire de baiser la terre demeurans a genoux, le visage renverse par derriere, en sorte que le sommet de la teste va joindre la plante des pieds, les bras croises sur la poitrine et dans cette posture faire un signe de la croix avec la langue sur le pave."

"On remarque une estrange difference entre l'estat dans lequel elles sont estans libres et dans leur naturel et dans celuy qu'elles font paroistre quand elles sont agitees dans la chaleur du transport et de la fureur: telle qui est infirme tant par la delicatesse de sa complexion et de son sexe que par maladie quand le demon l'a saisie et que l'autorite de l'eglise l'a forcee de paroistre devient si furieuse dans de certains momens que quatre ou cinq hommes avec toute leur force, sont empesches a l'arrester; leurs visages mesmes se monstrent si diformes et si differents de leur naturel qu'on ne les reconoist plus et ce qui est de plus estonnant est qu'apres des transports et des violences de ceste nature quelquefois pendant trois ou quatre heures apres des efforts dont les corps les plus robustes seroient lasses a demeurer au lit plusieurs jours, apres des hurlements continuels et des cris capables de rompre un estomach, estans retournes en leur naturel, ce qui se fait en un instant, on les void sans lassitude et sans emotion, l'esprit aussy tranquille, le visage aussy compose, l'haleine aussy lente, le poulx aussy peu altere que si elles n'avoient pas bouge d'un siege."

"Mais on peut dire que parmy toutes les marques de possession qui ont paru dans ces filles, une des plus surprenantes et des plus communes aussy parmy elles, est l'intelligence de la pensee et des commandemens interieurs qui leur sont faits tous les jours par les exorcistes et les prestres, sans que ceste pensee soit manifestee au dehors ou par le discours ou par aucun signe exterieur. Il suffit qu'elle leur soit adressee interieurement ou mentalement pour leur estre congneue et cela s'est verifie par tant d'experiences pendant le sejour de mons l'evesque de Chalons, par tous les ecclesiastiques qui ont voulu l'esprouver que l'on ne peut douter raisonnablement de toutes ces particularites et de plusieurs autres, qu'il est impossible de specifier icy par le detail."

Plusieurs archeveques ou eveques et docteurs en Sorbonne emirent, a propos de l'affaire d'Auxonne, l'avis suivant:

"Que de toutes ces filles qui sont de differentes conditions il y en a de seculieres, de novices, de postulantes, de professes; il y en a de jeunes; il y en a qui sont agees; quelques unes sont de la ville, les autres n'en sont pas, quelques sont de bonne condition, d'autres de basse naissance; quelques unes riches, d'autres pauvres et de moindre condition; qu'il y a dix ans ou plus que cette affliction est commencee dans ce monastere; qu'il est malaise que depuis un si long temps un dessein de fourberie et de friponnerie put conserver le secret parmi des filles en si grand nombre, de conditions et d'interets si differents; qu'apres une recherche et une enquete plus exacte, le dit seigneur evesque de Chalons n'a trouve personne, soit dans le monastere, soit dans la ville, qui n'ait parle avantageusement de l'innocence et de la regularite, tant des filles que des ecclesiastiques qui ont travaille devant lui aux exorcismes, et qu'il temoigne avoir reconnu de sa part en leurs deportements pour des personnes d'exemples de merite et de probite, temoignage qu'il croit devoir a la justice et a la verite."

"Joint a ce que dessus le certificat du sieur Morel, medecin present a tout, qui assure que toutes ces choses passent les termes de la nature, et ne peuvent partir que de l'ouvrage du demon; le tout bien considere nous estimons que toutes ces accusations extraordinaires en des filles excedent les forces de la nature humaine et ne peuvent partir que de l'operation du demon, possedant et obsedant ces corps."

VI.—SABBAT

J. Wier[1], qui pense que le sabbat n'existe que dans l'imagination des sorcieres, donne la composition de leur onguent.

[Note 1: *Histoires, disputes et discours des illusions et impostures des diables*, p. 165.]

"Elles font bouillir un enfant dans un vaisseau de cuivre et en prennent la gresse qui nage au dessus, et font espessir le dernier bouillon en maniere d'un consume, puis elles serrent cela pour s'en aider a leur usage: elles y meslent du persil de eau, de l'aconite, des fueilles de peuple et de la suie; ou bien elles font en ceste maniere: elles melangent de la berle, de l'acorum vulgaire, de la quintefueille, du sang de chauve-souris, de la morelle endormante et de l'huile: ou bien, si elles font des autres compositions, elles ne sont dissemblables de ceste-cy. Elles oignent avec cet onguent toutes les parties du corps, les ayant auparavant frottees jusques a les faire rougir; a celle fin de attirer la chaleur, et relascher ce qui estoit estrainct par la froidure. Et a celle fin que la chair soit relaschee et que les pertuis du cuir soient ouverts elles y meslent de la gresse ou de l'huile, il n'y a point de doute que ce ne soit a fin que la vertu des sucs descende dedans et qu'elle soit plus forte et puissante. Ainsi pensent-elles etre portees de nuict a la clarte de la lune par l'air aux banquets, aux musiques, aux dances et aux embrassements des plus beaux jeunes hommes qu'elles desirent."

Suivant Delrio[1]:

[Note 1: *Les controverses et recherches magiques de Martin Delrio, etc.* traduit et abrege du latin, par Andre du Chesne Tourangeau. Paris, Jean Petitpas, 1611, in-12.]

"Elles y sont portees le plus souvent sur un baston, qu'elles oignent de certain onguent compose de gresse de petits enfans que le diable leur fait homicidier, combien que quelquefois elles s'en frottent aussi les cuisses, ou autres parties du corps. Ainsi frottees elles ont coutume de s'asseoir sur une fourche, baguette, ou manche de ballay, mesme sur un taureau, sur un bouc ou sur un chien… puis mettant le pied sur la cramaillere s'envolent par la cheminee et sont transportees en leurs assemblees diaboliques ou bien souvent elles trouvent des feux noirs et horribles tous allumez. La le demon leur apparoist en forme de bouc ou de chien, lequel elles adorent en diverses postures, tantost pliant les genouils en terre, tantost debout et dos contre dos, tantost brandillants les cuisses contrehaut et renversant la teste en arriere, de sorte que le menton soit porte vers le ciel: voire pour plus grand hommage lui offrent des chandelles noires ou des nombrils de petits enfants et le baisant aux parties honteuses de derriere. Mais quoy pourroit-on ecrire sans horreur que quelquefois elles imitent aussi le sacrifice de la saincte messe, l'eau beniste et semblables ceremonies des catholiques par mocquerie et derision. Elles y presentent en outre leurs enfants au diable, luy dedient de leur semence espandue en terre, et luy apportent aucunes fois la sainte Hostie en leur bouche, laquelle elles foulent a beaux pieds en leur presence."

Le meme auteur[1] explique les banquets et les danses du sabbat:

[Note 1: *Les controverses et recherches magiques de Martin Delrio, etc.*, p. 897.]

"Quelquefois elles dansent devant le repas et quelquefois apres, ordinairement y a diverses tables, trois ou quatre, chargees quelquefois de morceaux friands et delicats, et quelquefois insipides et grossiers, selon les dignitez et moyens des personnes. Quelquefois elles ont chacune leur demon assis aupres d'elles, et quelquefois elles sont toutes rangees d'un cote et leur demon range a l'opposite. Elles n'oublient pas aussi de benir leurs tables avant le repas, mais avec des paroles remplies de blasphemes avouant Beelzebub pour createur et conservateur de toutes choses. Elles luy rendent semblablement action de graces apres le repas avec les memes blasphemes. Et il ne faut pas oublier qu'elles assistent a ces banquets aucunes fois a face decouverte et d'autres fois masquees ou voilees de quelque linge. Elles dancent peu apres dos contre dos et en rond, chacune tenant son demon par les mains, ou bien quelquefois les chandelles ardentes, qu'elles luy avaient offertes en l'allant adorer et baiser. A ces ebats ne manquent aucunes fois le haubois et les menetriers, si quelquefois elles ne se contentent de chanter a la voix. Finalement apres la dance ausquels elles rendent apres compte de ce qu'elles ont fait depuis la derniere assemblee, et sont celles la les mieux venues, lesquelles ont commis de plus enormes et de plus execrables mechancetez. Les autres qui se sont comportez un peu plus humainement sont sifflees et mocquees, mises a l'ecart et le plus souvent encore battues et maltraitees de leurs maitres."

Delrio[1] decrit la sortie du sabbat et fait connaitre a quelle epoque il se tient:

[Note 1: *Les controverses et recherches magiques de Martin Delrio, etc.*, p. 199.]

"Elles recueillent en dernier lieu des poudres que quelques uns pensent etre les cendres du bouc, dont le demon avait pris la figure et lequel elles avoient adore, subitement consume par les flames en leur presence, ou recoivent d'autres poisons, qu'elles cachent pour s'en servir a l'execution de leurs pernicieux desseins, puis enfin s'en retournent en leurs maisons celles qui sont pres a pied, et les plus eloignees en la facon qu'elles y avoient ete transportees. J'avois oublie que ces sabbats diaboliques se font le plus souvent environ la minuit, pour ce que Satan fait ordinairement ses efforts pendant les tenebres: et qu'ils se tiennent encor a divers jours en diverses provinces: en Italie, la nuit d'entre le vendredy et le samedy, en Lorraine les nuits qui precedent le jeudy et le dimanche et en d'autres lieux, la nuit d'entre le lundy et le mardy."

Esprit de Bosroger[1] rapporte les aveux de Madeleine Bavan, a propos du sabbat:

[Note 1: *La piete affligee*, p. 389.]

"I. Qu'etant a Rouen dans la maison d'une couturiere ches laquelle elle resta l'espace de trois ans elle fut debauchee par un magicien qui en abusa plusieurs, la fit transporter au sabbat avec trois de ses compagnes qu'il avait aussi debauchees: il y celebra la messe avec une chemise gatee de salletes luy appartenant, le dit magicien estant au sabbat, les fit signer dans un registre d'environ deux mains de papier; Madeleine adjoute qu'elle emporta du sabbat la vilaine chemise de laquelle le magicien s'etait servi, et etant de retour la prist sur soy, pendant lequel temps elle se sentit fort portee a l'impudicite jusqu'a ce qu'elle eust quittee par l'ordre d'un sage confesseur cette abominable chemise."

"II. Madeleine Bavan a dit qu'il ne s'etait presque point passe de semaine pendant l'espace de huit mois ou environ, que le magicien ne l'ait menee au sabbat, ou une fois entr'autres ayant celebre une execrable messe, il la maria avec un des principaux diables de l'enfer nomme Dagon qui parut alors en forme d'un jeune homme, et luy donna une bague; ce maudit mariage fait, le dit pretendu jeune homme luy mit la bague dans le doigt, puis se separerent chacun de leur coste, avec promesse faite par ce jeune homme qu'il ne seroit pas longtemps sans la revoir, aussy il luy apparut des le lendemain, comme il a fait quantite de fois pendant plusieurs annees, ayant souvent sa compagnie charnelle, qui excepte le plaisir qu'elle ressentoit dans son esprit lui causoit plus de douleur que de volupte, comme elle-mesme l'assure."

"Madeleine Bavan a dit[1] qu'elle a vu trois ou quatre fois des femmes magiciennes accoucher au sabbat, apres la delivrance desquelles on mettait leurs enfans sur l'autel qui y demeuroient pleins de vie pendant la celebration de leur detestable messe, laquelle etant achevee, tous les assistans (entre lesquelles etait la dite Bavan) et les meres memes egorgeoient d'un commun consentement ces pauvres petits enfans, qu'ils dechiroient et apres que chacun en avoit tire les principales parties, comme le coeur et autres pour en faire charmes, malefices et sortileges; ils mettoient le reste en terre; ausquels egorgements elle a contribue avec Picard et a fait des malefices des dits enfans qu'elle a rapportes a l'intention generale de celuy qui presidait au sabbat, et comme elle ne scavoit sur qui les appliquer, elle les bailla aux premiers trouves du sabbat."

[Note 1: *La piete affligee*, p. 395.]

"Elle confesse avoir adore le bouc du sabbat lequel paroist demy homme et demy bouc, lesquelles adorations du bouc se font tousjours a dessein de profaner le tres saint sacrement de l'Eucharistie."

"Elle avoue avoir plusieurs fois adore d'autres diables, referant ses intentions a celles qu'ont les magiciens en general: celles qu'elle se formoit en particulier n'avoient point d'autre but que la charnalite."

"Pour revenir aux sorciers et sorcieres, quand ils vouloyent faire venir ces esprits a eux, dit Loys Lavater[1], ils s'oignoyent d'un onguent qui faisoit fort dormir; puis se couchoyent au lict, ou ils s'endormoyent tant profondement qu'on ne les pouvoit esveiller, ni en les percant d'aiguilles ni en les brulant. Pendant qu'ils dormoyent ainsi, les diables leur proposoyent des banquets, des danses, et toutes sortes de passe-temps, par imagination. Mais puisque les diables ont si grande puissance, rien n'empeche qu'ils ne puissent quelquefois prendre les hommes, et les emporter dans quelque forest puis leur faire voir la tels spectacles…"

[Note 1: *Trois livres des apparitions, etc.*, p. 297.]

"Il avint un jour que quelqu'un fort adonne a ces choses, fut soudainement emporte hors de sa maison en un lieu fort plaisant, ou apres avoir veu danser toute la nuict et fait grande chere, au matin tout cela estant esvanouy, il se vit enveloppe dans des epines et halliers fort espais. Mais outre ce qu'ils sont paillards aussi sont-ils fort cruels, car ils entrent es maisons en forme de chiens ou de chats et tuent ou despouillent les petits enfants."

"Paul Grillaud, Italien qui vivoit l'an 1537, en son premier livre *de Sortilegiis*, tesmoigne, dit Crespet[1], qu'il y eut un pauvre homme sabin demourant pres de Rome qui fut persuade par sa femme de se gresser comme elle de quelques unguens pour estre transporte avec les autres sorciers. Pendant que ce transport se fist par la vertu de la gresse et de quelques paroles qu'on dit, et non pas par la vertu du diable, il se trouva donc au comte de Benevent soubs un grand noyer, ou estoient amassez infinis sorciers qui beuvoient et mangeoient a son advis, et se mit avec eux pour boire et manger; mais ne voyant point de sel sur table, en demanda ne se doubtant que les diables l'ont en horreur et aussitost qu'il eust nomme le nom de Dieu de ce que le sel lui fut apporte disant en son langage: *Laudato sia Dio pur e venuto questo sale*, incontinent tous les diables avec leurs sorciers disparurent, et demoura le pauvre home tout seul, nud comme il estoit et fut contraint de s'en retourner a pied mendiant son pain et vint accuser sa femme qui fut bruslee."

[Note 1: *De la hayne de Satan pour l'homme*, p. 236.]

"D'apres le meme[1], Daneau... rend compte d'un proces fait a Geneve... a une femme laquelle avoit publiquement confesse estant interrogee, qu'elle avoit souvent assiste au chapitre et assemblee des autres sorciers, tout joignant le chapitre de la grande eglise dediee a saint Pierre (mais maintenant le repaire de Sathan ou est annoncee sa volonte) et qu'apres tous les autres qui la estoient congregez elle avoit adore le diable en forme de renard roux, qui se faisoit appeler Morguet et deposa qu'on le baisoit par le derriere qui etoit fort froid et sentoit fort mauvais. Ou une jeune fille etant arrivee, dedaignant baiser une place tant vilaine et infame, le dict renard se transforma en homme, et luy feit baiser son genoueil qui estoit aussi froid que l'autre lieu, et de son poulce luy imprima au front une marque qui lui causa une grande douleur; tout cela est dans le dit livre imprime, et ce que s'ensuit a scavoir, que la ditte femme deposa devant les juges que quand elle vouloit aller a l'assemblee, elle avoit un baston blanc tachete de rouge, et comme les autres lui avoient appris, elle disoit a ce baston: "Baston blanc rouge, meyne-moi ou le diable te commande.""

[Note 1: *De la hayne de Satan pour l'homme*, p. 231.]

"Barth a Spina raconte[1] qu'une jeune fille de Bergame fut trouvee a Venise, laquelle ayant veu lever de nuict sa mere, qui despouillant sa chemise s'estoit ointe, et chevauchant un baston estoit sortie par la fenestre et s'estoit esvanouye, par une curiosite en voulut autant faire, et incontinent elle fut portee au lieu ou estoit sa mere arrivee, mais voyant le diable s'imprima le signe de la croix et invoqua le nom de la Vierge Marie, et incontinent elle fut delaissee seule, et se trouva toute nue comme le proces en fut fait d'elle et de sa mere et le tout verifie."

[Note 1: Meme ouvrage, p. 241.]

"Il allegue un autre exemple d'une autre femme de Ferrare laquelle estant couchee aupres de son mary se leva de nuict pensant qu'il fust bien endormy mais il la contemploit comme elle print de l'onguent dans un vaisseau qu'elle tenoit cache, et aussitost fut enlevee, il se leve et en voulut autant faire, et se trouva incontinent au lieu ou estoit sa femme qui estoit en une cave, mais n'ayant le moyen de retourner comme il etoit alle, se trouva seul et apprehende comme larrons conta l'affaire, accusa sa femme qui fut convaincue et chastiee."

Goulart[1] rapporte, d'apres Baudouain de Roussey[2], le fait suivant:

[Note 1: *Thresor des histoires admirables*, t. I, p. 178.]

[Note 2: *Epitres medicinales*.]

"M. Theodore fils de Corneille, jadis consul de la ville de Goude en Hollande m'a recite l'histoire qui s'ensuit l'affirmant tres veritable. En un village nomme

Ostbrouch pres d'Utrect se tenoit une veufve au service de laquelle estoit un quidam s'occupant en ce qui estoit requis pour les affaires de la maison. Icelui ayant prins garde, comme les valets sont curieux encores que ce ne fust comme en passant, que bien avant en la nuict et lorsque tous les domestiques estoyent couchez, cette veufve estoit d'ordinaire en l'estable vers un certain endroit, lors estendant les mains elle empoignoit le rastelier d'icelle estable ou l'on met d'ordinaire le foin pour les bestes. Lui s'esbahissant que vouloit dire cela, delibere de faire le mesme au desceu de sa maistresse, et essayer l'effect de telle ceremonie. Ainsi donc tost apres, en suivant sa maistresse qui estoit entree en l'estable y va et empoigne le rastelier. Tout soudain il se sent enleve en l'air, et porte en une caverne sous terre, en une villette ou bourgade nommee Wych, ou il trouve une synagogue de sorcieres, devisantes ensemble de leurs malefices. La maistresse estonnee de telle presence non attendue lui demanda par quelle adresse, il s'estoit rendu en telle compagnie. Il lui deschiffre de poinct en poinct ce que dessus. Elle commence a se despiter et courroucer contre lui craignant que telles assemblees nocturnes ne fussent descouvertes. Neantmoins elle fut d'avis de consulter avec ses compagnes ce que seroit de faire en la difficulte qui se presentoit. Finalement elles furent d'avis de recueillir amiablement ce nouveau venu en stipulant de lui promesse expresse de se taire, et de jurer qu'il ne manifesteroit a personne les secrets qui lors luy avoyent este descouverts contre son opinion et merite. Ce pauvre corps promet mons et merveilles, flatte les unes et les autres et pour n'estre pas rudement admis en leur synagogue, feint avoir tres grande envie d'etre dela en avant admis en leur synagogue, s'il leur plaisoit. En ces consultations, l'heure se passe et le temps de deloger aprochoit. Lors se fait une autre consultation a l'instance de la maitresse scavoir si pour la conservation de plusieurs, il estoit point expedient d'egorger ce serviteur ou s'il faloit le reporter. D'un commun consentement fut encline au plus doux avis de le reporter en la maison, puisqu'il avoit preste serment de ne rien deceler. La maistresse prend cette charge et apres promesse expresse et reciproque, elle charge ce serviteur sur ses epaules promettant le reporter en sa maison. Mais comme ils eurent fait une partie du chemin, ils descouvrirent un lac plein de joncs et de roseaux. La maistresse rencontrant cette occasion et craignant toujours que ce jeune homme se repentant d'avoir ete admis a ces festes d'enfer ne descouvrist ce qu'il avoit veu s'eslance impetueusement et secoue de dessus ses epaules le jeune homme esperant (comme il est a presumer) que ce malavise perdroit la vie, tant par la violence de sa chute du fort haut, que par son enfondrement en l'eau bourbeuse de ce lac, ou il demeureroit enseveli."

"Mais comme Dieu est infiniment misericordieux, ne voulant pas permettre la mort du pecheur, ains qu'il se convertisse et vive, il borna les furieux desseins de la sorciere, et ne permit pas que le jeune homme fut noye, ains lui prolongea la vie, tellement que sa cheute ne fut pas mortelle, car roulant et culbutant en bas il rencontre une touffe espaisse de cannes et roseaux qui rabattirent la violence du coup en telle sorte toutes fois qu'il fut rudement blesse, et n'ayant pour aide que la langue, tout le reste de la nuict, il sentit des douleurs en ce lict de joncs et d'eau bourbeuse."

"Le jour venu en se lamentant et criant, Dieu voulut que quelques passants estonnez de cette clameur du tout extraordinaire, apres avoir diligemment cherche trouverent ce pauvre corps demi transi tout esrene et froisse ayant outre plus les deux cuisses denouees. Ils s'enquirent d'ou il estoit, qui l'avoit mis en tel point et entendant l'histoire precedente apres l'avoir tire de ce miserable gite le chargerent et firent porter par chariot a Utrect. Le bourgmaistre nomme Jean le Culembourg, gentilhomme vertueux, esmeu et ravi en admiration d'un cas si nouveau, fit soigneuse enqueste du tout, deserna prinse de corps contre la sorciere, et la fit serrer en prison, ou elle confessa volontairement, sans torture et de poinct en poinct, tout ce qui s'estoit passe, suppliant qu'on eust pitie d'elle. La conclusion de ce proces, par commun avis de tout le conseil produisit condamnation de mort tellement que ceste femme fut bruslee. Le serviteur ne fut de longtemps apres gueri de sa froissure universelle et particulierement de ses cuisses, chastie devant tous de sa curiosite detestable."

Bodin[1] rapporte d'apres Sylvestre Rieras qu'en Italie, dans la ville de Come, "l'official et l'inquisiteur de la foy, ayans grand nombre de sorcieres qu'ils tenoyent en prison, et ne pouvans croire les choses estranges qu'elles disoyent, en voulurent faire la preuve, et se firent mener a la synagogue par l'une des sorcieres, et se tenans un peu a l'escart virent toutes les abominations, hommages au diable, danses, copulations. Enfin le diable qui faisoit semblant de ne les avoir pas veu, les batit tant qu'ils en moururent quinze jours apres."

[Note 1: *Demonomanie*, preface.]

"Nous trouvons, dit Bodin[1], au 6e livre de Meyr, qui a escrit fort diligemment l'histoire de Flandres, que l'an 1459 grand nombre d'hommes et femmes, furent brules en la ville d'Arras accusees les uns par les autres et confesserent qu'elles estoient la nuit transportees aux danses et puis qu'ils se couplaient avecques les diables qu'ils adoraient en figure humaine."

[Note 1: *Demonomanie*.]

"Jacques Sprenger et ses quatre compagnons inquisiteurs des sorciers escrivent qu'ils ont fait le proces a une infinite de sorciers en ayant fait executer fort grand nombre en Allemagne, et mesmement aux pays de Constance et de Ravenspur l'an 1485 et que toutes generallement sans exception, confessoient que le diable avoit copulation charnelle avec elle apres leur avoir fait renoncer Dieu et leur religion."

"Suivant P. de Lancre[1], Jeannette d'Abadie aagee de seize ans dict, qu'elle a veu hommes et femmes se mesler promiscuement au sabbat. Que le diable leur commandait de s'accoupler et de se joindre, leur baillant a chacun tout ce que la nature abhorre le plus, scavoir la fille au pere, le fils a la mere, la seur au frere, la filleule au parrain, la penitente a son confesseur, sans distinction d'aage, de qualite ny de parentulle."

[Note 1: *Tableau des inconstances des mauvais anges*, p. 222.]

"Vers l'annee 1670, dit Balthazar Bekker[1], il y eut en Suede, au village de Mohra, dans la province d'Elfdalen, une affaire de sorcellerie qui fit grand bruit. On y envoya des juges. Soixante-dix sorcieres furent condamnees a mort; une foule d'autres furent arretees, et quinze enfants se trouverent meles dans ces debats."

[Note 1: *Le Monde enchante*, liv. VI, ch. XXIX, d'apres les relations originales.]

"On disait que les sorcieres se rendaient de nuit dans un carrefour, qu'elles y evoquaient le diable a l'entree d'une caverne, en disant trois fois:

—"Antesser, viens! et nous porte a Blokula!"

"C'etait le lieu enchante et inconnu du vulgaire, ou se faisait le sabbat. Le demon Antesser leur apparaissait sous diverses formes, mais le plus souvent en justaucorps gris, avec des chausses rouges ornees de rubans, des bas bleus, une barbe rousse, un chapeau pointu. Il les emportait a travers les airs a Blokula, aide d'un nombre suffisant de demons, pour la plupart travestis en chevres; quelques sorcieres, plus hardies, accompagnaient le cortege, a cheval sur des manches a balai. Celles qui menaient des enfants plantaient une pique dans le derriere de leur chevre; tous les enfants s'y perchaient a califourchon, a la suite de la sorciere, et faisaient le voyage sans encombre."

"Quand ils sont arrives a Blokula, ajoute la relation, on leur prepare une fete; ils se donnent au diable, qu'ils jurent de servir; ils se font une piqure au doigt et signent de leur sang un engagement ou pacte; on les baptise ensuite au nom du diable, qui leur donne des raclures de cloches. Ils les jettent dans l'eau, en disant ces paroles abominables:

—"De meme que cette raclure ne retournera jamais aux cloches dont elle est venue, ainsi que mon ame ne puisse jamais entrer dans le ciel."

"La plus grande seduction que le diable emploie est la bonne chere; et il donne a ces gens un superbe festin, qui se compose d'un potage aux choux et au lard, de bouillie d'avoine, de beurre, de lait et de fromage. Apres le repas, ils jouent et se battent; et si le diable est de bonne humeur, il les rosse tous avec une perche, "ensuite de quoi il se met a rire a plein ventre." D'autres fois il leur joue de la harpe."

"Les aveux que le tribunal obtint apprirent que les fruits qui naissaient du commerce des sorcieres avec les demons etaient des crapauds ou des serpents.

"Des sorcieres revelerent encore cette particularite, qu'elles avaient vu quelquefois le diable malade, et qu'alors il se faisait appliquer des ventouses par les sorciers de la compagnie."

"Le diable enfin leur donnait des animaux qui les servaient et faisaient leurs commissions, a l'un un corbeau, a l'autre un chat, qu'ils appelaient *emporteur*, parce qu'on l'envoyait voler ce qu'on desirait, et qu'il s'en acquittait habilement. Il leur enseignait a traire le lait par charme, de cette maniere: le sorcier plante un couteau dans une muraille, attache a ce couteau un cordon qu'il tire comme le pis d'une vache; et les bestiaux qu'il designe dans sa pensee sont traits aussitot jusqu'a epuisement. Ils employaient le meme moyen pour nuire a leurs ennemis, qui souffraient des douleurs incroyables pendant tout le temps qu'on tirait le cordon. Ils tuaient meme ceux qui leur deplaisaient, en frappant l'air avec un couteau de bois."

"Sur ces aveux on brula quelques centaines de sorciers, sans que pour cela il y en eut moins en Suede."

On ne peut guere evoquer les demons avec surete sans s'etre place dans un cercle qui garantisse de leur atteinte, parce que leur premier mouvement serait d'empoigner, si l'on n'y mettait ordre. Voici ce qu'on lit a ce propos dans le *Grimoire du pape Honorius*:

"Les cercles se doivent faire avec du charbon, de l'eau benite aspergee, ou du bois de la croix benite… Quand ils seront faits de la sorte, et quelques paroles de l'Evangile ecrites autour du cercle, sur le sol, on jettera de l'eau benite en disant une priere superstitieuse dont nous devons citer quelques mots:— "Alpha, Omega, Ely, Elohe, Zebahot, Elion, Saday. Voila le lion qui est vainqueur de la tribu de Juda, racine de David. J'ouvrirai le livre et ses sept signes…"

On recite apres la priere quelque formule de conjuration, et les esprits paraissent.

Le *Grand Grimoire* ajoute "qu'en entrant dans ce cercle il faut n'avoir sur soi aucun metal impur, mais seulement de l'or ou de l'argent, pour jeter la piece a l'esprit. On plie cette piece dans un papier blanc, sur lequel on n'a rien ecrit; on l'envoie a l'esprit pour l'empecher de nuire; et, pendant qu'il se baisse pour la ramasser devant le cercle, on prononce la conjuration qui le soumet."

Le *Dragon rouge* recommande les memes precautions.

Il nous reste a parler des cercles que les sorciers font au sabbat pour leurs danses. On en montre encore dans les campagnes; on les appelle *cercle du sabbat* ou *cercle des fees*, parce qu'on croyait que les fees tracaient de ces cercles magiques dans leurs danses au clair de la lune. Ils ont quelquefois douze ou quinze toises de diametre, et contiennent un gazon pele a la ronde de la largeur d'un pied, avec un gazon vert au milieu. Quelquefois aussi tout le milieu est aride et desseche, et la bordure tapissee d'un gazon vert. Jessorp et Walker, dans les *Transactions philosophiques*, attribuent ce phenomene au tonnerre: ils en donnent pour raison que c'est le plus souvent apres des orages qu'on apercoit ces cercles.

D'autres savants ont pretendu que les cercles magiques etaient l'ouvrage des fourmis, parce qu'on trouve souvent ces insectes qui y travaillent en foule.

On regarde encore aujourd'ui, dans les campagnes peu eclairees, les places arides comme le rond du sabbat. Dans la Lorraine, les traces que forment sur le gazon les tourbillons des vents et les sillons de la foudre passent toujours pour les vestiges de la danse des fees, et les paysans ne s'en approchent qu'avec terreur[1].

> [Note 1: Madame Elise Voiart, Notes au livre Ier de la Vierge d'Arduene.]

VII.—UNION CHARNELLE AVEC LE DIABLE.
INCUBES ET SUCCUBES.

"Le bruit commun, dit saint Augustin[1] est, et plusieurs l'ont essaye et encore entendu de ceux la foy desquels ne peut estre revoquee en doute que certains faunes et animaux silvestres appelez du commun incubes ont este facheux et envieux aux femmes, tellement qu'ils ont souvent convoite d'habiter avec elles, et se trouvent certains demons que les Francois appellent *Dusii*, lesquels s'efforcent tant qu'ils peuvent de cognoistre les femmes et souvent ils accomplissent leur dessein; tellement que de nier cela est un traict d'un homme impudent."

[Note 1: *Cite de Dieu*, livres XXIII et XIX.]

Crespet[1] rapporte que "Col. Rhodiginus livre II, chap. VI, des *Antiques lecons*, soustient que les diables peuvent habiter avec les femmes, *Daemones foecundos esse femine, et coire, angelos vero bonos minime*. Et souvent on a trouve des sorcieres es lieux escartes, couchees a la renverse et se remuer comme estans en l'acte venerien, et aussitost le diable se lever en forme de nuee espaisse et foetide."

[Note 1: Crespet, *La hayne de Sathan*, p. 296.]

D'apres Bodin[1] "Jeanne Herviller, native de Verbery pres Compiegne, entre autres choses, confessa que sa mere avoit este condamnee d'estre bruslee toute vive par arrest du parlement, confirmatif de la sentence du juge de Senlis, qu'a l'aage de douze ans sa mere la presenta au diable en forme d'un grand homme noir et vestu de noir, botte, esperonne, avec une espee au coste et un cheval noir a la porte, auquel la mere dit: Voicy ma fille que je vous ay promise, et a la fille: Voicy vostre amy qui vous fera bien heureuse, et des lors elle renonca a Dieu, a la religion, et puis coucha avec elle charnellement en la mesme sorte et maniere que font les hommes avecques les femmes, hormis que la semence estoit froide. Cela, dit-elle, continua tous les quinze jours, mesmes icelle estant couchee pres de son mary sans qu'il s'en apperceut. Et un jour le diable luy demanda si elle voulait estre enceinte de lui et elle ne voulut pas."

[Note 1: *Demonomanie*.]

Merlin passait pour fils du diable. "Je pense, dit Le Loyer[1], que ce n'est point chose tant incroyable qu'il ait este engendre du diable en une sorciere: car en la mesme isle vers le royaume d'Ecosse, au pays de Marree, y eut une fille qui se trouva grosse du fait du diable. Ce ne fut pas sans donner a penser a ses parents, qui la pouvoit avoir engrossee, parce qu'elle abhorroit les noces et n'avait voulu etre mariee. Ils la pressent de dire qui l'avait engrossee: elle confesse, que c'estoit le diable qui couchoit toutes les nuicts avec elle, en forme de beau jeune homme. Les parents ne se contentent pas la responce de la fille, pratiquent sa chambriere qui de nuict les fit entrer dans la chambre avec torches. Ce fut lors qu'ils apperceurent au lict de la fille, un monstre fort horrible n'ayant forme aucune d'homme. Le monstre fait contenance de ne vouloir quitter le lict, et fait on venir le prestre pour l'exorciser. Enfin le monstre sort, mais c'est avec tel tintamarre et fracassement, qu'il brusla les meubles qui estoient en la chambre, et en sortant descouvrit le toict et couverture de la maison. Trois jours apres, dict Hectore Boice, la sorciere engendra un monstre, le plus vilain qui fust oncque ne en Ecosse, que les sages femmes estoufferent."

[Note 1: *Discours et histoires des spectres, etc.*, p. 315.]

"J'ai leu autrefois, dit le meme[1], en Thomas Valsingham, Anglais, que la nuict d'une feste de Pentecote une femme du pays et de la paroisse de Kenghesla du diocese de Wintchester et doyenne d'Aulton, nommee Jeanne, fut en songe, non tant admonestee, que pressee et sollicitee d'aller trouver un jeune homme qui l'entretenait par amourettes. Elle se mit en chemin des le lendemain, et estant en la foret de Wolmer, se presente a elle un demon en la forme de l'amoureux nomme Guillaume, qui l'accoste et jouyt d'elle. Ceste maladie elle pense luy avoir ete causee par l'amoureux, qui se justifie et montre qu'il etait impossible qu'il fust en la forest en la meme heure dont elle se plaignoit et par la fut la verite du demon incube descouverte. Cela rengregea encore la maladie de la femme et advint cette merveille. La maison ou gisait la femme fut tellement remplie de puanteur que personne n'y pouvoit durer, et trois jours apres mourut ayant les levres fort livides, le ventre noir et enfle par tout le corps. A toute peine huict hommes la porterent en terre tant elle pesoit."

[Note 1: Meme ouvrage, p. 340.]

Goulart rapporte cette singuliere histoire d'apres un personnage, dit-il, tres digne de foy: L'an 1602, un gentilhomme francois se trouvant pres d'un bois, en voit sortir une fille eploree et echevelee qui lui demande appui et protection contre des voleurs qui avaient tue sa compagnie et avaient voulu la violer. Le gentilhomme, tirant son epee, prit cette demoiselle en croupe et traversa la foret sans rencontrer personne. Il l'amena, dans une hotellerie ou elle ne voulut manger ni boire que sur les instances du gentilhomme. Cette demoiselle supplia ensuite son sauveur de la laisser coucher dans la meme chambre que lui. Il y consentit apres quelques difficultes, et l'on dressa deux lits. Le gentilhomme se coucha dans le sien. "Mais la damoiselle, environ une heure apres, se despouilla pres de l'autre lict, et comme feignant croire que le gentilhomme dormist, commence a se descouvrir, a se contempler en diverses parties. Le gentilhomme picque d'infame passion attisee par l'indigne regard d'un masque qui lui paroissoit et sembloit le plus beau qui jamais se fust presente a ses yeux, se laissa gaigner par l'infame convoitise de son coeur alleche par les redoutables attraits d'un tres cauteleux ennemi, mettant le reverence de Dieu et le salut de son ame en oubli, se leve de son lict, s'en va dans celui de la damoiselle qui le receut et passerent la nuict ensemble. Le matin venu, le pauvre miserable retourne trouver sa couche, et y estant s'endort. La damoiselle se leve et disparoit sans saluer gentilhomme, hoste ni hostesse. Le gentilhomme esveille la demande, elle ne se trouve point: il l'attend jusques environ midi: lors n'en pouvant avoir de nouvelles il monte a cheval, et poursuit son chemin. A peine estoit-il a demie-lieue de la ville qu'il descouvre au bout d'une raze campagne un cavalier arme de pied en cap, lequel venoit a lui, bride abatue, les armes au poin. Le gentilhomme qui estoit bon soldat l'attend de pied ferme, et repousse vaillamment l'effort de cest ennemi couvert, lequel se retirant un peu a quartier, haussa la visiere. Alors le pauvre gentilhomme conut la face de la damoiselle avec laquelle il avoit passe la nuict precedente, lui declairant lors en termes expres qu'il avoit eu la compagnie du diable, que sa resistance estoit vaine, qu'il ne pouvoit s'en desdire." Le gentilhomme invoqua l'assistance de Dieu, Satan disparut. Le gentilhomme tournant bride rebroussa vers sa maison ou, desole, se mit au lit, confessa ce qui lui etait arrive devant plusieurs personnes notables, et mourut peu de jours apres, esperant a la misericorde de Dieu.

Guyon[1] rapporte aussi l'histoire de quelques personnes qui ont eu commerce avec le diable:

[Note 1: *Diverses lecons*, t. II, p. 56.]

"Ruoffe en son livre de la *Conception et generation humaine*, tesmoigne que de son temps, une paillarde eut affaire a un esprit malin par une nuict, ayant forme d'homme, et que soudain apres le ventre luy enfla, et que pensant estre grosse, elle tomba en une si etrange maladie que toutes ses entrailles tomberent, sans que par aucun artifice des medecins, elle peust estre guerie."

"En ce pays de Lymosin, environ l'an 1580, un gentilhomme cadet venant de la chasse du lievre, a soleil couchant, trouva en son chemin un esprit transforme en une belle femme, cuydant a la verite qu'elle fust telle: estant alleche par elle a volupte, eut affaire a elle, se sentit saisi soudain d'une si grande chaleur par tout son corps, que dans trois jours apres il mourut, et persista de dire jusques a la mort, que ceste chaleur provenoit de ceste copulation et ne resvoit nullement, et que soudain apres l'acte venerien ceste femme s'evanoueit."

"Nous avons veu deux femmes du bourg de Chambaret a scavoir la mere et la fille, qui disoyent et affermoient le diable avoir eu affaire avec elles par force visiblement et par violence, et leur ventre s'enfla grandement, et les touchay et visitay, et les trouvay telles; l'on les tenoit pour insensees de tenir telles paroles. Elles changerent de lieux, s'en allerent caymandant ailleurs et depuis j'ay entendu qu'elles n'estoyent plus grosses et qu'elles furent deschargees par beaucoup de fumees et ventositez qui sortirent de leurs corps, l'on m'a dit qu'elles estoyent encore en vie."

Selon Crespet[1], "Hector Boetius, hystoriographe escossois, sur la fin du livre VIII de son *Hystoire escossoise*, recite que l'an 1486 quelques marchans navigeans d'Escosse en Flandre, se voient a l'improviste assaillis d'une effroyable tempeste qui les environna, de sorte qu'ils pensaient aller au fond de l'Ocean. L'air estoit trouble, les nues obscures et espaisses, le soleil avoit perdu sa clarte, dont ils soupconnerent qu'il y avoit de la malice de Sathan parmy tant de tourmente, ce que pensoit faire tomber en desespoir ces pauvres gens. Or de malheur en leur navire, il y avoit une femme, laquelle voyant si grand desordre et effroy commenca a confesser sa faute et s'accuser, que de longtemps elle avoit souffert un dyable incube qui la venoit parfois vexer et qu'il ne faisoit que partir de sa compagnie, les suppliant qu'ils la jetassent en la mer, car elle se sentoit grandement coupable pour un crime tant horrible et infame. Toutefois, il y eut des gens catholiques au navire, et entre autres un prestre qui la confessa et remit en meilleure esperance devant lequel se prosternant en un lieu escarte pour confesser ses peches avec une amertume de coeur, souspirs et sanglots, se confiant en la misericorde de Dieu, et aussitost qu'il luy eust donne l'absolution sacramentale, les assistans veirent lever en l'air du navire une espaisse nuee avec une fadeur et fumee accompagnee de flame qui s'alla jetter en fond, et aussitost la serenite fut rendue."

[Note 1: *De la hayne de Sathan*, p. 296.]

"Le meme auteur (Boetius), au mesme livre, cite par Crespet, poursuit encore un autre exemple de la region, Gareotha, d'un jeune adolescent, beau et elegant en perfection, lequel confessa devant son evesque qu'il avoit souvent eu la compagnie d'une jeune fille qui le venoit de nuict chatouiller en son lit, et le baisotoit se supposant a luy, afin qu'il fust eschauffe pour faire l'oeuvre charnel, sans que jamais il peut scavoir qui elle estoit, ou d'ou elle venoit, car les portes et fenestres de sa chambre avoient toujours este fermees, mais par le conseil des gens doctes il changea de demeure, et a force de prieres, confessions, jeunes et autres devots exercices il fut delivre."

"J'ay aussi leu, dit Bodin[1], l'extraict des interrogatoires faicts aux sorcieres de Longwy en Potez qui furent aussi bruslees vives que maistre Adrian de Fer, lieutenant general de Laon m'a baille. J'en mettrai quelques confessions sur ce point."

[Note 1: *Demonomanie*.]

"Marguerite Bremont, femme de Noel de Lavatet, a dit que lundy dernier apres avoir failli elle fut avec Marion sa mere a une assemblee pres le moulin

Franquis de Longwy en un pre et avoit sa dite mere un ramon entre ses jambes disant: Je ne mettray point les mots, et soudain elles furent transportees toutes deux au lieu ou elles trouverent Jean Robert, Jeanne Guillemin, Marie femme de Simon d'Agneau et Guillemette femme d'un nomme Legras qui avoient chacun un ramon. Se trouverent aussi en ce lieu six diables, qui estoient en forme humaine, mais fort hideux a voir. Que apres la danse finie les diables se coucherent avecque elles, et eurent leur compagnie et l'un d'eux, qui l'avoit menee danser la print et la baisa par deux fois et habita avec elle l'espace de plus d'une demie heure mais delaissa aller sa semence bien froide."

P. de Lancre[1] repete diverses histoires d'incubes et de succubes:

[Note 1: *Tableau de l'inconstance des mauvais anges*, p. 214.]

"Henry, institeur, et Jaques Spranger, qui furent esleus du pape Innocent VIII pour faire le proces aux sorciers d'Allemagne, racontent que bien souvent ils ont veu des sorcieres couchees par terre le ventre en sus, remuant le corps avec la meme agitation que celles qui sont en cette sale action, prenant leur plaisir avec ces esprits et demons incubes qui leur sont visibles mais invisibles a tous autres, sauf qu'ils voient apres cet abominable accouplement une puante et sale vapeur s'eslever du corps de la sorciere de la grandeur d'un homme: si bien que plusieurs maris jaloux voyant les malins esprits acointer ainsi et cognoistre leurs femmes pensant que ce fussent vrayment des hommes mettoient la main a l'espee, et qu'alors les demons disparoissans ils demeuroient moquez et rudement baffouez par leurs femmes."

"Francois Pic de la Mirandole dict avoir cognu un homme de soixante-quinze ans qui s'appeloit Benedeto Berna, lequel par l'espace de quarante ans eut accointance avec un esprit succube qu'il appeloit Harmeline et la conduisoit et menoit quant et luy en forme humaine, en la place et partout et parloit avec elle: de maniere que plusieurs l'oyant parler, et ne voyant personne le tenoient pour fol. Et un autre nomme Pinet en tint un l'espace de trente ans sous le nom de Fiorina."

"Sur quoy est remarquable ce que dict Bodin que les diables ne font paction expresse avec les enfants qui leur sont vouez, s'ils n'ont atteint l'aage de puberte et dict que Jeanne Herviller disposa que sa mere qui l'avait dediee a Satan si tost qu'elle fut nee, ne fut jamais desiree par Satan ny ne s'accoupla avec luy, qu'elle n'eust atteint l'aage de douze ans. Et Magdeleine de la Croix, abbesse de Cordoue, en Espagne, dict de meme, que Satan n'eut cognoissance d'elle qu'en ce mesme aage."

"Or cette operation de luxure n'est commise ou pratiquee par eux pour plaisir qu'ils y prennent, parce que comme simples esprits, ils ne peuvent prendre aucune joye ny plaisir des choses sensibles. Mais ils le font seulement pour faire choir l'homme dans le precipice dans lequel ils sont, qui est la disgrace de Dieu tres haut et tres puissant."

"Johannes d'Aguerre dict que le diable en forme de bouc avoit son membre au derriere et cognoissoit les femmes en agitant et poussant avec iceluy contre leur devant."

"Marie de Marigrane, aagee de quinze ans, habitante de Biarrix dict, qu'elle a veu souvent le diable s'accoupler avec une infinite de femmes qu'elle nomme par nom et surnom: et que sa coutume est de cognoistre les belles par devant, et les laides au rebours."

"Toutes les sorcieres s'accordent en cela, dit Delrio[1], que la semence qu'elles recoivent du diable, est froide comme glace, et qu'elle n'apporte aucun plaisir, mais horreur plutost, et par consequent ne peut etre cause d'aucune generation. Je repons que le demon, voulant decevoir la femme souz l'espece et figure de quelque homme sans qu'elle s'apperçoive qu'il est un demon, imite lors le plus convenablement qu'il peut tout ce qui est requis en l'accouplement de l'homme et de la femme, et par ainsi met-il en peine s'il veut que la generation s'en ensuive (ce qui avient rarement) d'y employer tout ce qui est necessaire a la generation, cherchant une semence prolifique, qu'il conserve et jette d'une si grande vitesse que les esprits vitaux ne s'evaporent. Mais quand il n'a point d'intention d'engendrer, alors il se sert de je ne scay quoy de semblable a la semence, chaud toutefois de peur que son imposture ne soit descouverte et tempere aussi le corps qu'il a pris de peur que par son attouchement, il n'apporte de la crainte, de l'horreur ou de l'epouvantement. Au contraire quand ils se couplent avec celles qui n'ignorent pas que ce soit un demon, il jette le plus souvent une semence imaginaire et froide, de laquelle je confesse ingenument qu'il ne peut rien provenir. Et qui plus est, toutes les sorcieres s'accordent en cela, qu'il les interroge si elles concoivent de ses oeuvres; et si d'aucunes se trouvent qui en aient envie, lors il se sert, comme je l'ay dit, de la vraye semence de l'homme."

[Note 1: *Les controverses et recherches magiques*, p. 187.]

Les demons, selon Delrio[1], peuvent aussi produire de certains monstres inaccoutumes, tels que celuy qu'on a veu au Bresil, de dix-sept palmes de hauteur, couvert d'un cuir de lesard, ayant des tetins fort gros, les bras de lyon, les yeux etincelans et flamboians et la langue de meme: tels aussi que ceux qui furent pris aux forets de Saxe, en l'an 1240 avec un visage demy humain: si ce n'est par aventure qu'ils fussent nez de l'accouplement de quelques hommes avec des betes brutes: qui est la plus certaine origine de la plus part des monstres. Car ainsi jadis Alcippe enfanta-t'elle un elephant, pendant la guerre Marsique. Ainsi trois femmes ont-elles accouche depuis l'une en Suisse d'un lyon, en l'an 1278, l'autre a Pavie d'un chat en l'an 1271 et l'autre d'un chien en la ville de Bresse. Ainsi encore l'an 1531 une autre femme a-elle enfante d'une meme ventree, premierement un chef d'homme enveloppe d'une taye, par apres un serpent a deux pieds et troisiemement un pourceau tout entier... Certainement en ces exemples ci-dessus allegues, je pense qu'il faut dire que c'est le demon, qui souz la figure de telles bestes a engrosse ces femmes."

[Note 1: *Les controverses et recherches magiques.*]

VIII.—PACTE AVEC LE DIABLE. MARQUE DES SORCIERS.

Un auteur anonyme[1] nous a conserve l'engagement pris par Loys Gaufridy envers le diable:

[Note 1: *De la vocation des magiciens et magiciennes, etc.* Paris, Ollivier de Varennes, 1623, in-12.]

"Je, Loys prestre, renonce a tous et a chascun des biens spirituels et corporels, qui me pourroient estre donnez et m'arriver de la part de Dieu, de la Vierge, et de tous les saincts et sainctes: et principalement de la part de Jean Baptiste mon patron, et des saincts apotres Pierre et Paul et de sainct Francois. Et a toy, Lucifer, que te voy, et scay estre devant moi, je me donne moy-mesme, avec toutes les bonnes oeuvres que je ferai, excepte la valeur et le fruit des sacrements, au respect de ceux a qui je les administreray, et en cette maniere j'ay signe ces choses et les atteste."

Lucifer prit de son cote a l'egard de Loys Gaufridy l'engagement suivant:

"Je Lucifer, promets sous mon seing, a toy seigneur Loys Gaufridy prestre, de te donner vertu et puissance, d'ensorceler par le soufflement de bouche toutes et chacunes les femmes et les filles que tu desireras: en foy de quoy j'ay signe Lucifer."

Suivant Bodin[1], "Magdeleine de la Croix, native de Cordoue en Espagne, abbesse d'un monastere, se voyant en suspicion des religieuses, et craignant le feu, si elle estoit accusee, voulut prevenir pour obtenir pardon du pape, et confesse que des l'age de douze ans, un malin esprit en forme d'un More noir la sollicita de son honneur auquel elle consentit et continua trente ans et plus, couchant ordinairement avec luy: par le moyen duquel estant dedans l'eglise elle estoit elevee en haut et quand les religieuses communioient apres la consecration l'hostie venoit en l'air jusqu'a elle, au veu des autres religieuses qui la tenoient pour saincte, et le pretre aussi, qui trouvoit alors faute d'une hostie."

[Note 1: *Demonomanie.*]

"On voit a Molsheim, dit dom Calmet[1], dans la chapelle de saint Ignace en l'eglise des PP. Jesuites une inscription celebre qui contient l'histoire d'un jeune gentilhomme allemand, nomme *Michel Louis*, de la famille de *Boubenhoren*, qui ayant ete envoye assez jeune par ses parents a la cour du duc de Lorraine pour apprendre la langue francoise perdit au jeu de cartes tout son argent. Reduit au desespoir il resolut de se livrer au demon, si ce mauvais esprit vouloit ou pouvoit lui donner de bon argent: car il se doutoit qu'il ne lui en fourniroit que de faux et de mauvais. Comme il etoit occupe de cette pensee, tout d'un coup il vit paraitre devant lui comme un jeune homme de son age, bien fait, bien couvert, qui lui ayant demande le sujet de son inquietude lui presenta sa main pleine d'argent, et lui dit d'eprouver s'il etoit bon. Il lui dit de le venir retrouver le lendemain. Michel retourne trouver ses compagnons, qui jouoient encore, regagne tout l'argent qu'il avoit perdu, et gagne tout celui de ses compagnons. Puis il revient trouver son demon, qui lui demanda pour recompense trois gouttes de son sang, qu'il recut dans une coquille de gland: puis offrant une plume a Michel il lui dit d'ecrire ce qu'il lui dicteroit. Il lui dicta quelques termes inconnus qu'il fit ecrire sur deux billets differens[2] dont l'un demeura au pouvoir du demon et l'autre fut mis dans le bras de Michel au meme endroit d'ou le demon avoit tire du sang. Et le demon lui dit: Je m'engage de vous servir pendant sept ans, apres lesquels vous m'appartiendrez sans reserve. Le jeune homme y consentit, quoique avec horreur, et le demon ne manquoit pas de lui apparaitre jour et nuit sous diverses formes, et de lui inspirer diverses choses inconnues et curieuses, mais toujours tendantes au mal. Le terme fatal des sept annees approchoit, et le jeune homme avoit alors environ vingt ans. Il revint chez son pere: le demon auquel il s'etoit donne lui inspira d'empoisonner son pere et sa mere, de mettre le feu a leur chateau et de se tuer soi-meme. Il essaya de commettre tous ces crimes: Dieu ne permit pas qu'il y reussit, le fusil dont il vouloit se tuer ayant fait faute jusqu'a deux fois, et le venin n'ayant pas opere sur ses pere et mere. Inquiet de plus en plus, il decouvrit a quelques domestiques de son pere le malheureux etat ou il se trouvoit, et les pria de lui procurer quelques secours. En ce meme temps le demon le saisit, et lui tourna tout le corps en arriere, et peu s'en fallut qu'il ne lui rompit les os. Sa mere qui etoit de l'heresie de Suenfeld, et qui y avoit engage son fils, ne trouvant dans sa secte aucun secours contre le demon qui le possedoit ou l'obsedoit, fut contrainte de le mettre entre les mains de quelques religieux. Mais s'en retira bientot et s'enfuit a l'Islade d'ou il fut ramene a Molsheim par son frere, chanoine de Wirsbourg, qui le remit entre les mains des PP. de la Societe. Ce fut alors que le demon fit les plus violens efforts contre lui, lui apparoissant sous la forme d'animaux feroces. Un jour entre autres le demon sous la forme d'un homme sauvage et tout velu jetta par terre une cedule ou pacte different du vrai qu'il avoit extorque du jeune homme, pour tacher sous cette fausse apparence de le tirer des mains de ceux qui le gardoient et pour l'empecher de faire sa confession generale. Enfin on prit jour au 20 octobre 1603, pour se trouver en la chapelle de sainct Ignace, et y faire rapporter la veritable cedule contenant le pacte fait avec le demon. Le jeune homme y fit profession de la foi catholique et orthodoxe, renonca au demon, et recut la sainte Eucharistie. Alors jettant des cris horribles, il dit qu'il voyoit comme deux boucs d'une grandeur demesuree, qui, ayant les pieds de devant en haut, tenoient entre leurs ongles chacun de leur cote l'une des cedules ou pactes. Mais des qu'on eut commence les exorcismes et invoque le nom de sainct

Ignace les deux boucs s'enfuirent, et il sortit du bras ou de la main gauche du jeune homme presque sans douleur et sans laisser de cicatrice, le pacte qui tomba aux pieds de l'exorciste. Il ne manquoit plus que le second pacte qui etoit reste au pouvoir du demon. On recommenca les exorcismes, on invoqua sainct Ignace et on promit de dire une messe en l'honneur du sainct: en meme temps parut une grande cigogne difforme, mal faite, qui laissa tomber de son bec cette seconde cedule, et on la trouva sur l'autel."

[Note 1: *Traite sur les apparitions des esprits et sur les vampires, ou les revenans de Hongrie, de Moravie, etc.*, par le R.P. dom Augustin Calmet, abbe de Senones. Nouvelle edition, Paris, Debust aine, 1751, 2 vol. in-12.]

[Note 2: Il y avait en tout dix lettres, la plupart grecques, mais qui ne formeront aucun sens. On les voyoit a Molsheim dans le tableau qui represente ce miracle.]

On parlait beaucoup chez les anciens de certains demons qui se montraient particulierement vers midi a ceux avec lesquels ils avaient contracte familiarite. Ces demons visitent ceux a qui ils s'attachent, en forme d'hommes ou de betes, ou en se laissant enclore en un caractere, chiffre, fiole, ou bien en un anneau vide et creux au dedans. "Ils sont connus, ajoute Leloyer, des magiciens qui s'en servent, et, a mon grand regret, je suis contraint de dire que l'usage n'en est que trop commun[1]."

[Note 1: *Histoire des spectres*, liv. III, ch. IV, p. 198.]

Honsdorf en son *Theatre es exemples du 8e commandement*, cite par Goulart[1], dit que: "Un docteur en medecine s'oublia si miserablement que de traiter alliance avec l'ennemi de nostre salut, qu'il avoit conjure et enclos dans un verre d'ou ce seducteur et familier esprit lui respondoit. Le medecin estoit heureux es guerisons des malades et amassa force escus en ses pratiques: tellement qu'il laissa a ses enfans la somme de vingt-six mille escus vaillant. Peu de temps avant sa mort, comme il commencoit a penser a sa conscience, il tombe en telle fureur que tout son propos estoit d'invoquer le diable, et vomir des blasphemes horribles contre le Sainct-Esprit. Il rendit l'ame en ce malheureux estat."

[Note 1: *Thresor des histoires admirables*, t. II, p. 624.]

Goulart[1] rapporte d'apres Alexandre d'Alexandrie[2] l'histoire d'un prisonnier qui, ayant appele le diable a son secours, avait visite les enfers:

[Note 1: *Thresor d'histoires admirables*, t. I, p. 535-538.]

[Note 2: Au livre VI, ch. XXI de ses *Jours geniaux*.]

"Le seigneur d'une villette en la principaute de Sulmona, au royaume de Naples, se monstroit avare et superbe en son gouvernement: de telle sorte que ses pauvres sujets ne pouvoyent subsister, ains estoyent estrangement gourmandez de lui. Un autre homme de bien au reste, mais pauvre et mesprise, battit rudement pour quelque occasion certain chien de chasse appartenant a ce seigneur, lequel griesvement irrite de la mort de son chien, fit empoigner et emprisonner ce pauvre homme en un cachot. Au bout de quelques jours les gardes qui tenoyent toutes les portes diligemment closes, venans a les ouvrir selon leur coustume, pour lui donner quelque peu de pain, ne trouverent point leur prisonnier en son cachot. L'ayans cerche et recerche par tout, sans pouvoir remarquer trace ni apparence quelconque d'evasion, finalement rapporterent ceste merveille a leur seigneur, qui de prime face s'en mocquoit et les menacoit, mais entendant puis apres la verite, ne fut pas moins estonne qu'eux. Au bout de trois jours apres ceste alarme, toutes les portes des prisons et du cachot fermees comme devant, ce mesme prisonnier, sans le sceu d'aucun, aparut renferme dedans son precedent cachot, ayant face et contenance d'homme esperdu; lequel requit que sans delai l'on le menast vers ce seigneur, auquel il avoit a dire choses de grande importance. Y ayant este conduit, il raconte qu'il estoit revenu des enfers. L'occasion avoit este que ne pouvant plus porter la rigueur de sa prison, vaincu de desespoir, craignant la mort, et destitue de bon conseil il avoit appelle le diable a son aide, a ce qu'il le tirast de ceste captivite. Que tost apres le malin en forme hideuse et terrible lui estoit apparu dedans son cachot, ou ils avoyent fait accord, suyvant lequel, il avoit este desferre et tire non sans griefs tourmens hors de la, puis precipite en des lieux souterrains et merveilleusement creux, comme au fond de la terre, ou il avoit veu les cachots des meschans, leurs supplices, tenebres et miseres horribles, des sieges puants et effrayables: des Rois, Princes, et grands Seigeurs, plongez en des abysmes tenebreux: ou ils brusloyent au feu ardent en des tourmens indicibles: qu'il avoit veu de Papes, Cardinaux, et autres Prelats magnifiquement vestus, et autres sortes de gens, en divers equipages, affligez de supplices distincts, en des goufres fort profonds, ou ils estoyent tourmentez incessamment. Adjoustant qu'il y avoit reconnu plusieurs de sa conoissance, notamment un de ses plus grands amis d'autrefois, lequel l'avoit reconu, et enquis de son estat: le prisonnier lui ayant raconte que leur pays estoit en main d'un rude maistre, l'autre lui enjoignist qu'estant de retour il commandast a ce rude seigneur de renoncer a ses tyranniques deportemens: et declarast que s'il continuoit sa place estoit marquee en certain siege prochain qu'il monstra au prisonnier. Et afin (dit cest esprit au prisonnier) que le seigneur dont nous parlons adjouste foy a ton rapport, di lui qu'il se souvienne du conseil secret et du propos que nous eusmes ensemble, lors que nous portions les armes en certaine guerre, et sous les chefs qu'il lui nomma. Puis il lui dit par le menu ce secret, leur accord, les paroles et promesses reciproques: lesquelles le prisonnier raconta distinctement les unes apres les autres, par leur ordre, a ce seigneur, lequel fut merveilleusement estonne de ce message, s'esbahissant comme il s'estoit peu faire que les choses commises a lui seul et qu'il n'avoit jamais descouvertes a personne, lui fussent deschifrees si hardiment par un pauvre sien sujet, qui les representoit comme s'il les eust leuees dedans un livre. On adjouste que le prisonnier s'estant enquis de l'autre avec lequel il devisoit es enfers s'il estoit possible et vrai que tant de gens qu'il voyoit si magnifiquement vestus, sentissent quelques tourmens? L'autre respondit qu'ils estoyent bruslez d'un feu continuel, pressez de tortures et supplices indicibles, et que tout ce parement d'or et d'escarlate n'estoit que feu ardent ainsi couloure. Que voulant sentir si ainsi estoit, il s'estoit aproche pour toucher ceste escarlate; que l'autre l'avoit exhorte de s'en departir; mais que l'ardeur de feu lui avoit grille tout le dedans de la main laquelle il monstroit tout rostie, et comme cuite a la braise d'un grand feu. Le pauvre prisonnier ayant este relasche, paroissoit a ceux qui l'aborderent s'en retournant chez soi comme un homme tout hebete, qui n'oid ni ne void goutte, tousjours pensif, parlant fort peu, et ne respondant presque point aux questions qu'on lui faisoit. Son visage au reste estoit devenu si hideux, son regard tant laid et farouche, apres ce voyage qu'a peine sa femme et ses enfans le reconurent-ils: et le reconoissant, ne fut question que de cris et de larmes, le contemplant ainsi change. Il ne vescut que fort peu de jours apres ce retour, et avec beaucoup de difficulte peut-il pourvoir a ses petites afaires, tant il estoit esperdu."

Crespet[1] decrit la marque dont Satan frappait les siens:

[Note 1: *De la hayne de Sathan*, p 244.]

"Or afin qu'on cognoisse que ce ne sont point songe il est tout evident, que la marque de Sathan sur les sorciers est comme lepreuse, car pour toute pointure d'alesnes et picqueures, le lieu est insensible, et c'est ou on les eprouve vraiment estre sorciers de profession a telle marque car ils ne sentent la pointure non plus que s'ils etaient ladres et n'en sort jamais goutte de sang, voire jamais on ne peut faire jecter l'arme pour tout supplice qu'on leur puisse inferer."

"Avec ce caractere ils recoivent la puissance de nuire, de charmer, et en font aussi participans leurs enfans si couvertement ou expressement, ils donnent consentement au serment et alliance que leurs peres ont faictes avec les diables, ou bien de ce que les meres ont soubs cette intention dedie ou consacre leurs enfans aux demons des qu'ils sont non seulement naiz mais aussi conceuz, et advient souvent que par les ministeres de ces demons quelques sorciers ont este veu avoir deux prunelles en chaque oeil, et d'autres le pourtraict d'un cheval en l'un, et double prunelle en l'autre. Ce que s'est faict pour servir de marque et caractere de l'alliance faicte avec eux. Car les demons peuvent en graver et effigier sur la cher du tendrelet embrion tels ou semblables lignes et lineamens."

"Ces marques, disait Jacques Fontaine[1], ne sont pas gravees par le demon sur les corps des sorciers, pour les recognoistre seulement, comme font les capitaines des compagnies de chevaux-legers qui cognoissent ceux qui sont de leur compagnie par la couleur des casaques, mais pour contrefaire le createur de toutes choses, pour montrer sa superbe, et l'authorite qu'il a acquise sur les miserables humains que se laissent attrapper a ses cautelles et ruses pour le tenir en son service et subjection par la recognoissance des marques de leur maitre. Pour les empescher en tant qu'il luy est possible, de se desdire de leurs promesses et serments de fidelite, parce qu'en luy faisan banqueroute, les marques ne demeurent pas moins tousjours sur leurs corps, pour, en cas d'accusation servir de moyen de les perdre a la moindre descouverte qu'il s'en puisse faire."

[Note 1: *Discours des marques des sorciers et de la reelle possession, etc.*, par Jacques Fontaine. Paris, Denis Langlois, 1611, in-12, p. 6.]

"Un accuse nomme Louis Gaufridy, qui venoit d'etre condamne au feu… estoit marque en plus de trente endroits du corps et principalement sur les reins ou il avait une marque de luxure si enorme et profonde, esgard au lieu, qu'on y plantoit une esguille jusques a trois doigts de travers sans appercevoir aucun sentiment ny aucune humeur que la picqueure rendit."

Le meme auteur etablit que les marques des sorciers sont des parties mortifiees par l'attouchement du doigt du diable.

"Vers 1591, on arreta comme sorciere une vieille femme de quatre-vingts ans, mendiante en Poitou. Elle se nommait Leonarde Chastenet. Confrontee avec Mathurin Bonnevault, qui soutenait l'avoir vue au sabbat, elle confessa qu'elle y etait allee avec son mari; que le diable, qui s'y montrait en forme de bouc, etait une bete fort puante. Elle nia qu'elle eut fait aucun malefice. Cependant elle fut convaincue, par dix-neuf temoins, d'avoir fait mourir cinq laboureurs et plusieurs bestiaux. Quand elle se vit condamnee pour ces crimes reconnus, elle confessa qu'elle avait fait pacte avec le diable, lui avait donne de ses cheveux, et promis de faire tout le mal qu'elle pourrait; elle ajouta que la nuit, dans sa prison, le diable etait venu a elle, en forme de chat, "auquel, ayant dit qu'elle voudrait etre morte, icelui diable lui avait presente deux morceaux de cire, lui disant qu'elle en mangeat, et qu'elle mourrait; ce qu'elle n'avait voulu faire. Elle avait ces morceaux de cire; on les visita, et on ne put juger de quelle matiere ils etaient composes. Cette sorciere fut donc condamnee, et ces morceaux de cire brules avec elle[1]."

[Note 1: *Discours sommaire des sortileges et venefices*, tires des proces criminels juges au siege royal de Montmorillon, en Poitou, en l'annee 1599, p. 19.]

IX.—FOURBERIES ET MECHANCETES DU DIABLE

L'argent qui vient du diable est ordinairement de mauvais aloi. Delrio conte qu'un homme, ayant recu du demon une bourse pleine d'or, n'y trouva le lendemain que des charbons et du fumier.

Un inconnu, passant par un village, rencontra un jeune homme de quinze ans, d'une figure interessante et d'un exterieur fort simple. Il lui demanda s'il voulait etre riche; le jeune homme ayant repondu qu'il le desirait, l'inconnu lui donna un papier plie, et lui dit qu'il en pourrait faire sortir autant d'or qu'il le souhaiterait, tant qu'il ne le deplierait pas; et que s'il domptait sa curiosite, il connaitrait avant peu son bienfaiteur. Le jeune homme rentra chez lui, secoua son tresor mysterieux, il en tomba quelques pieces d'or... Mais, n'ayant pu resister a la tentation de l'ouvrir, il y vit des griffes de chat, des ongles d'ours, des pattes de crapaud, et d'autres figures si horribles, qu'il jeta le papier au feu, ou il fut une demi-heure sans pouvoir se consumer. Les pieces d'or qu'il en avait tirees disparurent, et il reconnut qu'il avait eu affaire au diable.

Un avare, devenu riche a force d'usures, se sentant a l'article de la mort, pria sa femme de lui apporter sa bourse, afin qu'il put la voir encore avant de mourir. Quand il la tint, il la serra tendrement, et ordonna qu'on l'enterrat avec lui, parce qu'il trouvait l'idee de s'en separer dechirante. On ne lui promit rien precisement; et il mourut en contemplant son or. Alors on lui arracha sa bourse des mains, ce qui ne se fit pas sans peine. Mais quelle fut la surprise de la famille assemblee, lorsqu'en ouvrant le sac on y trouva, non plus des pieces d'or, mais deux crapauds!... Le diable etait venu, et en emportant l'ame de l'usurier, il avait emporte son or, comme deux choses inseparables et qui n'en faisaient qu'une[1].

[Note 1: Caesarii, *Hist. de morientibus*, cap. XXXIX *Mirac.* lib. II.]

Voici autre chose: Un homme qui n'avait que vingt sous pour toute fortune se mit a vendre du vin aux passants. Pour gagner davantage, il mettait autant d'eau que de vin dans ce qu'il vendait. Au bout d'un certain temps, il amassa, par cette voie injuste, la somme de cent livres. Ayant serre cet argent dans un sac de cuir, il alla avec un de ses amis faire provision de vin pour continuer son trafic; mais, comme il etait pres d'une riviere, il tira du sac de cuir une piece de vingt sous pour une petite emplette; il tenait le sac dans la main gauche et la piece dans la droite; incontinent un oiseau de proie fondit sur lui et lui enleva son sac, qu'il laissa tomber dans la riviere. Le pauvre homme, dont toute la fortune se trouvait ainsi perdue, dit a son compagnon: Dieu est equitable; je n'avais qu'une piece de vingt sous quand j'ai commence a voler; il m'a laisse mon bien, et m'a ote ce que j'avais acquis injustement[1].

[Note 1: Saint Gregoire de Tours, livre des *Miracles*.]

Un etranger bien vetu, passant au mois de septembre 1606 dans un village de la Franche-Comte, acheta une jument d'un paysan du lieu pour la somme de dix-huit ducatons. Comme il n'en avait que douze dans sa bourse, il laissa une chaine d'or en gage du reste, qu'il promit de payer a son retour. Le vendeur serra le tout dans du papier, et le lendemain trouva la chaine disparue, et douze plaques de plomb au lieu des ducatons[1].

[Note 1: Boguet, *Discours des sorciers*.]

"M. Remy, dans sa *Demonolatrie*[1], parle de plusieurs personnes qu'il a ouies en jugement en sa qualite de lieutenant general de Lorraine, dans le temps ou ce pays fourmilloit de sorciers et de sorcieres: ceux d'entre eux qui croyoient avoir recu de l'argent du demon, ne trouvoient dans leurs bourses que des morceaux de pots casses et des charbons, ou des feuilles d'arbres, ou d'autres choses aussi viles et aussi meprisables."

[Note 1: Ch. IV, ann. 1705, cite par dom Calmet, dans le *Traite sur les apparitions des esprits*, t. I, p. 271.]

"Le R.P. Abram, jesuite, dans son Histoire manuscrite de l'Universite de Pont-a-Mousson, rapporte, dit dom Calmet[1], qu'un jeune garcon de bonne famille, mais peu accommode, se mit d'abord a servir dans l'armee parmi les goujats et les valets: de la ses parens le mirent aux ecoles, mais ne s'accommodant pas de l'assujettissement que demandent les etudes, il les quitta, resolu de retourner a son premier genre de vie. En chemin il eut a sa rencontre un homme vetu d'un habit de soie, mais de mauvaise mine, noir et hideux, qui lui demanda ou il alloit, et pourquoi il avoit l'air si triste: Je suis, lui dit cet homme, en etat de vous mettre a votre aise, si vous voulez vous donner a moi. Le jeune homme croyant qu'il vouloit l'engager a son service, lui demanda du tems pour y penser; mais commencant a se defier des magnifiques promesses qu'il lui faisoit, il le considera de plus pres, et ayant remarque qu'il avoit le pied gauche fendu comme celui d'un boeuf, il fut saisi de frayeur, fit le signe de la croix, et invoqua le nom de Jesus; aussitot le spectre disparut. Trois jours apres la meme figure lui apparut de nouveau, et lui demanda s'il avoit pris sa resolution: le jeune homme lui repondit qu'il n'avoit pas besoin de maitre. Le spectre lui dit: Ou allez-vous? Je vais, lui repondit-il, a une telle ville qu'il lui nomma. En meme tems, le demon jetta a ses pieds une bourse qui sonnoit, et qui se trouva pleine de trente ou quarante ecus de Flandres, entre lesquels il y en avoit environ douze qui paroissoient d'or, nouvellement frappes, et comme sortant de dessous le coin du monnoyeur. Dans la meme bourse il y avoit une poudre que le spectre disoit etre une poudre tres subtile. En meme tems il lui donnoit des conseils abominables pour contenter les plus honteuses passions, et l'exhortoit a renoncer a l'usage de l'eau benite et a l'adoration de l'hostie qu'il nommoit par derision ce petit gateau. L'enfant eut horreur de ses propositions, fit le signe de la croix sur son coeur; et en meme temps il se sentit si rudement jette contre terre qu'il y demeura demi mort pendant une demi heure. S'etant releve, il s'en retourna chez sa mere, fit penitence et changea de conduite. Les pieces qui paroissoient d'or et nouvellement frappees, ayant ete mises au feu, ne se trouverent que de cuivre."

[Note 1: *Traite sur les apparitions des esprits*, t. I, p. 272.]

Le diable engage quelquefois a faire des oeuvres de piete.

"L'an 1559, dit Bodin[1], le dix-septieme jour de decembre, au village de Loen, en la comte de Juilliers, le cure osa bien interroguer le diable, qui tenoit une fille assiegee, si la messe estoit bonne et pourquoy il poussoit et contraignoit la fille d'aller soudain a la messe, quand on sonnoit la cloche. Satan respondit qu'il vouloit y aviser. C'estoit revoquer en doute le fondement de sa religion et en faire juge Satan. Or Jean de Sarisber, en son *Policratic*, livre II, chap. XXVI, parlant de ses beaux interrogatoires, dit: Les malins esprits sont si rusez, qu'ils feignent avec beaucoup de sollicitude qu'ils ne font que par force ce qu'ils font de leur plein gre. On diroit qu'ils sont contraints, et ils font qu'on les tire des lieux ou ils sont, en vertu des exorcismes: et afin que l'on n'y prenne garde de si pres, ils dressent des exorcismes comme au nom du Seigneur, ou en la foy de la saincte Trinite ou en la vertu de l'incarnation et de la passion, puis les suggerent aux hommes et obeissent aux exorcistes jusques a tant qu'ils les ayent envelopez avec eux en mesme crime de sacrilege et peine de damnation."

[Note 1: *Demonomanie*, livre III, ch. dernier.]

"Jean Wier recite, continue Bodin[1], qu'il a veu une fille demoniaque en Alemagne, laquelle interrogee par un exorciste, Satan respondit qu'il faloit que la fille allast en pelerinage a Marcodur, ville eslongnee de quelques lieues, que de trois pas l'un elle s'agenouillast, et fist dire la messe sur l'autel Saincte-Anne, et qu'elle seroit delivree, predisant le signal de sa delivrance a la fin de la messe. Ce qui fut fait, et sur la fin de la messe, elle et le prestre virent un fantosme blanc, et fut ainsi delivree."

[Note 1: *Demonomanie*, livre III, dernier chap.]

"Nous avons vu un autre exemple, dit Bodin[1], de Philippe Woselich, religieux de Cologne en l'abbaye de Kructen, lequel fut assiege d'un demon, l'an 1550. Le malin esprit interrogue dit a l'exorciste, qu'il estoit l'ame du feu abbe, nomme Mathias de Dure, pource qu'il n'avoit paye le peintre, lequel avoit si bien peint l'image de la Vierge Marie, et que le religieux ne pouvoit estre delivre s'il n'alloit en voyage a Treves et Aix la Chapelle, ce qui fut fait; et le religieux ayant obei fut delivre."

[Note 1: *Demonomanie*, livre III, dernier chap.]

Bodin[1] cite encore cette histoire, "notoire aux Parisiens, advenue en la ville de Paris, en la rue Sainct-Honore, au Cheval rouge. Un passementier avoit atire sa niepce chez luy la voyant orpheline. Certain jour la fille priant sur la fosse de son pere a Sainct-Gervais, Satan se presente a elle seule, en forme d'homme grand et noir, lui prenant la main et disant: M'amie, ne crain point, ton pere et ta mere sont bien. Mais il faut dire quelques messes et aller en voyage a Nostre Dame des Vertus, et ils iront droit en paradis. La fille demande a cet esprit si soigneux du salut des hommes qui il estoit: Il repondit qu'il estoit Satan, et qu'elle ne s'estonna point. La fille fit ce qui lui estoit commande. Quoy fait il lui dit qu'il faloit aller en voyage a Sainct-Jacques. Elle respondit: Je ne scaurois aller si loin. Depuis Satan ne cessa de l'importuner, parlant familierement a elle seule faisant sa besogne, lui disant ces mots: Tu es bien cruelle; elle ne voudroit pas mettre ses cizeaux au sein pour l'amour de moy. Ce qu'elle faisoit pour le contenter et s'en despecher. Mais cela fait il lui demandoit en don quelque chose, jusques a de ses cheveux, dont elle lui donna un floquet. Quelques jours apres il voulut lui persuader de se jetter dedans l'eau, tantost qu'elle s'estranglast, lui mettant au col a ceste fin la corde d'un puits; mais elle cria tellement qu'il ne poursuivit point. Combien que son oncle voulant un jour la revancher fut si bien battu, qu'il demeura malade au lict plus de quatre jours. Une autre fois Satan voulut la forcer et conoistre charnellement, et pour la resistance qu'elle fit, elle fut battue jusques a effusion de sang. Entre plusieurs qui virent cette fille fut un nomme Choinin, secretaire de l'evesque de Valence, lequel lui dit qu'il n'y avoit plus beau moyen de chasser l'esprit qu'en ne lui respondant rien de ce qu'il diroit: encore qu'il commandast de prier Dieu, ce qu'il ne fait jamais qu'en le blasphemant et le conjoignant tousjours avec ses creatures par irrision. De fait Satan voyant que la fille ne lui respondoit rien, ni ne faisoit chose quelconque pour lui la print et la jetta contre terre, et de puis elle ne vid rien. M. Amiot, evesque d'Auxerre et le cure de la fille n'y avoyent sceu remedier."

[Note 1: Au 3e livre de la *Demonomanie*, cite par Goulart, *Thresor des histoires admirables*.]

Goulart raconte, d'apres Hugues Horst[1] que, "l'an 1584 au marquisat de Brandebourg furent veus plus de huict vingts personnes demoniaques qui proferaient choses esmerveillables, conoissoyent et nommoyent ceux qu'ils n'avoyent jamais veus: entre ces personnes on en remarquoit qui longtemps auparavant estoyent decedez, lesquels cheminoyent criant qu'on se repentist et qu'on quittast les dissolutions en habits, et denoncoient le jugement de

Dieu, avouans qu'il leur estoit recommande de par le souverain de publier, maugre bongre qu'ils en eussent, qu'on s'amendast et qu'ainsy les pecheurs fussent ramenez au droit chemin. Ces demoniaques faisoyent rage par ou ils passoient, vomissoyent une infinite d'outrages contre l'eglise, ne parloient que d'apparitions de bons et de mauvais anges; le diable se monstroit sous diverses semblances; lorsque le sermon se faisoit au temple, il voloit en l'air avec grand sifflement, et parfois crioit: *Hui, Hui*: semant par les places des esguillettes des pieces de monnoye d'or et d'argent."

[Note 1: Hugues Horst, *Histoire de la dent d'or de l'enfant silesien.*]

"En la province de Carthagene, dit Goulart[1], quand le malin esprit veut espouvanter ceux du pays, il les menace des huracans[2]. De fait quelques fois il en suscite de si estranges, qu'ils emportent les maisons, desracinent les arbres et renversent (par maniere de dire) les montagnes sans dessus dessous. Oviedo raconte que une fois en passant sur une montagne de la terre ferme des Indes, il vid un terrible mesnage. Cette montagne (dit-il) estoit toute couverte d'arbres grands et petits entassez espais, l'un sur l'autre, l'espace de plus de trois quarts de lieue, et y en avoit beaucoup d'arrachez hors de terre avec toutes leurs racines, qui montoyent autant que tout le reste. Chose si espouvantable que seulement a la voir elle donnoit frayeur a tous ceux qui la regardoyent comme jugeans que c'estoit la plustost une oeuvre diabolique que naturelle." (*Somm. de l'Inde occidentale*, chapitre II.)

[Note 1: *Thresor des histoires admirables*, t. II, p. 772.]

[Note 2: Ouragans.]

Erasme rapporte dans ses epitres cette histoire recueillie par un auteur anonyme[1]:

[Note 1: *Histoires prodigieuses extraictes de plusieurs fameux auteurs*, Paris, Jean de Bordeaux, 1571, 2 vol. in-18, p. 336.]

"Mais cecy est trop plus que veritable que naguere elle (Schiltach a huit lieues de Fribourg) a este presque toute bruslee l'an 1533, le jeudy avant Pasques, et comme cela est advenu, voicy comme on l'a depose veritablement devant le magistrat, ainsy que je l'ay ouy reciter a Henry Glarean: c'est que le diable faisant signe en sifflant en quelque certaine maison, du hault d'icelle, il y eut un hostellier se tenant en icelle qui estimant que ce fut quelque larron, monta en hault mais n'y trouva personne, et soudain il oyt le mesme signe plus hault encore que la premiere fois, il y remonte, pour suivre, et empoigner le larron s'il le trouvoit par cas d'adventure; mais y estant, il ne voit rien, trop bien entendit-il le sifflet sur le feste de la cheminee: ce qui lui feit penser que c'estoit quelque illusion et ruse diabolique, et pour ce il encouragea les siens et feit appeler les ecclesiastiques: voicy deux prestres arrivez qui font leurs exorcismes et adjurations, il respond et confesse franchement quel il estoit, et enquis a quelle fin il estoit la venu ne faignit de respondre que c'estoit pour bruler toute la susdite ville. Les gens d'eglise se mirent a l'adjurer, et le menacer, mais il dit qu'il ne craignoit point leurs parolles ny menaces a cause que l'un d'eux estoit paillard et tous les deux larrons. Peu de temps apres, il prit et porta sur la cheminee une femme avec laquelle il avoit hante l'espace de quatorze ans, quoyque tous les ans elle allast a confesse et receut le sainct sacrement, a laquelle il mit en main un pot a feu, et luy commande de l'espandre. Cas merveilleux, elle l'espand, et tout sur l'heure, toute la ville fut arse et reduite en cendres, par le fait du diable, s'aidant du ministere de cette sorciere, et laquelle fut depuis aussi bruslee."

Camerarius[1] ajoute a propos de l'incendie diabolique de Sciltac ou Schiltach que "le feu tomboit ca et la sur les maisons, en forme de boulets enflammez, et quand quelques-uns couroyent pour aider a esteindre l'embrasement chez leurs voisins, on les rappelloit incontinent pour secourir leurs propres maisons. On eut toutes les peines du monde a empescher qu'un chasteau basti de pierre de taille, et assez loin de la ville ne fust consomme de cest embrasement. J'ay entendu les particularitez de cette terrible visitation de la bouche propre du cure du lieu et d'autres habitans dignes de foy, qui avoyent ete spectateurs de tout. Le cure me racontoit que ce malin et cruel esprit contrefaisoit au naturel les chants, ramages et melodies de divers oiseaux. Plusieurs qui me tenoyent compagnie, s'esbahissoyent avec moi de voir que ce cure avoit comme une couronne entour ses longs cheveux qu'il portoit a l'antique, toute de diverses couleurs, et disoit que cela lui avoit este fait par cest esprit, lequel lui jetta un cercle de tonneau a la teste. Il adjoustoit que le mesme esprit lui demanda un jour et a quelques autres s'ils avoyent jamais ouy crailler un corbeau? Que la dessus cest ennemi avoit crouasse si horriblement que tous tant qu'ils estoyent demeurerent si esperdus que si ce ramage infernal eust dure tant soit peu plus longtemps, ils fussent tous transsis de peur. Outre plus, ce vieillard affirmoit, non sans rougir, que souventes fois cest ennemi de salut deschifroit a lui et aux autres hommes qui l'accompagnoient, tous les pechez secrets par eux commis, si exactement que tous furent contraints de quiter la place et se retirer en leurs maisons: tant ils estoyent confus."

[Note 1: Dans ses *Meditations historiques*, ch. LXXIV, cite par Goulart dans son *Thresor d'histoires admirables*.]

"Un jour, dit Flodoard (historien, ne a Epernay en 894, et qui a ecrit l'histoire de l'eglise de Reims), un jour, saint Remi, archeveque de Reims, etait absorbe en prieres dans une eglise de sa ville cherie. Il remerciait Dieu d'avoir pu soustraire aux ruses du demon les plus belles ames de son diocese, lorsqu'on vint lui annoncer que toute la ville etait en feu. Alors la brebis devint lion, la colere monta au visage du saint, qui frappa du pied les dalles de l'eglise avec une energie terrible et s'ecria: Satan je te reconnais; je n'en ai donc pas encore fini avec ta mechancete!

"On montre encore aujourd'hui, encastree dans les pierres du portail occidental de Saint-Remi de Reims, la pierre ou sont tres visiblement empreintes les traces du pied irrite de saint Remi.

"Le saint s'arma de sa crosse et de sa chape comme un guerrier de son epee et de sa cuirasse, et vola a la rencontre de l'ennemi. A peine eut-il fait quelques pas qu'il apercut des gerbes de flammes qui devoraient, avec une furie que rien n'arretait, les maisons de bois dont la ville etait batie et les toits de chaume dont ces maisons etaient couvertes. A la vue du saint, l'incendie sembla palir et diminuer. Remi, qui connaissait l'ennemi auquel il avait affaire, fit un signe de croix, et l'incendie recula.

"A mesure que le saint avancait en faisant des signes de croix, l'incendie lachait prise et fuyait, comme fascine devant la puissance de l'eveque; on aurait dit un etre intelligent et qui comprenait sa faiblesse. Quelquefois il se raidissait; il reprenait courage; il cherchait a cerner le saint dans une enveloppe de feu, a l'aveugler, a le reduire en cendres. Mais toujours un redoutable signe de croix parait les attaques et arretait les ruses.

"Force de reculer ainsi, de lacher succcessivement toutes les maisons qu'il avait entamees, l'incendie vint s'abattre aux pieds de l'eveque, comme un animal dompte; il se laissa prendre et conduire a la volonte du saint, hors de la ville, dans les fosses qui fortifient encore Reims. La, Remi ouvrit une porte, qui donnait dans un souterrain; il y precipita les flammes, comme on jette dans un gouffre un malfaiteur, et fit murer la porte.

"Sous peine d'anatheme, sous peine de la ruine du corps et de la mort de l'ame, il defendit d'ouvrir a jamais cette porte. Un imprudent, un curieux, un sceptique peut-etre, voulut braver la defense et entr'ouvrir le gouffre. Mais il en sortit des tourbillons de flammes qui le devorerent et rentrerent ensuite d'elles-memes dans le trou ou la volonte toujours vivante du saint les tenait enchainees…"

"Voila bien le demon de l'incendie; voila bien, comme le fait remarquer M. Guizot, dans la preface de Flodoard qu'il a traduit, une bataille epique, aussi belle que la bataille d'Achille contre le Xante: Le fleuve est un demi-dieu, l'incendie est un demon. C'est aussi beau que dans Homere[1]."

[Note 1: M. Didron, *Histoire du diable.*]

Goulart[1] rapporte, d'apres Godelman[2], une histoire qui montre le dangereux fruit des imprecations: "Un gentil-homme ayant convie quelques amis, et l'heure du sompteux festin venue, se voyant frustre par l'excuse des conviez, entre en cholere, et commence a dire: Puisque nul homme ne daigne estre chez moi, que tous les diables y vienent. Quoy dit, il sort de sa maison, et entre au temple, ou le pasteur de l'eglise preschoit, lequel il escoute assez longtemps et attentivement. Comme il estoit la, voici entrer en la cour du logis des hommes a cheval, de haute petarure tout noirs, qui commandent au valet de ce gentil-homme d'aller dire a son maistre, que ses hostes estoyent arrivez. Le valet tout effraye court au temple, avertit son maistre, lequel bien estonne demande avis au pasteur. Icelui finissant son sermon conseille qu'on face sortir toute la famille hors du logis. Aussi tost dit, aussi tost execute: mais de haste que ces gens eurent de desloger, ils laisserent dedans la maison un petit enfant dormant au berceau. Ces hostes, c'est-a-dire les diables, commencent a remuer les tables, a hurler, a regarder par les fenestres, en forme d'ours, de loups, de chats, d'hommes terribles, tenans es pattes des verres pleins de vin, des poissons, de la chair rostie et bouillie. Comme les voisins, le gentilhomme, le pasteur et autres contemployent en grand frayeur un tel spectacle, le pauvre pere commence a crier: Helas, ou est mon enfant! Il avoit encore le dernier mot en la bouche, quand un de ces hostes noirs apporte en ses bras l'enfant aux fenestres et le monstre a tous ceux qui estoyent en rue. Le gentil-homme tout esperdu, se prend a dire a celui de ses serviteurs auquel il se fioit le plus: Mon ami, que feroi-je? Monsieur, repond le serviteur, je remettrai et recommanderai ma vie a Dieu, puis au nom d'icelui j'entrerai dans la maison, d'ou moyennant sa faveur et son secours, je vous rapporteray l'enfant. A la bonne heure, dit le maistre, Dieu t'accompagne, t'assiste et fortifie. Le serviteur ayant receu la benediction du pasteur et d'autres gens de bien qui l'accompagnoyent, entre au logis, et aprochant du poisle ou estoyent ces hostes tenebreux, se prosterne a genoux, se recommande a Dieu, puis ouvre la porte, et void les diables en horrible forme, les uns assis, les autres debout, aucuns se pourmenans, autres rampans contre le planche, qui tous accourent a lui crians ensemble: *Hui, hui*, que viens-tu faire ceans? Le serviteur suant de destresse, et neantmoins fortifie de Dieu, s'adresse au malin qui tenoit l'enfant, et lui dit: Ca, baille moy cest enfant. Non feray, repond l'autre: il est mien. Va dire a ton maistre, qu'il viene le recevoir. Le serviteur insiste, et dit: Je fai la charge que Dieu m'a commise, et scai que tout ce que je fai selon icelle lui est agreable. Pourtant a l'esgard de mon office, au nom, en l'assistance et vertu de Jesus-Christ, je t'arrache et saisi cest enfant, lequel je reporte a son pere. Ce disant, il empoigne l'enfant, puis le serre estroittement en ses bras. Les hostes noirs ne respondent que cris effroyables et ces mots: *Hui* meschant, *hui* garnement, laisse, laisse cest enfant: autrement nous te despecerons. Mais lui mesprisant leurs menaces sortit sain et sauf, et rendit l'enfant de mesmes es mains du gentil-homme son pere. Quelques jours apres tous ces hostes s'esvanouirent, et le gentil-homme devenu sage et bon chrestien, retourna en sa maison.

[Note 1: *Thresor des histoires admirables*, t. I, p. 290.]

[Note 2: En son traite *De magis, veneficis, etc.*, liv. I, ch. I.]

Le diable aime a punir les mechants: Job Fincel[1] rapporte que "l'an 1532, un gentil-homme aleman cruel envers ses sujets, commanda a certain paysan de lui aller querir en la forest prochaine un grand chesne, et le lui amener en sa maison, a peine d'estre rudement chastie. Le paysan tenant cela comme impossible, part en souspirant et larmoyant. Entre dedans la forest, il rencontre un homme (c'estoit l'ennemi) qui lui demande la cause de sa tristesse? A quoy le paysan satisfit, l'autre lui ayant commande de s'en retourner, promet de donner ordre que le gentil-homme auroit bien tost un chesne. A peine le paysan estoit de retour au village que son homme de la forest jette tout contre la porte du gentil-homme et en travers un des plus gros et grands chesnes qu'on eust peu choisir, avec ses branches et rameaux. Qui plus est cest arbre se rendit dur comme fer tellement qu'il fust impossible de le mettre en pieces, au moyen de quoy le gentil-homme se vid contraint a sa honte, fascherie et dispense de percer sa maison en autre endroit et y faire fenestres et portes nouvelles."

[Note 1: Cite par Goulart, *Thresor d'histoires admirables*, t. I, p. 540.]

On trouve sur le chapitre des malices du diable des legendes bien naives. Il y avait a Bonn, dit Cesaire d'Heisterbach, un pretre remarquable par sa purete, sa bonte et sa devotion. Le diable se plaisait a lui jouer de petits tours de laquais: lorsqu'il lisait son breviaire, l'esprit malin s'approchait sans se laisser voir, mettait sa griffe sur la lecon du bon cure et l'empechait de finir; une autre fois il fermait le livre, ou tournait le feuillet a contretemps. Si c'etait la nuit, il soufflait la chandelle. Le diable esperait se donner la joie de mettre sa victime en colere; mais le bon pretre recevait tout cela si bien et resistait si constamment a l'impatience, que l'importun esprit fut oblige de chercher une autre dupe[1].

[Note 1: Caesarii Heisterb. *Miracul.* lib. V, cap. LIII.]

Un historien suisse rapporte qu'un baron de Regensberg s'etait retire dans une tour de son chateau de Bale pour s'y adonner avec plus de soin a l'etude de l'Ecriture sainte et aux belles-lettres. Le peuple etait d'autant plus surpris du choix de cette retraite, que la tour etait habitee par un demon. Jusqu'alors le demon n'en avait permis l'entree a personne; mais le baron etait au-dessus d'une telle crainte. Au milieu de ses travaux, le demon lui apparaissait, dit-on, en habit seculier, s'asseyait a ses cotes, lui faisait des questions sur ses recherches, et s'entretenait avec lui de divers objets, sans jamais lui faire aucun mal. L'historien credule ajoute que, si le baron eut voulu exploiter methodiquement ce demon, il en eut tire beaucoup d'eclaircissements utiles[1].

[Note 1: *Dictionnaire d'anecdotes suisses*, p. 82.]

Cassien parle de plusieurs esprits ou demons de la meme trempe qui se plaisaient a tromper les passants, a les detourner de leur chemin et a leur indiquer de fausses routes, le tout par malicieux divertissement[1].

[Note 1: Cassiani collat. VII, cap. XXXII.]

Un baladin avait un demon familier, qui jouait avec lui et se plaisait a lui faire des espiegleries. Le matin il le reveillait en tirant les couvertures, quel que froid qu'il fit; et quand le baladin dormait trop profondement, son demon l'emportait hors du lit et le deposait au milieu de la chambre[1].

[Note 1: Guillelmi Parisiensis, partie II, princip., cap. VIII.]

Pline parle de quelques jeunes gens qui furent tondus par le diable. Pendant que ces jeunes gens dormaient, des esprits familiers, vetus de blanc, entraient dans leurs chambres, se posaient sur leur lit, leur coupaient les cheveux proprement, et s'en allaient apres les avoir repandus sur le plancher[1].

[Note 1: Pline, lib. XVI, epist. arg. 7.]

LES BONS ANGES

Les Juifs, a l'exception des saduceens, admettaient et honoraient les anges, en qui ils voyaient, comme nous, des substances spirituelles, intelligentes, et les premieres en dignite entre les creatures.

Les rabbins, qui placent la creation des anges au second jour, ajoutent qu'ayant ete appeles au conseil de Dieu, lorsqu'il voulut former l'homme, leurs avis furent partages, et que Dieu fit Adam a leur insu, pour eviter leurs murmures. Ils reprocherent neanmoins a Dieu d'avoir donne trop d'empire a Adam. Dieu soutint l'excellence de son ouvrage, parce que l'homme devait le louer sur la terre, comme les anges le louaient dans le ciel. Il leur demanda ensuite s'ils savaient le nom de toutes les creatures? Ils repondirent que non; et Adam, qui parut aussitot, les recita tous sans hesiter, ce qui les confondit.

L'Ecriture Sainte a conserve quelquefois aux demons le nom d'anges, mais anges de tenebres, anges dechus ou mauvais anges. Leur chef est appele le grand dragon et l'ancien serpent, a cause de la forme qu'il prit pour tenter la femme.

Zoroastre enseignait l'existence d'un nombre infini d'anges ou d'esprits mediateurs, auxquels il attribuait non seulement un pouvoir d'intercession subordonne a la providence continuelle de Dieu, mais un pouvoir aussi absolu que celui que les paiens pretaient a leur dieux[1]. C'est le culte rendu a des dieux secondaires, que saint Paul a condamne[2].

[Note 1: Bergier, *Dictionnaire theologique*.]

[Note 2: Coloss., cap. II, vers. 18.]

Les musulmans croient que les hommes ont chacun deux anges gardiens, dont l'un ecrit le bien qu'ils font, et l'autre, le mal. Ces anges sont si bons, ajoutent-ils, que, quand celui qui est sous leur garde fait une mauvaise action, ils le laissent dormir avant de l'enregistrer, esperant qu'il pourra se repentir a son reveil.

Les Persans donnent a chaque homme cinq anges gardiens, qui sont places: le premier a sa droite pour ecrire ses bonnes actions, le second a sa gauche pour ecrire les mauvaises, le troisieme devant lui pour le conduire, le quatrieme derriere pour le garantir des demons, et le cinquieme devant son front pour tenir son esprit eleve vers le prophete. D'autres en ce pays portent le nombre des anges gardiens jusqu'a cent soixante.

Les Siamois divisent les anges en sept ordres, et les chargent de la garde des planetes, des villes, des personnes. Ils disent que c'est pendant qu'on eternue que les mauvais anges ecrivent les fautes des hommes.

Les theologiens admettent neuf choeurs d'anges, en trois hierarchies: les seraphins, les cherubins, les trones;—les dominations, les principautes, les vertus des cieux;—les puissances, les archanges et les anges.

Parce que des anges, en certaines occasions ou Dieu l'a voulu, ont secouru les Juifs contre leurs ennemis, les peuples modernes ont quelquefois attendu le meme prodige. Le jour de la prise de Constantinople par Mahomet II, les Grecs schismatiques, comptant sur la prophetie d'un de leurs moines, se persuadaient que les Turcs n'entreraient pas dans la ville, mais qu'ils seraient arretes aux murailles par un ange arme d'un glaive, qui les chasserait et les repousserait jusqu'aux frontieres de la Perse. Quand l'ennemi parut sur la breche, le peuple et l'armee se refugierent dans le temple de Sainte-Sophie, sans avoir perdu tout espoir; mais l'ange n'arriva pas, et la ville fut saccagee.

Cardan raconte qu'un jour qu'il etait a Milan, le bruit se repandit tout a coup qu'il y avait un ange dans les airs au-dessus de la ville. Il accourut et vit, ainsi que deux mille personnes rassemblees, un ange qui planait dans les nuages, arme d'une longue epee et les ailes etendues. Les habitants s'ecriaient que c'etait l'ange exterminateur; et la consternation devenait generale, lorsqu'un jurisconsulte fit remarquer que ce qu'on voyait n'etait que la representation, qui se faisait dans les nuees, d'un ange de marbre blanc place au haut du clocher de Saint-Gothard.

"Plusieurs ont doute, dit Loys Guyon[1], si les anges qu'on appelle autrement intelligences, qui sont composez de substances incorporees, ministres, ambassadeurs et legats de Dieu, avoyent des corps humains ainsi qu'il se trouve escrit au dixiesme chapitre des Actes, de la vision d'un ange qui fut envoye a Corneille, et qui parla a luy. Par les discours qu'il fait a ses amis, une fois il l'appelle homme, autrefois ange. Moyse pareillement appelle indifferemment maintenant anges, maintenant hommes, ceux qui apparurent a Abraham, estans vestus de corps humains. Et comme aussi en plusieurs autres passages de l'Escriture Saincte, il se trouve de telles choses.

[Note 1: *Diverses lecons*, t. II, p. 9.]

"Tous theologiens catholiques tiennent que ces anges avoyent des corps humains, lesquels Dieu par son seul commandement leur avoit cree impassibles, sans aucune matiere prejacente, et si tost qu'ils avoyent exploite ce qui leur avoit este enjoint, les corps revenoyent a rien, comme ils avoyent este crees de rien. Et quant a leurs vestemens, la Saincte Escriture les dit estre ordinairement blancs et reluisans. Les evangelistes rendent tesmoignage, qu'il y avoit une esmerveillable splendeur aux vestemens de Jesus-Christ, quand il fut transfigure en la montagne saincte, et la manifesta sa gloire a trois de ses disciples. Ils en disent autant des anges qui ont este envoyez pour tesmoigner la resurrection de Jesus-Christ.

"Tout ainsi que Nostre-Seigneur s'accommode jusques a nostre infirmite, il commande a ses anges de descendre sous la forme de nostre chair, aussi seme-il sur eux quelque rayon de gloire, a fin que ce qu'il leur a commis de nous commander, soit receu en plus grande certitude et reverence et ne faut douter que les corps semblables a ceux des humains sont donnez aux anges, aussi tost les habillemens se reduisent a neant, et eux remis en leur premiere nature, et que toutesfois ils n'ont este sujets a aucunes infirmitez humaines, pendant qu'ils ont estez veus en forme d'homme. Et voila comme le doute de plusieurs sera oste touchant les corps des anges, et leurs vestemens. Aussi que si ces anges n'avoyent des organes, comme les autres hommes, ils ne pourroyent parler ni faire autres fonctions humaines, comme firent ceux qui osterent la grosse tombe et pierre qui estoit sur le sepulchre de Jesus-Christ.

"Il faut aussi noter la difference qu'il y a entre l'ame raisonnable et intelligence ou angelique nature. Parce que l'ame raisonnable est unie au corps et ensemble font une chose qui est l'homme, combien qu'elle puisse subsister a part ou separement. Mais la nature angelique n'est point unie au corps, mais sa creation porte de subsister par soy. Toutesfois extraordinairement pour un peu de temps, et encore fort rarement Dieu cree quant il lui plait un corps humain de rien a ses anges, qui retourne a rien."

"Simon Grynee, tres docte personnage, estant alle, dit Goulart[1], l'an 1529, de Heidelberg a Spire, ou se tenoit une journee imperiale, voulut ouyr certain prescheur, fort estime a cause de son eloquence. Mais ayant entendu divers propositions contre la majeste et verite du fils de Dieu, au sortir du sermon, il suit le prescheur, le salue honorablement, et le prie d'estre supporte en ce qu'il avoit a dire. Ils entrent doucement en propos. Grynee lui remonstre vivement et gravement les erreurs par lui avancez, lui ramentoit ce qu'avoit accoustume faire sainct Polycarpe, disciple des apostres, s'il lui avenoit d'ouyr des faussetez et blasphesmes en l'eglise. L'exhortant au nom de Dieu de penser a sa conscience et se departir de ses opinions erronees. Le prescheur demeure court, et feignant un desir de conferer plus particulierement, comme ayant haste de se retirer chez soy, demande a Grynee son nom, surnom, logis, et le convie a l'aller voir le lendemain pour deviser amplement, et demonstre affectionner l'amitie de Grynee, adjoustant que le public recueilleroit un grand profit de ceste leur conference. Outre plus il monstre sa maison a Grynee, lequel delibere se trouver a l'heure assignee, se retire en son hostellerie. Mais le prescheur irrite de la censure qui lui avoit este faite, bastit en sa pensee une prison, un eschaffaut et la mort a Grynee: lequel disnant avec plusieurs notables personnages leur raconta les propos qu'il avoit tenus a ce prescheur. La dessus on appelle le docteur Philippe, assis a table aupres de Grynee, lequel sort du poisle, et trouve un honorable vieillard, beau de visage, honorablement habille, inconnu, qui de parole grave et amiable, commence a dire que dedans l'heure d'alors arriveroyent en l'hostellerie des officiers envoyez de la part du roy des Romains, pour mener Grynee en prison. Le vieillard adjouste en commandement a Grynee de desloger promptement hors de Spire, exhortant Philippe a ne differer davantage. Et sur ce le vieillard disparoit. Le docteur Philippe, lequel raconte l'histoire en son *Commentaire sur le prophete Daniel*, chapitre dixiesme, adjouste ces mots: Je revin vers la compagnie, je leur commande de sortir de table, racontant ce que le vieillard m'avoit dit. Soudain nous traversons la grande place ayant Grynee au milieu de nous, et allons droict au Rhin, que Grynee passe promptement avec son serviteur dedans un esquif. Le voyans a sauvete, nous retournons a l'hostellerie, ou l'on nous dit qu'incontinent apres nostre depart, les sergens estoyent venus cercher Grynee."

[Note 1: *Thresor d'histoires admirables*, t. I, p. 129.]

Andre Honsdorf[1] raconte l'histoire suivante de l'apparition d'un ange a une pauvre femme:

[Note 1: En son *Theatre d'exemples*, cite par Goulart dans son *Thresor d'histoires admirables*, t. I, p. 130.]

"L'an 1539, au commencement de juin, une honneste femme veufve, chargee de deux fils, au pays de Saxe, n'ayant de quoi vivre en un temps de griefve famine, se vestit de ses meilleurs habits, et ses deux fils aussi, prenant son chemin vers certaine fontaine, pour y prier Dieu qu'il lui pleust avoir pitie d'eux pour les soulager. En sortant, elle rencontre un homme honorable, qui la salue doucement, et apres quelques propos, lui demande si elle pensoit trouver a manger vers cette fontaine? La femme respond: Rien n'est impossible a Dieu. S'il ne lui a point este difficile de nourrir du ciel par l'espace de quarante ans au desert les enfans d'Israel, lui seroit-il malaise de sustanter moi et les miens avec de l'eau? Disant ces paroles, de grand courage et d'un visage asseure, ce personnage (lequel j'estime avoir este un sainct ange) lui dit: Voici, puisque tu as une foy si constante, retourne et rentre en ta maison, tu y trouveras trois charges de farine. Elle revenue chez soy, vid l'effect de ceste promesce."

"L'an 1558, suivant Job Fincel[1], advint a Mechelrode en Allemagne, un cas merveilleux, confirme par les tesmoignages de plusieurs hommes dignes de foy. Sur le soir, environ les neuf heures, un personnage vestu d'une robe blanche, suivi d'un chien blanc, vint heurter a la porte d'une pauvre honneste femme, et l'appelle par son nom. Elle estimant que ce fust son mari, lequel avoit este fort long-temps en voyage lointain courut vite a la porte. Ce personnage la prenant par la main lui demande en qui elle mettait toute la fiance de son salut? En Jesus-Christ, respond-elle. Lors il lui commande de le suivre: dont faisant refus il l'exhorta d'avoir bon courage, de ne craindre rien. Quoy dit, il la mena toute la nuit par une forest. Le lendemain, il la fit monter environ midi sur une haute montagne, et lui montra des choses qu'elle ne sceut jamais dire ni descouvrir a personne. Il luy enjoint de s'en retourner chez soy et d'exhorter chacun a se detourner de son mauvais train: adjoustant qu'un embrasement horrible estoit prochain et lui commanda aussi de se reposer huit jours dans sa maison, a la fin desquels il reviendroit a elle. Le jour suivant au matin, la femme fut trouvee a l'entree du village et emmenee en son logis, ou elle resta huit jours entiers sans boire ni manger... disant qu'estant extremement lasse, rien ne lui estoit plus agreable que le repos; que dans huit jours l'homme qui l'avoit emmenee reviendroit et lors elle mangeroit. Ainsi avint-il: mais depuis ceste femme ne bougea du lit, le plus de temps souspirant le plus profond du coeur et s'escriant souventes fois: O combien sont grandes les joies de cette vie-la! o que la vie presente est miserable! Quelques-uns lui demandant si elle estimoit que ce personnage vestu de blanc qui lui estoit ainsi aparu, fust un bon ange ou plustost quelque malin esprit, lequel se fust transforme en esprit de lumiere? elle respondoit: Ce n'est point un malin esprit, c'est un sainct ange de Dieu, qui m'a commande de prier Dieu soigneusement, d'exhorter grands et petits a amendement de vie. Si on l'interrogoit de sa creance: Je confesse (disoit-elle) que je suis une pauvre pecheresse; mais je croy que Jesus-Christ m'a acquis pardon de tous mes pechez par le benefice de sa mort et passion. Le pasteur du lieu rendoit tesmoignage de singuliere piete et humble devotion a ceste femme, adjoustant qu'elle estoit bien instruite et pouvoit rendre raison de sa religion."

[Note 1: Au troisieme livre *des Miracles*, cite par Goulart, *Thresor des histoires admirables*, t. I, p. 135.]

Goulart[1] rapporte encore l'histoire d'une femme qui, le cerveau trouble, etait descendue par la corde en un puits pour s'y noyer et avait voulu se jeter ensuite a la riviere et qui lui declara "qu'en ces accidens un homme vestu de blanc, et de face merveilleusement agreable lui aparoissoit, lequel lui tenoit la main, et l'exhortoit benignement et comme en souriant, d'esperer en Dieu. Comme elle estoit dedans le puits, et je ne scai quoi de fort pesant lui poussoit la teste pour la plonger du tout en l'eau, et taschoit lui faire lascher la corde pour couler en fond: ce mesme personnage vint a elle, la souleva par les aisselles, et lui aida a remonter, ce qu'elle ne pouvoit nullement faire de soy-mesme. Aussi la consola-t-il au jardin, et la ramena doucement vers sa chambre, puis disparut. Le mesme lui vint a la rencontre, comme elle approchoit du pont et la suivoit de loin jusques a ce qu'elle fust de retour."

[Note 1: *Thresor des histoires admirables*, t. I, p. 138.]

LE ROYAUME DES FEES

I.—FEES

"Toutes les fees, dit M. Leroux de Lincy[1], se rattachent a deux familles bien-distinctes l'une de l'autre. Les nymphes de l'ile de Sein, principalement connues en France et en Angleterre, composent la premiere et aussi la plus ancienne, car on y retrouve le souvenir des mythologies antiques mele aux usages des Celtes et des Gaulois. Viennent apres les divinites Scandinaves, qui completent en les multipliant les traditions admises a ce sujet."

[Note 1: *Le Livre des legendes*, introduction, par M. Leroux de Lincy, p. 170. Paris, Silvestre, 1836, in-8 deg..]

Pomponius Mela[1] nous apprend que "l'ile de Sein est sur la cote des Osismiens; ce qui la distingue particulierement, c'est l'oracle d'une divinite gauloise. Les pretresses de ce dieu gardent une perpetuelle virginite; elles sont au nombre de neuf. Les Gaulois les nomment Cenes: ils croient qu'animees d'un genie particulier, elles peuvent par leurs vers, exciter des tempetes et dans les airs et sur la mer, prendre la forme de toute espece d'animaux, guerir les maladies les plus inveterees, predire l'avenir; elles n'exercent leur art que pour les navigateurs qui se mettent en mer dans le seul but de les consulter."

[Note 1: *De situ orbis*, liv. III, ch. VI.]

"Telles sont, suivant M. Leroux de Lincy[1], les premieres de toutes les fees que nous trouvons en France et dont le souvenir, conserve dans nos plus anciennes traditions populaires, s'est perpetue dans les chants de nos trouveres et dans nos romans de chevalerie; il se mele aux croyances que le paganisme avait laissees parmi nous, et ces deux elements confondus, multiplierent a l'infini ces fantastiques creatures. L'ile de Sein ne fut bientot plus assez vaste pour les contenir; elles se repandirent au milieu de nos forets, habiterent nos rochers et nos chateaux, puis bien loin, vers le Nord, au dela de la Grande-Bretagne, fut place le royaume de feerie. Il se nommait Avalon."

[Note 1: *Le Livre des legendes*, introduction, p. 174.]

Voici la description qu'en fait le *Roman de Guillaume au court nez*[1]:

[Note 1: Cite par M. Leroux de Lincy, *le Livre des legendes*, appendices, p. 249.]

"Avalon fu mult riche et assazee
Onques si riche cite ne fu fondee;
Li mur en sont d'une grant pierre lee,
Il n'est, nus hons, tant ait la char navree,
S'a cele pierre pooist fere adesee
Qu'ele ne fust tout maintenant sanee;
Ades reluit com fournaise embrasee.

Chescune porte est d'yvoire planee
La mestre tour estoit si compassee,
N'i avoit pierre ne fust a or fondee.
.V. c. fenestes y cloent la vespree
C'onques de fust n'i ot une denree.
Il n'i ot ays saillie, ne doree
Qui de verniz ne soit fete et ouvree.
Et eu chescune une pierre fondee
Une esmeraude, .j. grant topace lee,
Beric, jagonce, ou sadoine esmeree.
La couverture fu a or tregetee,
Sus.j. pomnel fu l'aygle d'or fermee,
En son bec tint une pierre esprouvee;
Hom s'il la voit ou soir ou matinee,
Quanqu'il demande ne li soit aprestee."

On trouvait a Avalon ces simples precieux qui guerissaient les larges blessures des chevaliers. C'est la que fut porte Artur apres le terrible combat de Cubelin: "Nous l'y avons depose sur un lit d'or, dit le barde Taliessin dans la *Vie de Merlin* par Geoffroi de Monmouth; Morgane apres avoir longtemps considere ses blessures, nous a promis de les guerir. Heureux de ce presage, nous lui avons laisse notre roi."

C'est dans cette ile aussi que Morgane mena son bien-aime Ogier le Danois pour prendre soin de son education. C'est encore la que fut porte Renoart, l'un des heros de la chanson de gestes de Guillaume au court nez:

Avec   Artur,   avecques   Roland,
Avec Gauvain, avecques Yvant.

La etaient Auberon et Mallabron "ung luyton de mer" dit le roman d'Ogier; et M. Maury pense que c'est dans cette ile mysterieuse que fut conduit Lanval par la fee sa maitresse.

Giraud de Cambrie place a Glastonbury, dans le Somersetshire, la situation de cette ile enchantee, de cette espece de paradis des fees. "Cette ile delicieuse d'Avalon, dit le roman d'Ogier le Danois, dont les habitants menoient vie tres joyeuse, sans penser a nulle quelconque meschante chose, fors prendre leurs mondains plaisirs."

Le nom d'Avalon vient d'*Inis Afalon*, ile des pommes, en langue bretonne, et l'on a explique cette qualification par l'abondance des pommiers qui se rencontraient a Glastonbury. Suivant M. de Freminville[1], Avalon serait la petite ile d'Agalon, situee non loin du celebre chateau de Kerduel, et dont les chroniqueurs font le sejour favori du roi Artur.

[Note 1: *Antiquites de la Bretagne, Cotes-du-Nord*, p. 19.]

D'apres l'*Edda*, "les fees qui sont d'une bonne origine sont bonnes et dispensent de bonnes destinees; mais les hommes a qui il arrive du malheur doivent l'attribuer aux mechantes fees."

On lit dans le roman de Lancelot du Lac: "Toutes les femmes sont appelees fees qui savent des enchantements et des charmes et qui connaissent le pouvoir de certaines paroles, la vertu des pierres et des herbes; ce sont les fees qui donnent la richesse, la beaute et la jeunesse."

"Mon enfant, dit un auteur anonyme du XIVe siecle, rapporte par M. Leroux de Lincy[1], les fees ce estoient diables qui disoient que les gens estoient destinez et faes les uns a bien, les autres a mal, selon le cours du ciel ou de la nature. Comme se un enfant naissoit a tele heure ou en tel cours, il li estoit destine qu'il seroit pendu ou qu'il seroit noie, ou qu'il espouseroit tel dame ou teles destinees, pour ce les appeloit l'en fes, quar fee selon le latin, vaut autant comme destinee, *fatatrices vocabantur.*"

[Note 1: *Le Livre des legendes*, introduction, p. 240.]

"Laissons les acteurs ester, dit Jean d'Arras[1], et racontons ce que nous avons ouy dire et raconter a nos anciens, et que cestui jour nous oyons dire qu'on a vu au pais de Poitou et ailleurs, pour coulourer nostre histoire, a estre vraie, comme nous le tenons et qui nous est publie par les vraies chroniques, nous avons ouy raconter a nos anciens que en plusieurs parties sont aparues a plusieurs tres familierement, choses lesquelles aucuns appeloient *luitons*, aucuns autres les *faes*, aucuns autres les *bonnes dames*, qui vont de nuit et entrent dedans les maisons, sans les huis rompre, ne ouvrir, et ostent les enffanz des berceulx et bestournent les membres, ou les ardent, et quant au partir les laissent aussi sains comme devant, et a aucuns donnent grant eur en cest monde. Encores, dit Gervaise, que autres faes s'apairent de nuit en guise de femmes a face ridee, basses et en petite estature et font les besoignes des hostelz liberalement, et nul mal ne faisoient; et dit que, pour certain, il avoit veu ung ancien homme qui racontoit pour verite qu'il avoit veu en son temps grant foison de telles choses. Et dit encore que les dictes faes se mettoient en fourme de tres belles femmes; et en ont plusieurs hommes prinses pour moittiers; parmi aucunes convenances qu'elles leur faisoient jurer, les uns qu'ils ne les verroient jamais nues, les autres que le samedi ne querroient qu'elles seroient devenues; aucunes, se elles avoient enfans, que leurs mariz ne les verroient jamais en leur gesine, et tant qu'ils leur tenoient leurs convenances, ils estoient regnant en grant audicion et prosperite, et sitost qu'ils deffailloient ils les perdoient et decheoient de tous leur boneur petit a petit; et aucunes se convertissoient en serpens, ung ou plusieurs jours la sepmaine, etc."

[Note 1: *Roman de Melusine*, cite par M. Leroux de Lincy, *le Livre des legendes*, introduction, p. 172.]

Le fond des forets et le bord des fontaines etaient le sejour favori des fees.

"Les fees, dit M.A. Maury[1] se rendaient visibles pres de l'ancienne fontaine druidique de Baranton, dans la foret de Brocheliande:

[Note 1: *Les fees du moyen age, recherches sur leur origine, leur histoire et leurs attributs, pour servir a la connaissance de la mythologie gauloise*, par L. F. Alfred Maury. Paris, Ladrange, 1843, in-12]

"La soule l'en les fees veoir", ecrivait en 1096 Robert Wace. Ce fut egalement dans une foret, celle de Colombiers en Poitou, pres d'une fontaine appelee aujourd'hui par corruption la *font de scie*, que Melusine apparut a Raimondin[1]. C'est aussi pres d'une fontaine que Graelent vit la fee dont il tomba amoureux et avec laquelle il disparut pour ne plus jamais reparaitre[2]. C'est pres d'une riviere que Lanval rencontra les deux fees dont l'une, celle qui devint sa maitresse, l'emmena dans l'ile d'Avalon, apres l'avoir soustrait au danger que lui faisait courir l'odieux ressentiment de Genevre[3]. Viviane, fee celebre dont le nom est une corruption de *Vivlian*, genie des bois, celebree par les chants celtiques, habitait au fond des forets, sous un buisson d'aubepine, ou elle tint Merlin ensorcele[4]."

[Note 1: *Histoire de Melusine*, par Jean d'Arras. Paris, 1698, in-12, p. 125.]

[Note 2: *Poesies de Marie de France*, edit. Roquefort, t. I, p. 537; *lai de Graelent.*]

[Note 3: Meme ouvrage, t. II, p. 207; *lai de Lanval.*]

[Note 4: Th. de la Villemarque, *Contes populaires des anciens Bretons.*]

"Les eaux minerales, dont l'action bienfaisante etait attribuee a des divinites cachees, a Sirona, a Venus anadyomene, auxquelles on consacrait des ex-voto et des autels, furent regardees au moyen age comme devant leur vertu medicale a la presence des fees. Pres de Domremy, la source thermale qui coulait au pied de l'arbre des fees et ou s'etait souvent arretee Jeanne d'Arc, en proie a ses etonnantes visions, avait jailli, suivant le dire populaire, sous la baguette des bonnes fees. C'est encore sous le meme patronage que les montagnards de l'Auvergne placent les eaux minerales de Murat-le-Quaire. Les habitants de Gloucester, l'ancienne Kerloiou, pretendent que neuf fees, neuf magiciennes veillent a la garde des eaux thermales de cette ville; et ils ajoutent qu'il faut les vaincre quand on veut en faire usage."

Une des principales occupations des fees, c'est de douer les enfants de vertus plus ou moins extraordinaires, plus ou moins surnaturelles.

Le *Roman d'Ogier le Danois* raconte que: "La nuit ou l'enfant naquit, les demoiselles du chateau le porterent dans une chambre separee, et quand il fut la, six belles demoiselles qui etaient fees se presenterent: s'etant approchees de l'enfant, l'une d'elles, nommee Gloriande, le prit dans ses bras, et le voyant si beau, si bien fait, elle l'embrassa et dit: Mon enfant, je te donne un don par la grace de Dieu, c'est que toute ta vie tu seras le plus hardi chevalier de ton temps. Dame, dit une autre fee, nommee Palestrine, certes voila un beau don, et moi j'y ajoute que jamais tournois et batailles ne manqueront a Oger. Dame, ajouta la troisieme, nommee Pharamonde, ces dons ne sont pas sans peril, aussi je veux qu'il soit toujours vainqueur. Je veux, dit alors Melior, qu'il soit le plus beau, le plus gracieux des chevaliers. Et moi, dit Pressine, je lui promets un amour heureux et constant de la part de toutes les dames. Enfin, Mourgues, la sixieme, ajouta: J'ai bien ecoute tous les dons que vous avez faits a cet enfant, eh bien! il en jouira seulement apres avoir ete mon ami par amour, et avoir habite mon chateau d'Avalon. Ayant dit, Mourgues embrassa l'enfant, et toutes les fees disparurent."

Le *Roman de Guillaume au court nez*, cite par Leroux de Lincy[1], raconte les dons des fees a la naissance du fils de Maillefer:

[Note 1: *Le livre des legendes*, appendices, p. 257.]

A ce termine que li enfes fu nez
Fils Maillefer, dont vous oy avez,
Coustume avoient les gens, par veritez,
Et en Provence et en autres regnez,
Tables metoient et sieges ordenez
Et sur la table .iij. blancs pains buletez
.Iij. poz de vin et .iij. henas de les.
Et par encoste iert li enfes posez,
En.i. mailluel y estoit aportez.
Devant les dames estoit desvelopez
Et de chascune veuz et esgardez
S'iert filz ou fille, ne a droit figurez.
Et en apres baptisiez et levez.
. . . .
Biaus fut li temps, la lune luisoit cler
Li eur est bone et mult fist a loer:
Or nous devons de l'enfant raconter,
Quelle aventure Dieu i volt demonstrer;
.Iij. fees vinrent port l'enfant revider.
L'une le prist tantost, sans demorer,
Et l'autre fee vait le feu alumer,
L'enfent y font .i. petitet chaufer,
La tierce fee la l'a renmailloter

Et puis le vont couchier pour reposer;
Puis sont assises a la table, au souper,
Assez troverent pain et char et vin cler.
Quant ont maingie, se prisrent a parler;
Dist l'une a l'autre: il nous convient doner
A cest enfant et bel don presenter.
Dist la mestresse: premiers vueil deviser
Quel segnorie ge li vueil destiner
S'il vient en aige, qu'il puist armes porter,
Biaus iert et fors et hardis por jouster;
Constantinoble qui mult fait a douter,
Tenra cis enfes, ains que doie finer,
Rois iert et sires de Gresce sur la mer,
Ceux de Venisce fera crestiener.
Ja pour assaut ne le convient armer!
Car ja n'iert homs qui le puist affoler
Ne beste nule qui le puist mal mener,
Ours, ne lyons, ne serpens, ne sengler,
N'auront pooir de lui envenimer.

Encore veil de moi soit enmieudrez
S'il avient chose qu'il soit en mer entrez,
Ja ses vaissiaux ne sera afondrez,
Ne par tourmente empiriez ne grevez;
Dist sa compaigne: or avez dit assez,
Or me lessiez dire mes volontez.
Je veil qu'il soit de dames bien amez
Et de puceles jois et honorez;
Et je voldrai qu'il soit bons clers letrez
D'art d'yngremance apris et doctrinez
Par quoi s'avient qu'il soit emprisonez
En fort chastel, ne en tour enfermez,
Que il s'en isse ancois .iij. jours passez,
Et dist la tierce: Dame, bien dit avez,
Or li donrai, se vous le comandez.
Dient les autres: faites vos volontez,
Mais gardez bien qu'il ne soit empirez.

La tierce fee fut mult de grand valour
A l'enfant done et prouece et baudour,
Cortois et sages, si est bel parliour
Chiens et oisiaux ne trace a nul jour,
Et soit archiers c'on ne sache mellour.
De .x. royaumes tendra encor l'ounour.

A tant se lievent toutes .iij. sanz demour;
Li jours apert, si voient la luour
Alors s'en vont plus n'i ont fait sejour.
L'enfant commandent a Dieu le creatour.

"Souvent, dit M. Leroux de Lincy[1] et principalement en Bretagne, au lieu d'attendre les fees, on allait au devant d'elles, et l'on portait l'enfant dans les endroits connus pour servir de demeure a ces divinites. Ces lieux etaient celebres, on doit le penser, et beaucoup de nos provinces ont consacre le souvenir de cette croyance dans la designation de *grottes aux fees* que portent quelques sites ecartes ou souterrains de leur territoire."

[Note 1: *Le Livre des legendes*, introduction, p. 180.]

Le fragment du roman de *Brun de la Montagne* qui nous est parvenu se rapporte a cet usage: Butor, baron de la Montagne, ayant epouse une jeune femme, quoique vieux, en eut un fils, qu'il resolut de faire porter a la fontaine la ou les fees viennent se reposer. Il dit a la mere:

Il a des lieux faes es marches de Champaigne,
Et aussi en a il en la Roche Grifaigne;
Et si croy qu'il en a aussi en Alemaigne,
Et en bois Bersillant, par dosous la montaigne;
Et non pourquant ausi en a il en Espaigne,
Et tout cil lieu fae sont Artu de Bretaigne.

Le seigneur de la Montagne confia son fils a Bruyant, chevalier qu'il aimait. Et celui-ci partit avec une troupe de vassaux. Ils deposerent l'enfant aupres de la foret de Brocheliande, et les dames fees ne tarderent pas a s'y rendre; elles etaient bien gracieuses et leur corps, plus blanc que neige, etait revetu d'une robe de meme couleur; sur leur tete brillait une couronne d'or. Elles s'approcherent, et quand elles virent l'enfant: Voici un nouveau-ne, dit l'une d'elles. Certainement, reprit la plus belle, qui paraissait commander aux deux autres; je suis sure qu'il n'a pas une semaine. Allons, il faut le baptiser et le douer de grandes vertus. Je lui donne, reprit la seconde, la beaute, la grace; je veux qu'on dise que ses marraines ont ete genereuses. Je veux encore qu'il soit vainqueur dans les tournois, dans les batailles. Maitresse, si vous trouvez mieux que cela, donnez-lui. Dame, reprit la maitresse, vous avez peu de sens, quand vous osez devant moi donner tant a ce petit. Et moi je veux que dans sa jeunesse il ait une amie insensible a ses voeux. Et bien que par votre puissance, il soit noble, genereux, beau, courtois, il aura peine en amour; ainsi je l'ordonne. Dame, ajouta la troisieme, ne vous fachez pas si je fais courtoisie a cet enfant, car il vient de haut lignage et je n'en sais pas de plus noble. Aussi je veux m'appliquer a le servir et a l'aider dans toutes ses entreprises. Je le nourrirai, et c'est moi qui le garderai jusqu'a l'age ou il aura une amie, et c'est moi qui serai la sienne. Je vois, dit la maitresse, que vous aimez beaucoup cet enfant; mais pour cela je ne changerai pas mon don. Je vous en conjure, dame, reprit la troisieme, laissez-moi cet enfant; je puis le rendre bien heureux... Non, repliqua la maitresse, je veux que mes paroles s'accomplissent, et il aura, en depit de vous deux, le plus vilain amour que l'on ait jamais eprouve. Apres avoir ainsi parle, les trois fees disparurent, les chevaliers reprirent l'enfant et le reporterent au chateau de la Montagne, ou bientot une fee se presenta comme nourrice.

Les fees assisterent de meme, dit M. Maury[1], a la venue au monde d'Isaie le Triste. Aux environs de la Roche aux Fees, dans le canton de Rhetiers, les paysans croient encore aux fees qui prennent, disent-ils, soin des petits enfants, dont elles pronostiquent le sort futur; elles descendent dans les maisons par les cheminees et ressortent de meme pour s'en aller[2]. Les volas ou valas Scandinaves allaient de meme predire la destinee des enfants qui naissaient dans les grandes familles[3]; elles assistaient aux accouchements laborieux et aidaient par leurs incantations (*galdrar*) les femmes en travail. Les fees voulaient meme souvent etre invitees. Longtemps, a l'epoque des couches de leurs femmes, les Bretons servaient un repas dans une chambre contigue a celle de l'accouchee, repas qui etait destine aux fees, dont ils redoutaient le ressentiment[4]. Les fees furent invitees a la naissance d'Oberon, elles le doterent a l'envi des dons les plus rares; une seule fut oubliee, et pour se venger de l'outrage qui lui etait fait, elle condamna Oberon a ne jamais depasser la taille d'un nain.

[Note 1: *Les Fees au moyen age.*]

[Note 2: Memoires de M. de la Pillaye, dans le t. II de la nouvelle serie des *Memoires des antiquaires de France*, p. 95.]

[Note 3: Bergmann, *Poemes islandais*, p. 159. Grenville Pigott, *a Manual of Scandinavian mythology*, p. 353. Londres, 1839.]

[Note 4: Dans l'antiquite, a la naissance des enfants des familles riches, par suite de croyances analogues a celles-ci, on etablissait dans l'atrium un lit pour Junon Lucine.]

"Dans la legende de saint Armentaire, composee vers l'an 1300, par un gentilhomme de Provence nomme Raymond, on parle des sacrifices qu'on faisait a la fee Esterelle, qui rendait les femmes fecondes. Ces sacrifices etaient offerts sur une pierre nommee la Lauza de la fada[1]."

[Note 1: Cambry, *Monuments celtiques*, p. 342.]

Les fees aimaient a suborner les jeunes seigneurs, temoin ce chant de la Bretagne que rapporte M. de la Villemarque[1]: "La Korrigan etait assise au bord d'une fontaine et peignait ses cheveux blonds; elle les peignait avec un peigne d'or, car ces dames ne sont pas pauvres: Vous etes bien temeraire, de venir troubler mon eau, dit la Korrigan; vous m'epouserez a l'instant ou pendant sept annees vous secherez sur pied, ou vous mourrez dans trois jours."

[Note 1: *Chants populaires de la Bretagne*, t. I, p. 4.]

Melusine suborna ainsi Raimondin pour echapper au destin cruel que lui avait predit sa mere Pressine.

"La beaute, dit M. Maury[1], est, il est vrai, un des avantages qu'elles ont conserves; cette beaute est presque proverbiale dans la poesie du moyen age; mais a ces charmes elles unissent quelques secrete difformite, quelque affreux defaut; elles ont, en un mot, je ne sais quoi d'etrange dans leur conduite et leur personne. La charmante Melusine devenait, tous les samedis, serpent de la tete au bas du corps. La fee qui, d'apres la legende, est la souche de la maison de Haro, avait un pied de biche d'ou elle tira son nom, et n'etait elle-meme qu'un demon succube."

[Note 1: *Les Fees du moyen age*, p. 53.]

"Le nom de dame du lac, dit le meme auteur, donne a plusieurs fees, a la Sibille du roman de Perceforest, a Viviane, qui eleva le fameux Lancelot, surnomme aussi du Lac, a son origine dans les traditions septentrionales. Ces dames du lac sont filles des meerweib-nixes qui, sur les bords du Danube, predisent dans les Niebelungen, l'avenir au guerrier Hagene; elles descendent de cette sirene du Rhin qui, a l'entree du gouffre ou avait ete precipite le fatal tresor des Niebelungen, attirait par l'harmonie de ses chants que quinze echos repetaient, les vaisseaux dans l'abime."

"Les ondins, les nixes de l'Allemagne, attirent au fond des eaux les mortels qu'elles ont seduits ou ceux qui, a l'exemple d'Hylas, se hasardent imprudemment sur les bords qu'elles habitent. En France, une legende provencale raconte de meme comment une fee attira Brincan sous la plaine liquide et le transporta dans son palais de cristal[1]. Cette fee avait une chevelure vert glauque, qui rappelle celle que donnent les habitants de la Thuringe a la nixe du lac de Sal-Zung[2], ou celle qu'attribuent les Slaves a leurs roussalkis[3]. Ces roussalkis, comme les ondins de Magdebourg[4], comme les Korrigans de la Bretagne, viennent souvent a la surface des eaux peigner leur brillante chevelure. Melusine nous est representee de meme peignant ses longs cheveux, tandis que sa queue s'agite dans un bassin."

[Note 1: Kirghtley, *The fairy Mythology*, t. II, p. 287].

[Note 2: Bechstein, *der Sagenschatz und die Sagenkreise des Thuringeslandes*, P. IV, p. 117, Meiningen 1838, in-12. (Les nixes de ce lac enlevaient aussi les enfants, comme les Korrigans de la Bretagne).]

[Note 3: Makaroff, *Traditions russes* (en russe), t. I, p. 9.]

[Note 4: Grimm, *Traditions allemandes*, t. I, p. 83.]

"Plusieurs fees, dit M. A. Maury[1], sont representees comme de veritables divinites domestiques. Dame Abonde, cette fee dont parle Guillaume de Paris, apporte l'abondance dans les maisons qu'elle frequente[2]. La celebre fee Melusine pousse des gemissements douloureux chaque fois que la mort vient enlever un Lusignan[3]. Dans l'Irlande, la Banshee vient de meme aux fenetres du malade appartenant a la famille qu'elle protege, frapper des mains et faire entendre des cris de desespoir[4]. En Allemagne, dame Berthe, appelee aussi la *Dame blanche* se montre comme les fees a la naissance des enfants de plusieurs maisons princieres sur lesquelles elle etend sa protection... Dans les bruyeres de Lunebourg, la Klage Weib annonce aux habitants leur fin prochaine. Quand la tempete eclate, que le ciel s'ouvre, quand la nature est en proie a quelques-unes de ces tourmentes ou elle semble lutter contre la destruction, la Klage Weib se dresse tout a coup comme un autre Adamastor, et, appuyant son bras gigantesque sur la frele cabane du paysan, elle lui annonce par l'ebranlement soudain de sa demeure que la mort l'a designe[5].

[Note 1: *Les Fees du moyen age.*]

[Note 2: Guillaume de Paris, *De Universo*, t. I, p. 1037. Orleans, 1674, in-fol. (Cette dame Abonde parait etre la meme que la Mab dont Shakespeare parle dans sa tragedie de *Romeo et Juliette*. Elle se rattache a la Holda des Allemands). Voyez G. Zimmermann, *De Mutata saxonum veterum religione*, p. 21. Darmstadt, 1839.]

[Note 3: J. d'Arras, *Histoire de Melusine*, p. 310.]

[Note 4: Crofton Croker, *Fairy Legends and Traditions of the South of Ireland*. Londres, 1834, in-12, part. I, p. 228; part. II, p. 10.]

[Note 5: *Spiels Archiv*. II, 297.]

Les historiens citent encore d'autres dames blanches, comme la dame blanche d'Avenel, la *dona bianca* des Colalto, la femme blanche des seigneurs de Neuhaus et de Rosenberg, etc.

On donne encore le nom de *dames blanches* aux fees bretonnes ou *Korrigans*. Elles connaissent l'avenir, commandent aux agents de la nature, peuvent se transformer en la forme qui leur plait. En un clin d'oeil les Korrigans peuvent se transporter d'un bout du monde a l'autre. Tous les ans, au retour du printemps, elles celebrent une grande fete de nuit; au clair de lune elles assistent a un repas mysterieux, puis disparaissent aux premiers rayons de l'aurore. Elles sont ordinairement vetues de blanc, ce qui leur a valu leur surnom. Les paysans bas-bretons assurent que ce sont de grandes princesses gauloises qui n'ont pas voulu embrasser le christianisme lors de l'arrivee des apotres[1].

[Note 1: Voyez l'introduction des *Contes populaires des anciens Bretons*, par M. de la Villemarque, p. XL, et *les Fees du moyen age*, par M. Alfred Maury, p. 39.]

"On a aussi appele *dames blanches*, dit Reiffenberg[1], d'autres etres, d'une nature malfaisante, qui n'etaient pas specialement devoues a une race particuliere; telles etaient les *witte wijven* de la Frise, dont parlent Corneil Van Kempen, Schott, T. Van Brussel et des Roches. Du temps de l'empereur Lothaire, en 830, dit le premier de ces ecrivains, beaucoup de spectres infestaient la Frise, particulierement les *dames blanches* ou nymphes des anciens. Elles habitaient des cavernes souterraines, et surprenaient les voyageurs egares la nuit, les bergers gardant leurs troupeaux, ou encore les femmes nouvellement accouchees et leurs enfants, qu'elles emportaient dans leurs repaires, d'ou l'on entendait sortir quantite de bruits etranges, des vagissements, quelques mots imparfaits et toute espece de sons musicaux."

[Note 1: *Dictionnaire de la conversation*, article DAMES BLANCHES.]

L'Aia, Ambriane ou Caieta est une fee de la classe des *dames blanches*, qui habite le territoire de Gaete, dans le royaume de Naples, et qui y preoccupe autant l'esprit des personnes faites que celui de l'enfance. Comme chez la plupart des dames blanches, les intentions de l'Aia sont toujours bienveillantes: elle s'interesse a la naissance, aux evenements heureux et malheureux, et a la mort de tous les membres de la famille qu'elle protege. Elle balance le berceau des nouveau-nes. C'est principalement durant les heures du sommeil qu'elle se met a parcourir les chambres de la maison; mais elle y revient encore quelquefois pendant le jour. Ainsi, lorsqu'on entend le craquement d'une porte, d'un volet, d'un meuble, et que l'air agite siffle legerement, on est convaincu que c'est l'annonce de la visite de l'Aia. Alors chacun garde le silence, ecoute; le coeur bat a tous; on eprouve a la fois de la crainte et un respect religieux; le travail est suspendu; et l'on attend que la belle Ambriane ait eu le temps d'achever l'inspection qu'on suppose qu'elle est venue faire. Quelques personnes, plus favorisees ou menteuses, affirment avoir vu la fee, et decrivent sa grande taille, son visage grave, sa robe blanche, son voile qui ondule; mais la plupart des croyants declarent n'avoir pas ete assez heureux pour l'apercevoir. Cette superstition remonte a des temps recules, puisque Virgile la trouva existant deja au meme lieu.

II.—ELFES

Les Alfs ou Elfes sont dans les pays du Nord les genies des airs et de la terre. Ils ont quelque ressemblance avec les fees. Leur roi Oberon, immortalise par Wieland, est le roi des aulnes, *Ellen Koenig*, chante par Goethe.

Torfeus, historien danois qui vivait au XVIIe siecle, cite par M. Leroux de Lincy[1], rapporte dans la preface de son edition de la *Saga de Hrolf*, l'opinion d'un pretre islandais nomme Einard Gusmond, relativement aux Elfes: "Je suis persuade, disait-il, qu'ils existent reellement, et qu'ils sont la creature de Dieu; qu'ils se marient comme nous, et reproduisent des enfants de l'un et l'autre sexe: nous en avons une preuve dans ce que l'on sait des amours de quelques-unes de leurs femmes avec de simples mortels. Ils forment un peuple semblable aux autres peuples, habitent des chateaux, des maisons, des chaumieres; ils sont pauvres ou riches, gais ou tristes, dorment et veillent, et ont toutes les autres affections qui appartiennent a l'humanite."

[Note 1: *Le Livre des legendes*, introduction, p. 159. Paris, 1836, in-8 deg..]

Chez les peuples septentrionaux, dit M. A. Maury[1], d'apres M. Crofton Croker[2], "les Elfes ont ete divises en diverses classes suivant les lieux qu'ils habitent et auxquels ils president. On distingue les *Dunalfenne*, qui repondent aux nymphes *monticolae, castalides* des anciens, les *Feldalfenne*, qui sont les naiades, les hamadryades; les *Muntalfenne* ou orcades; les *Scalfenne* ou naiades; les *Undalfenne* ou dryades."

[Note 1: *Les Fees du moyen age*, p. 73.]

[Note 2: *Fairy Legends and Traditions of the South of Ireland.* Londres, 1834, in-12.]

"On depeint les Elfes, dit M. Leroux de Lincy[1], comme ayant une grosse tete, de petites jambes et de longs bras; quand ils sont debout, ils ne s'elevent pas au-dessus de l'herbe des champs. Adroits, subtils, audacieux, toujours malins, ils ont des qualites precieuses et surhumaines. C'est ainsi que ceux qui vivent sous la terre et qui veillent a la garde des metaux sont reputes comme tres habiles a forger des armes. Ceux qui habitent l'onde aiment beaucoup la musique et sont doues de talents merveilleux en ce genre. La danse est le partage de ceux qui vivent entre le ciel et la terre, ou dans les rochers. Ceux qui sejournent en de petites pierres appelees *Elf-mills, Elf-guarnor* ont une voix douce et melodieuse."

[Note 1: *Le Livre des legendes*, introduction, p. 160.]

"Chez les peuples Scandinaves, les Elfes passaient pour aimer passionnement la danse. Ce sont eux, disait-on, qui forment des cercles d'un vert brillant, nommes *Elf-dans*, que l'on apercoit sur le gazon. Aujourd'hui encore, quand un paysan danois rencontre un cercle semblable, aux premiers rayons du jour, il dit que les Elfes sont venus danser pendant la nuit. Tout le monde ne voit pas les *Elfs-dans*. Ce don est surtout le partage des enfants nes le dimanche; mais les Elfes ont le pouvoir de douer de cette science leurs proteges en leur donnant un livre dans lequel ceux-ci apprennent a lire l'avenir."

"Les Elfes demeurent dans les marais, au bord des fleuves, disent encore les paysans danois; ils prennent la forme d'un homme vieux, petit, avec un large chapeau sur la tete. Leurs femmes sont jeunes, belles, et d'un aspect attrayant, mais par derriere elles sont creuses et vides. Les jeunes gens doivent surtout les eviter. Elles savent jouer d'un instrument delicieux qui trouble l'esprit. On rencontre souvent les Elfes se baignant dans les eaux qu'ils habitent. Si un mortel ose approcher d'eux, ils ouvrent leur bouche, et, atteint du souffle qui s'en echappe, l'imprudent meurt empoisonne."

"Souvent, par un beau clair de lune, on voit les femmes des Elfes danser en rond sur les vertes prairies; un charme irresistible entraine ceux qui les rencontrent a danser avec elles: malheur a qui succombe a ce desir! car elles emportent l'imprudent dans une ronde si vive, si animee, si rapide qu'il tombe bientot sans vie sur le gazon. Plusieurs ballades ont perpetue le souvenir de ces terribles morts."

"Ces Elfes habitants des eaux s'appellent *Nokkes*, chez les Danois. Beaucoup de souvenirs se rattachent a eux. Tantot on croit les voir au milieu d'une nuit d'ete, rasant la surface des ondes, sous la forme de petits enfants aux longs cheveux d'or, un chaperon rouge sur la tete. Tantot ils courent sur le rivage, semblables aux centaures, ou bien sous l'apparence d'un vieillard, avec une longue barbe dont l'eau s'echappe, ils sont assis au milieu des rochers."

"Les Nokkes punissent severement les jeunes filles infideles, et quand ils aiment une mortelle, ils sont doux et faciles a tromper. Grands musiciens, on les voit assis au milieu de l'eau, touchant une harpe d'or qui a le pouvoir d'animer toute la nature. Quand on veut apprendre la musique avec de pareils maitres, il faut se presenter a l'un d'eux avec un agneau noir, et lui promettre qu'il sera sauve comme les autres hommes et ressuscitera au jour solennel."

A ce propos, M. Leroux de Lincy[1] fait le recit suivant d'apres Keightley[2]: "Deux enfants jouaient au bord d'une riviere qui coulait au pied de la maison de leur pere. Un Nokke parut, et, s'etant assis sur les eaux, il commenca un air sur sa harpe d'or. Mais l'un des enfants lui dit: "A quoi ton chant peut-il te servir, bon Nokke; tu ne seras jamais sauve." A ces paroles, l'esprit fondit en larmes et de longs soupirs s'echapperent de son sein. Les enfants revinrent chez eux et dirent cette aventure a leur pere, qui etait pretre de la paroisse. Ce dernier blama une telle conduite, et leur dit de retourner de suite au bord de l'eau et de consoler le Nokke en lui promettant misericorde. Les enfants obeirent. Ils trouverent l'habitant des ondes assis a la meme place et pleurant toujours: "Bon Nokke, lui ont-ils dit, ne pleure pas; notre pere assure que tu seras sauve comme tous les autres." Aussitot le Nokke reprit sa harpe d'or et en joua delicieusement jusqu'a la fin du jour.

[Note 1: *Le Livre des Legendes*, p. 162.]

[Note 2: *The fairy Mythology*, t. I, p. 236.]

On lit dans la *Saga d'Hervarar*, citee par M. Leroux de Lincy[1]: "Suafurlami, monarque scandinave, revenant de la chasse, s'egara dans les montagnes. Au coucher du soleil, il apercut une caverne dans une masse enorme de rochers, et deux nains assis a l'entree. Le roi tira son epee, et, s'elancant dans la caverne, il se preparait a les frapper, quand ceux-ci demanderent grace pour leur vie. Les ayant interroges, Suafurlami apprit d'eux qu'ils se nommaient Dyrinus et Dualin. Il se rappela aussitot qu'ils etaient les plus habiles d'entre tous les Elfes a forger des armes. Il leur permit de s'eloigner, mais a une condition, c'est qu'ils lui feraient une epee avec un fourreau et un baudrier d'or pur. Cette epee ne devait jamais manquer a son maitre, ne jamais se souiller, couper le fer et les pierres aussi aisement que le tissu le plus leger, et rendre toujours vainqueur celui qui la possederait. Les deux nains consentirent a toutes ces conditions et le roi les laissa s'eloigner. Au jour fixe, Suafurlami se presenta a l'entree de la caverne, et les deux nains lui apporterent la plus brillante epee qu'on eut jamais vue. Dualin, montant sur une pierre, lui dit: "Ton epee, o roi, tuera un homme chaque fois qu'elle sera levee; elle servira a trois grands crimes, elle causera ta mort." A ces mots, Suafurlami s'elanca contre le nain pour le frapper, mais il se sauva au milieu des rochers, et les coups de la terrible epee fendirent la pierre sur laquelle ils etaient tombes."

[Note 1: *Le Livre des legendes*, p. 163.]

"En Suede, dit M. Alf. Maury[1], les paysans venerent les tilleuls, comme ayant jadis ete la demeure des Elfes. C'etait sous un arbre gigantesque, le frene Yggdrasill, aupres de la fontaine Urda, que les gnomes lies a ces esprits des airs avaient fixe leur demeure."

[Note 1: *Les Fees du moyen age*, p. 76.]

"L'herbe des champs est sous la protection des Elfes; tant qu'elle n'a pas encore leve, qu'elle ne fait que germer sous terre, ce sont les Elfes noirs (*Schwarsen Elfen*) qui la protegent, qui veillent sur elle; puis a-t-elle eleve au-dessus du sol sa tige delicate, elle passe sous la garde des Elfes lumineux (*Licht Elfen*), des Elfes de lumiere."

On retrouve les Elfes dans les autres pays de l'Europe sous differents noms. En Allemagne ils jouent un role dans les *Niebelungen* et dans le *Heldenbuch*.

"Les femmes des Elfes, dit M. Alf. Maury[1], sont regardees en Allemagne comme aussi habiles que nos fees a tourner le fuseau. Une foule de traditions rappellent ces mysterieuses ouvrieres. Telle est la legende de la jeune fille de Scherven pres de Cologne, qu'on voit la nuit filer un fil magique; telle est celle de dame Holle, que la croyance populaire place dans la Hesse, sur le mont Meisner. Holle distribue des fleurs, des fruits, des gateaux de farine et repand la fertilite dans les champs qu'elle parcourt; elle excelle a filer; elle encourage les fileuses laborieuses et punit les paresseuses; elle preside a la naissance des enfants, se montre alors sous l'apparence d'une vieille femme aux vetements blancs; parfois aussi elle est vindicative et cruelle. Elle se venge en enlevant les enfants et en les entrainant au fond des eaux. Pschipolonza, cette petite femme vieille, hideuse et ridee, qui effraie souvent les paysans des environs de Zittau, se montre au bord des chemins dans les bois, vetue de blanc et occupee a filer. Dans la Livonie, on croit aux *Swehtas jumprawas*, jeunes filles qu'on apercoit la nuit filant mysterieusement.

[Note 1: *Les Fees du moyen age*, p. 71-72.]

En Angleterre, les Elfes se partagent en deux classes: ceux qui habitent les montagnes, les forets, les cavernes, et qu'on appelle *rural Elves*, et les Gobelins (*Hobgobelins*) qui ont coutume de vivre parmi les Elfes. Mais c'est en Irlande surtout qu'on se rappelle les Elfes. Ils s'y divisent en plusieurs familles distinctes par le nom, le pouvoir ou les actions qu'on leur attribue: ainsi on connait les *Shepo*, les *Cluricaune*, les *Banshee*, les *Phooca*, ou *Pouke*, les *Sullahan* ou *Dullahan*, etc.

"*Shepo*, qui signifie litteralement une fee de maison, dit M. Leroux de Lincy, en citant l'ouvrage de M. Crofton Croker[1], est le nom qu'on donne aux esprits qui vivent en commun, et que le peuple suppose avoir des chateaux et des habitations; au contraire on nomme *Cluricaune* ceux qui vivent seuls et se cachent dans les lieux retires. Les *Banshee* sont des fees qui, suivant la tradition, s'attachent a certaines familles et que l'on entend pousser des gemissements quand un malheur doit frapper celles qu'elles ont adoptees. Quant au *Phooca*, au *Dullahan*, c'est le nom qu'on donne au diable, aussi appele *Fir Darriz*."

[Note 1: *Fairy legends and Traditions of the South of Ireland*. Londres, Murray, 1834, in-12.]

"Suivant la croyance populaire de l'Irlande, dit M. Alf. Maury[1], les Elfes celebrent deux grandes fetes dans l'annee; l'une est au commencement du printemps, quand le soleil approche du solstice d'ete; alors le heros O'Donoghue, qui jadis regna sur la terre, monte dans les cieux sur un cheval blanc comme le lait, entoure du cortege brillant des Elfes. Heureux celui qui l'apercoit lorsqu'il s'eleve des profondeurs du lac de Killarney! Cette rencontre lui porte bonheur. A Noel, les esprits souterrains celebrent une fete nocturne avec une joie sauvage et qui inspire la frayeur. Les esprits des forets courent dans les clairieres, revetus d'habillements verts; l'oreille distingue alors le trepignement des chevaux, le mugissement des boeufs sauvages. Lorsque le peuple entend ce vacarme, il dit que c'est le guerrier, les chasseurs furieux, *das wuthende Heer, die wuthenden Jaeger.* Dans l'ile de Moen, on appelle ce bruit le *Gronjette*; en Suede on le nomme la chasse d'Odin."

[Note 1: *Les Fees du moyen age*, p. 58.]

"Les feux folets changes en lutins par nos paysans, ajoute M. Leroux de Lincy[1], ont garde quelques rapports avec les Elfes norvegiens. En Bretagne, sous le nom de *Gourils, Gories* ou *Crions*, les Elfes se sont refugies dans les monuments de Karnac, pres Quiberon. La, comme on sait, dans une plaine vaste, aride, ou pas un arbre, pas une plante ne croit, sont debout environ douze a quinze cents pierres, dont les plus hautes peuvent avoir dix-huit a vingt pieds. Interrogez les Bretons sur ces pierres, ils vous diront: C'est un vieux camp de Cesar; ces pierres furent une armee; elles ont ete apportees la par des Gourils, race de petits hommes hauts d'un pied, mais forts comme des geants; chaque nuit ils forment une ronde immense autour de ces pierres; prenez garde! o vous qui voyagez a cette heure aux environs de Karnac, prenez garde! les Gourils vous saisiront, vous forceront a tourner, tourner longtemps jusqu'au premier point du jour, alors ils disparaitront; et vous... vous serez mort!"

[Note 1: *Le Livre des legendes*, p. 167.]

Enfin, suivant M. Maury[1]: "Les femmes des Elfes et des nains rappellent par leur beaute et la blancheur de leurs vetements les fees francaises. Mais comme chez celles-ci, cette beaute est souvent trompeuse. Ces yeux charmants, ces traits delicats se changent au grand jour en des yeux caves, des joues decharnees; cette blonde et soyeuse chevelure fait place a un front nu que garnissent a peine quelques cheveux blancs."

[Note 1: *Les Fees du moyen age*, p. 93.]

NATURE TROUBLEE

I.—POSSEDES.—DEMONIAQUES

Goulart[1] rapporte d'apres Wier[2] plusieurs histoires de demoniaques: "Antoine Benivenius au VIIIe chapitre *du Livre des causes cachees des maladies*, escrit avoir veu une jeune femme aagee de seize ans dont les mains se retiroyent estrangement si tost que certaine douleur la prenoit au bas du ventre. A son cri effroyable, tout le ventre lui enfloit si fort qu'on l'eust estimee enceinte de huict mois: enfin elle perdoit le soufle et ne pouvant demeurer en place se tourmentait ca et la dedans son lict, mettant quelquefois ses pieds dessus son col, comme si elle eust voulu faire la culebute. Ce qu'elle recommencoit tant et jusque a ce que son mal s'accoisast peu a peu et qu'elle fust aucunemens soulagee. Lors enquise sur ce qui lui estoit avenu, elle confessoit ne s'en ressouvenir aucunement. Mais, dit-il, en cerchant les causes de ceste maladie, nous eusmes opinion qu'elle procedait d'une suffocation de matrice et de vapeurs malignes s'elevant en haut au detriment du coeur et du cerveau. Toutes fois apres nous estre efforcez de la soulager par medicamens et cela ne servant de rien, icelle devint plus furieuse et, regardant de travers, se mit finalement a vomir de longs cloux de fer tout courbez, des aiguilles d'airin picquees dedans de la cire et entrelassees de cheveux, avec une portion de son desjune, si grand qu'homme quelconque n'eust peu l'avaller entier. Ayant en ma presence recommence plusieurs fois tels vomissements, je me doutais qu'elle estoit possedee d'un esprit malin, lequel charmoit les yeux des assistants pendant qu'il remuoit ces choses. Depuis nous l'entendimes faisant des predictions et autres choses qui depassent toute intelligence humaine."

[Note 1: *Thresor d'histoires admirables*, t. I, p. 143.]

[Note 2: *Illusions et impostures des diables.*]

"Meiner Clath, gentilhomme demeurant au chateau de Boutenbrouch situe au duche de Juliers, avoit un valet nomme Guillaume, lequel depuis quatorze ans estoit tourmente et possede du diable, dont ainsi qu'il commencoit quelquefois a se porter mal, a la suscitation de ce malin esprit, il demanda pour confesseur le cure de Saint-Gerard, Barthelemy Paven... lequel etant venu pour jouer son petit rollet... ne put faire du tout le personnage muet. Or ainsi que ce demoniacle avoit la gorge enflee, la face ternie, et que l'on craignoit qu'il n'estouffast, Judith femme de Clath, honneste matrone, ensemble tous ceux de la maison commencent a prier Dieu. Et incontinent il sortit de la bouche de ce Guillaume entre autre barbouilleries, toute la partie du devant des brayes d'un berger, des cailloux dont les uns estoyent entiers et les autres rompus, des petites plotes de fil, une perruque semblable a celle dont les filles ont accoustume d'user, des esguilles, un morceau de la doublure de la saye d'un petit garcon, et une plume de paon, laquelle ce mesme Guillaume avoit tire de la queue de un paon des huict jours auparavant qu'il devint malade. Estant interrogue de la cause de son mal, il respondit qu'il avoit rencontre une femme pres de Camphuse, laquelle luy avoit souffle au visage: et que toute sa calamite ne procedoit d'ailleurs. Toutes fois apres qu'il fust guery il nia que ce qu'il avoit dict fut vray: mais au contraire, il confessa qu'il avoit este induit par le diable a dire ce qu'il avoit dict. D'avantage il ajouta que toutes ces matieres prodigieuses n'avoient pas ete dedans son ventre, ains qu'elles avoyent ete poussees dedans son gosier par le diable, cependant que l'on le regardoit vomir. Satan le deceut par illusions. On pensa plusieurs fois qu'il voulust se tuer on s'en voulust fuir. Un jour, s'estant jette dedans un tect a pourceaux, et garde plus soigneusement que de coustume, il demeura les yeux tellement fermez qu'impossible fut les desclorre. Enfin Gertrude, fille aisnee de Clath, aagee d'onze ans, s'approchant de lui, l'admonesta de prier Dieu que son bon plaisir fust lui rendre la veue. Sur cela Guillaume la requit de prier, ce qu'elle fit, et incontinent elle lui ouvrit les yeux, au grand esbahissement de chacun. Le diable l'exhortoit souvent de ne prester l'oreille ni a sa maitresse, ni aux autres qui lui rompoyent la teste, en lui parlant de Dieu, duquel il ne pouvoit estre aide, puisqu'il estoit mort une fois, ainsi qu'il l'avoit entendu prescher publiquement."

"Or comme une fois il s'efforcoit de taster impudiquement une chambriere de cuisine, et qu'elle le tancast par son nom, il respondit d'une voix enrouee, qu'il ne se nommoit pas Guillaume mais Beelzebub: a quoi la maistresse respondit: Pense tu donc que nous te craignons? Celui auquel nous nous fions, est infiniment plus fort et plus puissant que tu n'es. Alors Clath lut l'onziesme chapitre de St-Luc ou il est fait mention du diable muet jete dehors par la puissance de nostre Sauveur, et aussi de Beelzebub, prince des diables. A la parfin Guillaume commence a reposer, et dort jusques au matin, comme un homme esvanoui: puis ayant pris un bouillon et se sentant du tout allege, il fut ramene chez ses parents apres avoir remercie ses maistres et sa maistresse, et prie Dieu qu'il voulust les recompenser pour les ennuis qu'ils avoyent receus de ceste affliction. Depuis il se maria, eut des enfants, et ne se sentit plus de tourment du diable."

"L'an 1566, le dix-huictiesme jour de mars, avint en la ville d'Amsterdam en Hollande un cas memorable, duquel M. Adrian Nicolas, chancelier de Gueldres, fit un discours public contenant ce qui s'ensuit: Il y a deux mois ou environ (dit-il), qu'en ceste ville trente enfans commencerent a estre tourmentes d'une facon estrange, comme s'ils eussent este maniaques ou furieux. Par intervalles, ils se jettoyent contre terre et ce tourment duroit demi-heure ou une heure au plus. S'estant relevez debout, ils ne se souvenoyent d'aucun mal ni de chose quelconque facte lors, ains pensoyent avoir dormi. Les medecins, ausquels on recourut, n'y firent rien… Les sorciers ne firent pas davantage, les exorcistes perdirent aussi leur temps. Durant les exorcismes les enfants vomirent force aiguilles, des epingles, des doigtiers a couldre, des lopins de drap, des pieces de pots cassez, du verre, des cheveux et telles autres choses: pour cela toutesfois les enfans ne furent gueris, ains retomberent en ce mal de fois a autre, au grand estonnement de chacun pour la nouveaute d'un si estrange spectacle."

"Jean Laugius, tres docte medecin, escrit au premier livre de ses *Espitres* estre avenu l'an 1539 a Fugenstal, village de l'evesche d'Eysteten ce qui s'ensuit, verifie par grand nombre de tesmoins. Ulric Neusesser, laboureur demeurant en ce village, estoit miserablement tourmente d'une douleur de flancs. Un jour le chyrurgien ayant fait quelque incision en la peau, l'on en tira un clou de fer: pour cela les douleurs ne s'appaiserent, au contraire accreurent tellement, que le pauvre homme tombe en desespoir, d'un couteau tranchant se coupe la gorge. Comme on voulait le cacher en terre, deux chyrurgiens lui ouvrirent l'estomach en presence de plusieurs et dans icelui trouverent du bois rond et long, quatre cousteaux d'acier les uns aigus, les autres dentelez comme une scie; ensemble deux bastons de fer, chacun de neuf poulces de longueur et un gros toupillon de cheveux: je m'esbahi comment cette ferraille a peu estre amassee dedans la capacite de l'estomach et par quelle ouverture. C'est sans doute par un artifice du diable, lequel suppose dextrement toutes choses, pour se maintenir et faire redouter.

"Antoine Lucquet, chevalier de l'ordre de la Toison, personnage de grande reputation par toute la Flandre, et conseiller au prive conseil de Brabant, outre trois enfans legitimes, eut un bastard, qui print femme a Bruges. Icelle peu apres les noces commenca d'etre miserablement tourmentee par le malin esprit, tellement qu'en quelque part qu'elle fust, mesme au milieu des dames et damoiselles, elle estoit soudain emportee et trainee par les chambres et souventes fois jettee puis en un coin, puis en l'autre, quoi que ceux qui estoient presens taschassent de la retenir et de l'empescher. Mais en ses agitations elle n'estoit pas beaucoup interessee en son corps. Chascun pensoit que ce mal lui eust este procure par une femme autrefois entretenue par son mari, jeune homme de belle taille, gaillard et dispos. En ses entrefaites, elle devint enceinte et ne cessa le malin esprit de la tourmenter. Le terme de l'accouchement venu, il ne se trouve qu'une femme en sa compagnie, laquelle fut incontinent envoyee vers la sage-femme. Cependant il lui fut avis que cette femme, dont j'ai parle, entroit dedans la chambre et lui servoit de sage-femme, dont la pauvre damoiselle fut si esperdue que le coeur lui en faillit. Revenue a soi, elle se trouva deschargee de son fardeau; toutesfois, il n'aparut enfant quelconque dont chascun demeura esperdu. Le jour suivant, l'accouchee trouva en son resveil un enfant emmaillote et couche dedans le lict, qu'elle allaita par deux fois. S'estant peu apres endormie, l'enfant en fut pris de ses costez et oncques depuis ne fut veu. Le bruit courut que l'on avoit trouve dedans la porte quelques billets avec des caracteres magiques."

Goulart[1] fait connaitre, d'apres Wier "les convulsions monstrueuses et innombrables advenues aux nonnains du couvent de Kentorp en la cote de la Marche pres Hammone. Un peu devant leurs acces et durant celui, elles poussoient de leur bouche une puante haleine, qui continuoit parfois quelques heures. En leur mal aucunes ne laissoient d'avoir l'entendement sain, d'ouir et de reconnoistre ceux qui estoyent autour d'elles, encore qu'a cause des convulsions de la langue et des parties servantes a la respiration elles ne peussent parler durant l'acces. Or estoyent les unes plus tourmentees que les autres et quelques-unes moins. Mais ceci leur estoit commun, qu'aussitost que l'une estoit tourmentee, au seul bruit les autres separees en diverses chambres estoyent tourmentees aussi. Ayant envoye vers un devin, qui leur dit qu'elles avoient ete empoisonnees par leur cuisiniere nommee Else Kamense, le diable empoignant ceste occasion commenca a les tourmenter plus que devant et les induisit a s'entremordre, entrebattre et se jeter par terre les unes les autres. Apres qu'Else et sa mere eurent este bruslees, quelques-uns des habitants de Hammone commencerent a estre tourmentez du malin esprit. Le pasteur de l'eglise en appela cinq en son logis afin de les instruire et fortifier contre les impostures de l'ennemi. Ils commencerent a se mocquer du pasteur et a nommer certaines femmes du lieu, chez lesquelles ils disoyent vouloir aller, montez sur des boucs, qui les y porteroient. Incontinent l'un d'eux se met a chevauchon sur une escabelle, s'escriant qu'il alloit et estoit porte la. Un autre se mettant a croupeton se recourba du tout en devant puis se roula vers la porte de la chambre, par laquelle soudain ouverte il se jetta et tomba du haut en bas des degres sans se faire mal."

[Note 1: *Thresor d'histoires admirables*, t. I, p. 143.]

"Les nonnains du couvent de Nazareth, a Cologne, dit le meme auteur[1], furent presque tourmentees comme celles de Kentorp. Ayant este par long espace de temps tempestees en diverses sortes par le diable, elles le furent encore plus horriblement l'an 1564, car elles estoyent couchees par terre et rebrassees comme pour avoir compagnie d'hommes. Durant laquelle indignite leurs yeux demeuroyent clos, qu'elles ouvroyent apres honteusement et comme si elles eussent endure quelque grieve peine. Une fort jeune fille nommee Gertrude, aagee de quatorze ans, laquelle avoit este enfermee en ce couvent ouvrit la porte a tout ce malheur. Elle avoit souvent este tracassee de ces folles apparitions en son lict, dont ses risees faisoient la preuve quoiqu'elle essayat parfois d'y remedier mais en vain. Car ainsi qu'une siene compagne gisoit en une couchette tout expres pour la deffendre de ceste apparition, la pauvrette eut frayeur, entendant le bruit qui se faisoit au lict de Gertrude, de laquelle le diable print finalement possession, et commenca de l'affliger par plusieurs sortes de contorsions... Le commencement de toute cette calamite procedoit de quelques jeunes gens desbauchez, qui ayant prins accointance par un jeu de paulme proche de la, avec une ou deux de ces nonnains, estoyent depuis montez sur les murailles pour jouyr de leurs amours."

[Note 1: *Thresor des histoires admirables*, t. I, p. 153.]

"Les tourmens que les diables firent a quelques nonnains enfermees a Wertet en la comte de Horne, sont esmerveillables. Le commencement vint (a ce qu'on dit) d'une pauvre femme, laquelle durant le caresme emprunta des nonnains une quarte de sel pesant environ trois livres, et en rendit deux fois autant, un peu devant Pasques. Des lors elles commencerent a trouver dedans leur dortoir des petites boules blanches semblables a de la dragee de sucre, salees au goust, dont toutefois on ne mangea point, et ne scavoit-on d'ou elles venoient. Peu de temps apres elles s'apperceurent de quelque chose qui sembloit se plaindre comme feroit un homme malade; elles entendirent aussi une fois admonnestant quelques nonnains de se lever et venir a l'aide d'une de leurs soeurs malade: mais elles ne trouverent rien, y estant courues. Si quelques fois elles vouloient uriner en leur pot de chambre, il leur estoit soudainement oste tellement qu'elles gastoyent leur lict. Par fois elles en estoyent tirees par les pieds, trainees assez loin et tellement chatouillees par les plantes, qu'elles en pasmoyent de rire. On arrachoit une partie de la chair a quelques-unes, aux autres on retournoit s'en devant derriere les jambes, les bras et la face. Quelques-unes ainsi tourmentees vomissoyent grande quantite de liqueur noire, comme ancre, quoi que auparavant elles n'eussent mange six sepmaines durant que du jus de raiforts, sans pain. Ceste liqueur estoit si amere et poignante qu'elle leur eslevoit la premiere peau de la bouche, et ne scavoit-on leur faire sauce quelconque qui peust les mettre en appetit de prendre autre chose. Aucunes estoient eslevees en l'air a la hauteur d'un homme, et tout soudain rejettees contre terre. Or comme quelques-uns de leurs amis jusques au nombre de treize fussent entrez en ce couvent pour resjouir celles qui sembloyent soulagees et presque gueries, les unes tomberent incontinent a la renverse hors de la table ou elles estoyent, sans pouvoir parler, ni conoistre personne, les autres demeurerent estendues comme mortes, bras et jambes renversees. Une d'entre elles fut soulevee en l'air, et quoi que les assistans s'efforcassent l'empescher et y missent la main, toutes fois elle leur estoit arrachee maugre eux, puis tellement rejettee contre terre qu'elle sembloit morte. Mais se relevant puis apres, comme d'un somme profond, elle sortoit du refectoir n'ayant aucun mal. Les unes marchoyent sur le devant des jambes, comme si elles n'eussent point eu de pieds, et sembloit qu'on les trainast par derriere, comme dedans un sac deslie. Les autres grimpoyent au faiste des arbres comme des chats, et en descendoyent a l'aise du corps. Il advint aussi comme leur abbesse parloit a madame Marguerite, comtesse de Bure, qu'on lui pinca fort rudement la cuisse, comme si la piece en eust este emportee, dont elle s'ecria fort. Portee incontinent en son lict, la playe fut veue livide et noire, dont toutes fois elle guerit. Cette bourrellerie de nonnains dura trois ans a descouvert, depuis on tint cela cache.

"Ce qui advint jadis aux nonnains de Brigitte en leur couvent pres de Xante, convient a ce que nous venons de reciter. Maintenant elles tressailloyent ou beeloyent comme brebis, ou faisoyent des cris horribles. Quelques fois elles estoyent poussees hors de leurs chaires au temple ou la mesmes on leur attachoit la voile dessus la teste: et quelques fois leur gavion estoit tellement estouppe qu'impossible leur estoit d'avaler aucune viande. Ceste estrange calamite dura l'espace de dix ans en quelques-unes. Et disoit-on qu'une jeune nonnain, esprise de l'amour d'un jeune homme en estoit cause, pour ce que ses parens le lui avoyent refuse en mariage. Et que le diable prenant la forme de ce jeune homme s'estoit monstre a elle en ses plus ardentes chaleurs, et lui avoit conseille de se rendre nonnain, comme elle fit incontinent. Enfermee au couvent, elle devint comme furieuse et monstra a chacun des horribles et estranges spectacles. Ce mal se glissa comme une peste en plusieurs autres nonnains. Cette premiere sequestree s'abandonna a celui qui la gardoit et en eust deux enfans. Ainsi Satan dedans et dehors le couvent fit ses efforts detestables."

"Cardon rapporte qu'un laboureur... vomissait souventes fois du voirre[1], des cloux et des cheveux, et (qu'apres sa guerison) il sentait dedans son corps une grande quantite de voirre rompu: lequel faisoit un bruit pareil a celuy qui se fait par plusieurs pieces de voirre rompu enfermees en un sac. Il dit encore qu'il se sentoit fort travaille de ce bruit et que de dix-huit en dix-huit nuicts sur les sept heures, encore qu'il n'observast le nombre d'icelles, si est-ce qu'il avoit senti par l'espace de dix-huit ans qu'il y avoit qu'il estoit guari, autant de coups en son coeur, comme il y avoit d'heures a sonner: ce qu'il endurait non sans un grand tourment."

[Note 1: Verre.]

"J'ay veu plusieurs fois, dit Goulart[1], une demoniaque, nommee George, qui par l'espace de trente ans fut par intervalles frequens tourmentee du malin esprit, tellement que parfois en ma presence elle s'enfloit, et demeuroit si pesante que huict hommes robustes ne pouvoyent la souslever de terre. Puis un peu apres, exhortee au nom de Dieu de s'accourager, certain bon personnage lui tendant la main, elle se relevoit en pieds, et s'en retournoit courbee et gemissante chez soy. En tels acces oncques elle ne fit mal a personne quelconque fust de nuict, fust de jour, et si demeuroit avec un sien parent qui avoit force petits enfans tellement accoustumez a cette visitation, que soudain qu'ils l'entendoyent se tordre les bras, fraper des mains, et tout son corps enfler d'estrange sorte, ils se rangeoyent en certain endroit de la maison pour recommander ceste patiente a Dieu. Leurs prieres n'estoyent jamais vaines. La trouvant un jour en certaine autre maison du village ou elle demeuroit, je l'exhortoy a patience... Elle commence a rugir de facon estrange, et de promptitude merveilleuse me lance sa main gauche, dont elle m'empoigne les deux poings, me serrant aussi ferme que si j'eusse ete lie de fortes cordes. J'essaye me despetrer, mais en vain, quoy que je fusse aussi robuste qu'un autre. Elle ne me fit aucune nuisance, ni ne me toucha de la main droite. Ayant este retenu d'elle autant de temps que j'ai employe a descrire son histoire, elle me lasche soudain, me demandant pardon. Je la recommande a Dieu, puis la conduisis paisiblement en son logis... Quelques jours devant son trespas, ayant este fort tourmentee elle s'alicta, saisie d'une fievre lente. Alors la fureur du malin esprit fut tellement bridee et limitee, que la patiente fortifiee extraordinairement en son ame par l'espace de dix ou douze jours ne cessa de louer Dieu, qui l'avoit soutenue si misericordieusement en son affliction, consolant toutes personnes qui la visitoyent... Je puis dire que Satan fut mis sous les pieds de ceste patiente, laquelle deceda fort paisiblement en l'invocation de son sauveur."

[Note 1: *Thresor des histoires admirables*, t. II, p. 791.]

Goulart[1] raconte que "il y avoit a Leuenstcet, village appartenant au duc de Brunswick, une jeune fille nommee Marguerite Achels, aagee de vingt ans, laquelle demeuroit avec sa soeur. Un jour de juin, voulant nettoyer quelques souliers, elle prit l'un de ses cousteaux de demi pied de longueur et comme elle commencoit, assise en un coin de chambre, et encore toute faible d'une fievre qui l'avoit tenue long-temps, entra soudain une vieille, qui l'interrogua si elle avoit encore la fievre, et comment elle se portoit de sa maladie, puis sortit sans dire mot. Apres que les souliers eurent este nettoyes, cette fille laisse tomber le couteau en son giron lequel depuis elle ne put retrouver, encore qu'elle le cerchast diligemment; ce qui l'effroya, mais encores plus quand elle descouvrit un chien noir couche dessous la table qu'elle chassa, esperant trouver son cousteau. Le chien tout irrite commence a lui monstrer les dents et grondant se lance en rue, puis s'enfuit. Il sembla incontinent a cette fille qu'elle sentit je ne scay quoi, qui lui descendoit par derriere le lez du dos comme quelque humeur froide, et soudain elle s'esvanouit demeurant ainsi jusques au troisiesme jour suivant, qu'elle commenca a respirer un petit et a prendre quelque chose pour se sustenter. Or estant diligemment interroguee de la cause de sa maladie, elle respondit scavoir certainement que le couteau tombe en son giron estoit entre dedans son coste gauche, et qu'en ceste partie elle sentoit douleur. Et encore que ses parents lui contredissent, d'autant qu'ils attribuoyent cette indisposition a un humeur melancholique, et qu'elle resvoit a raison de sa maladie, de ses longues abstinences et autres accidens, si ne cessa-elle point de persister en ses plaintes, larmes et veilles continuelles, tellement qu'elle en avoit le cerveau trouble et estoit quelquefois l'espace de deux jours sans rien prendre, encore qu'on l'en priast par douceur, et quelquefois on la contraignoit par force. Or avoit-elle ses acces plus forts en un temps qu'en l'autre, tellement que son repos duroit peu a raison des continuelles douleurs qui la tourmentoyent: tellement qu'elle estoit contrainte de se tenir toute courbee sur un baston. Et ce qui plus augmentoit son angoisse et diminuoit son allegement, estoit que veritablement, elle croyoit que le cousteau fut en son corps, et qu'en cela chacun lui contredisoit opiniatrement, et lui proposoit l'impossibilite, jugeant qu'elle avoit la phantasie troublee, attendu que rien n'apparaissoit qui peust les induire a tel avis, sans que ses continuelles larmes et plaintes, esquelles on la vit continuer pendant l'espace de quelques mois et jusques a ce qu'il apparut au coste gauche un peu au-dessus de la ratelle, entre les deux dernieres costes que nous nommons fausses, une tumeur de la grosseur d'un oeuf, en forme de croissant, laquelle accreut et diminua, selon que l'enfleure apparut et print fin. Alors ceste pauvre malade leur dit: Jusques a present vous n'avez voulu croire que le cousteau fut en mon corps, mais vous verrez bientot comme il est cache en mon coste. Ainsi le trentieme de juin, a scavoir environ treize mois accomplis de cette affliction, sortit si grande abondance de boue hors de l'ulcere, qui s'estoit fait en ce coste, que l'enflure vint a diminuer, et lors parut la pointe du couteau que la fille desiroit arracher: toutes fois elle en fut empeschee par ses parens, lesquels envoyerent chercher le chirurgien du duc Henri, qui pour lors estoit au chasteau de Wolfbutel. Ce chirurgien venu le quatriesme jour de juillet, pria le cure de consoler, instruire et accourager la fille, et de prendre garde aussi a ses reponses, pour autant que chacun la reputoit demoniaque. Elle condescendit a estre gouvernee par le chirurgien, non sans opinion que la mort soudaine s'en ensuivroit. Le chirurgien, voyant la pointe du cousteau qui se monstroit sous les costes le tint avec ses instruments et le trouva semblable a l'autre, qui estoit reste dans la gaine, et fort use environ le milieu du tranchant. Depuis l'ulcere fut gueri par le chirurgien."

[Note 1: *Thresor des histoires admirables*, t. I, p. 155.]

Melanchthon[1] cite par Goulart[2] rapporte "qu'il y avoit une fille au marquisat de Brandebourg, laquelle en arrachant des poils du vestement de quelque personnage que ce fust, ces poils estoyent incontinent changez en pieces de monnoye du pays, lesquelles ceste fille maschoit avec un horrible craquement de dents. Quelques-uns luy ayant arrache de ces pieces d'entre les mains trouverent que c'estoyent vrayes pieces de monnoye, et les gardent encore. Au reste cette fille estoit fort tourmentee de fois a autre: mais au bout de quelques mois elle fut du tout guerie et a vescu depuis en bonne sante; on fit souvent prieres pour elle, et s'abstint-on expressement de toutes autres ceremonies."

[Note 1: En ses *Epitres*.]

[Note 2: *Thresor des histoires admirables*.]

"J'ay entendu, rapporte le meme auteur au meme endroit[1], qu'en Italie y avoit une femme fort idiote, agitee du diable, laquelle enquise par Lazare Bonami, personnage assiste de ses disciples, quel estoit le meilleur vers de Virgile, repondit tout soudain:

[Note 1: Cite par Goulart, *Thresor des histoires admirables*, t. I, p. 143.]

Discite justitiam moniti et non temnere divos.

C'est, adjousta-t-elle le meilleur et le plus digne vers que Virgile fit oncques: va-t-en et ne retourne plus ici pour me tenter."

Une nommee Louise Maillat, petite demoniaque qui vivait en 1598, perdit l'usage de ses membres; on la trouva possedee de cinq demons qui s'appelaient *loup, chat, chien, joly, griffon*. Deux de ces demons sortirent d'abord par sa bouche en forme de pelotes de la grosseur du poing; la premiere rouge comme du feu, la seconde, qui etait le chat, sortit toute noire; les autres partirent avec moins de violence. Tous ces demons etant hors du corps de la jeune personne firent plusieurs tours devant le foyer et disparurent. On a su que c'etait Francoise Secretain qui avait fait avaler ces diables a cette petite fille dans une croute de pain de couleur de fumier[1].

[Note 1: M. Garinet, *Hist. de la Magie en France*, p. 162.]

II.—ENSORCELES

"On tient, dit Goulart[1], d'apres Vigenere[2], que si les sorciers guerissent (c'est-a-dire dessorcelent) un homme maleficie, et par eux ou autres leurs compagnons ensorcelle, il faut qu'ils donnent le sort a un autre. Cela est vulgaire par leur confession. De fait, j'ay veu un sorcier d'Auvergne prisonnier a Paris, l'an 1569, qui guerissoit les bestes et les hommes quelquefois: et fut trouve saisi d'un grand livre, plein de poils de chevaux, vaches et autres bestes, de toutes couleurs. Quand il avoit jete le sort pour faire mourir quelque cheval, on venoit a lui, et le guerissoit en apportant du poil; puis il donnoit le sort a un autre, et ne prenoit point d'argent; car autrement (comme il disoit) il n'eust pas gueri. Aussi estoit-il habille d'une vieille saye composee de mille pieces. Un jour ayant donne le sort au cheval d'un gentilhomme, on vint a lui. Il guerit le cheval et donna le sort au palefrenier. On retourne afin qu'il guerist l'homme. Il respond qu'on demandast au gentilhomme lequel il aimoit mieux perdre, son homme ou son cheval. Tandis que le gentilhomme fait de l'empesche et qu'il delibere, son homme mourut, et le sorcier fut pris. Il fait a noter que le diable veut toujours gaigner au change, tellement que si le sorcier oste le sort a un cheval, il le donnera a un autre cheval qui vaudra mieux. S'il guerit une femme, la maladie tombera sur un homme. S'il dessorcelle un vieillard, il ensorcellera un jeune garcon. Et si le sorcier ne donne le sort a un autre il est en danger de sa vie. Brief si le diable guerit (en apparence) le corps, il tue l'ame."

[Note 1: *Thresor des histoires admirables*, t. II, p. 826.]

[Note 2: Annotation sur la statue d'Esculape, au 2e volume de *Philostrate*.]

"J'en reciteray quelques exemples, dit Bodin[1]: M. Fournier, conseiller d'Orleans, m'a raconte d'un nomme Hulin Petit, marchand de bois en ceste ville-la, qu'estant ensorcelle a la mort, il envoya querir un qui se disoit guerir de toutes maladies (suspect toutes fois d'estre grand sorcier), pour le guerir: lequel fit response qu'il ne pouvoit le guerir s'il ne donnoit la maladie a son fils, qui estoit encores a la mammelle. Le (malheureux) pere consentit au parricide de son fils; qui fait bien a noter pour conoistre la malice de Satan, et la juste fureur du Souverain sur les personnes qui recourent a cest esprit homicide et a ses instrumens. La nourrisse entendant cela s'enfuit avec son fils, pendant que le sorcier touchoit le pere pour le guerir. Apres l'avoir touche, le pere se trouva gueri. Mais le sorcier demandant le fils, et ne le trouvant point, commence a crier: Je suis mort! ou est l'enfant? Ne l'ayant point trouve, il s'en alla; mais il n'eut pas mis les pieds hors la porte que le diable le tua soudain. Il devint aussi noir que si on l'eust noirci de propos delibere."

[Note 1: Demonomanie, liv. III, ch. II.]

"J'ay sceu aussi qu'au jugement d'une sorciere, accusee d'avoir ensorcelle sa voisine en la ville de Nantes, les juges lui commanderent de toucher celle qui estoit ensorcellee; chose ordinaire aux juges d'Alemagne, et mesmes en la chambre imperiale cela se fait souvent. Elle n'en vouloit rien faire: on la contraignit; elle s'escria: Je suis morte! Ayant touche la femme ensorcellee, soudain elle guerit; et la sorciere tomba roide morte par terre. Elle fut condamnee d'estre bruslee toute morte. Je tiens l'histoire de l'un des juges qui assista au jugement."

"J'ai aprins a Thoulouse, qu'un escholier du parlement de Bourdeaux voyant son ami travaille d'une fievre quarte a l'extremite, lui conseilla de donner sa fievre a l'un de ses ennemis. Il fit reponse qu'il n'avoit point d'ennemis. Donnez-la donc, dit-il, a vostre serviteur: de quoy le malade ayant fait conscience, enfin le sorcier lui dit: Donnez-la-moi. Le malade respond: Je le veux bien. La fievre empoigne le sorcier qui en mourut, et le malade reschappa."

"C'est aux juges qui commandent, reprend Goulart, d'apres Vigenere, et a ceux qui permettent aux sorciers de toucher les personnes ensorcellees, de penser a leurs consciences. Dieu seul guerit, Satan frappe par les sorciers, Dieu le permettant ainsi. Mais Satan ni ses instrumens ne guerissent point: ains par le courroux redoutable du juste juge, levant le baston de dessus un pour charger sur l'autre, soit au corps, soit a l'ame, comme ces exemples le monstrent. Et ainsi font tousjours mal. Comme aussi Bodin adjouste proprement que les sorciers a l'aide de Satan (auquel ils servent d'instrumens volontaires, et qui ont leur mouvement procedant d'une affection depravee) peuvent nuire et offenser non pas tous, mais seulement ceux que Dieu permet par son jugement secret (soyent bons ou mauvais) pour chastier les uns et esprouver les autres; afin de multiplier en ses esleus sa benediction les ayant trouvez (c'est-a-dire rendus par sa grace tout puissante) fermes et constans. Neantmoins (dit-il) pour monstrer que les sorciers, par leurs maudites execrations et sacrifices detestables, sont ministres de la vengeance de Dieu, prestans la main et la volonte a Satan, je reciteray une histoire estrange. Au duche de Cleves, pres du bourg d'Elten, sur le grand chemin, les gens de pied et de cheval estoyent frappez et battus, et les charettes versees: et ne se voyoit autre chose qu'une main qu'on appeloit Ekerken. Enfin l'on print une sorciere nommee Sybille Dinscops, qui demeuroit es environs de ce pays-la. Et depuis qu'elle fut bruslee on n'y a rien veu. Ce fut l'an 1535."

"Pres le village de Baron en Valois fut jette un bouquet au passage d'un escallier pour entrer d'un mauvais chemin en un champ: si empoisonne mais de sortilege, qu'un chien ayant bondi par-dessus le premier en mourut soudain. Le maistre passa apres; et encore que la premiere furie et vigueur de l'enchantement, pour avoir opere sur cest animal fust aucunement rebouchee, l'homme ne laissa pas pour cela d'entrer en un acces d'ire dont il cuida presque mourir, et en estoit desja en termes, si l'autheur ayant este pris par soupcon n'eus desfait le charme. Il fut tost apres execute dans Paris et confessa a la mort que si l'autre eust leve le bouquet il fut expire sur le champ."

"Je raconteray encore ce que j'ay oui n'y a pas longtemps raconter a monseigneur le duc de Nivernois et a plus de vingt gentils hommes dignes de foy avoir veu de leurs propres yeux, ce qui advint a Neufvy-sur-Loire, ou le sieur et la dame du lieu ayant depose leur procureur fiscal, tost apres une jeune fille qu'ils avoyent de l'aage de quinze a seize ans, se trouva tout a un instant saisie d'une langueur universelle en tous ses membres, si qu'elle sechoit a veue d'oeil, sans que les medecins y peussent non seulement trouver remede d'y donner quelque allegement, mais non pas mesme concevoir aucune occasion apparente d'ou pouvoit prevenir ce mal. Estans doncques venus le pere et la mere comme au dernier desespoir, il leur va tomber en la fantaisie que ce pourroit estre par avanture quelque vengeance de leur procureur, qui avoit une fort estroite communication et accointance avec un berger d'aupres de Sancerre, le plus grand sorcier de tout le Berry: et sur ce soupcon le firent fort bien mettre en cul de fosse; la ou menace d'infinies tortures, il desbagoula enfin que ceste damoiselle avoit este ensorcellee par le berger, lequel avoit fait une image de cire: et a mesure qu'il la molestoit la fille se trouvoit molestee de mesme. Enfin ils dirent a la mere: Madame, il n'y a qu'un seul moyen de la guerir, et faut necessairement que pour la sauver vous vous resolviez de perdre la plus chere chose que vous ayez en ce monde, excepte les creatures raisonnables. En bonne foy, repondit-elle, je vous en diray la pure verite: il n'y a rien que pour le regard j'aime tant que ma guenon. Mais pour garantir ma fille de la langueur ou je la voy, je vous l'abandonne. On ne se donna garde que peu de jours apres on vid la fille s'aider d'un bras, et la guenon demeurer percluse de mesme. Consequemment peu a peu dans la revolution de la lune ceste jeune damoiselle fut du tout guerie, fors sa foiblesse, et la guenon mourut en douleurs extremes."

Suivant Bodin[1], "Hippocrates, au livre de l'Epilepsie, qu'il appelle maladie sacree, escrit qu'il y avoit plusieurs imposteurs qui se vantoyent de guerir du mal caduc, disant que c'estoit la puissance des demons: en fouissant en terre, ou jettant en la mer le sort d'expiation, et la plupart n'estoit que belistres. Enfin il adjouste, il n'y a que Dieu qui efface les pechers, qui soit notre salut et delivrance. Et a ce propos Jacques Spranger, inquisiteur des sorciers, escrit qu'il a veu un evesque d'Alemagne, lequel estant ensorcelle fut averti par une vieille sorciere que sa maladie estoit venue par malice, et qu'il n'y avoit moyen de la guerir que par sort, en faisant mourir la sorciere qui l'avoit ensorcele. De quoy estant estonne, il envoye en poste a Rome prier le pape Nicolas V qu'il lui donnast dispense de guerir en ceste sorte: ce que le pape lui accorda, aimant uniquement l'evesque; et portoit la dispense ceste clause, pour fuir de deux maux le plus grand. La dispense venue, la sorciere dit, puisque le pape et l'evesque le vouloyent, qu'elle s'y employeroit. Sur la minuict l'evesque recouvra sante; et au mesme instant la sorciere qui avoit ensorcelle l'evesque fut frappee de maladie dont elle mourut. Aussi void-on que Satan fit que le pape, l'evesque et la sorciere furent homicides: et laissa a tous trois une impression de servir et obeir a ses commandemens: et cependant la sorciere qui mourut ne voulut oncques se repentir, au contraire elle se recommandoit a Satan afin qu'il la guerist. On voit aussi le terrible jugement de Dieu qui se venge de ses ennemis par ses ennemis. Car ordinairement les sorciers descouvrent le malefice, et se font mourir les uns les autres: d'autant qu'il ne chaut a Satan par quel moyen, pourveu qu'il vienne a bout du genre humain, en tuant le corps ou l'ame, ou les deux ensemble. Je diray un exemple avenu en Poictou, l'an 1571. Le roy Charles IX ayant disne commanda qu'on lui amenast le sorcier Trois-Eschelles, auquel il avoit donne sa grace pour accuser ses complices. Il confessa devant le roy, enpresence de plusieurs grands seigneurs, la facon du transport des sorciers, des danses, des sacifices faits a Satan, des paillardises avec les diables en figures d'hommes et de femmes: et que chacun prenoit des pouldres pour faire mourir gens, bestes et fruits. Et comme chacun s'estonnoit de ce qu'il disoit, Gaspar de Colligni, lors amiral de France, qui estoit present, dit qu'on avoit prins en Poictou peu de temps auparavant un jeune garcon accuse d'avoir fait mourir deux gentilshommes. Il confessa qu'il estoit leur serviteur, et que les ayant veu jetter des pouldres aux maisons, et sur des bleds, disant ces mots, Malediction, etc., ayant trouve de ces pouldres il en print, et en jetta sur le lict ou couchoyent les deux gentilshommes, qui furent trouver morts en leur lict, tout enflez, et tout noirs. Il fut absouls par les juges. Trois-Eschelles en raconta lors beaucoup de semblables."

[Note 1: *Demonomanie*, liv. III, ch. V.]

Le vendredi, 1er mai 1705, a cinq heures du soir, Denis Milanges de la Richardiere, fils d'un avocat au parlement de Paris, fut attaque, a dix-huit ans, de lethargies et de demences si singulieres, que les medecins ne surent qu'en dire. On lui donna de l'emetique, et ses parents l'emmenerent a leur maison de Noisy-le-Grand, ou son mal devint plus fort; si bien qu'on declara qu'il etait ensorcele.

On lui demanda s'il n'avait pas eu de demeles avec quelque berger; il conta que le 18 avril precedent, comme il traversait a cheval le village de Noisy, son cheval s'etait arrete court dans la rue de Feret, vis-a-vis la chapelle, sans qu'il put le faire avancer; qu'il avait vu sur ces entrefaites un berger qu'il ne connaissait pas, lequel lui avait dit: Monsieur, retournez chez vous, car votre cheval n'avancera point.

Cet homme, qui lui avait paru age d'une cinquantaine d'annees, etait de haute taille, de mauvaise physionomie, ayant la barbe et les cheveux noirs, la houlette a la main, et deux chiens noirs a courtes oreilles aupres de lui.

Le jeune Milanges se moqua du propos du berger. Cependant il ne put faire avancer son cheval et il fut oblige de le ramener par la bride a la maison, ou il tomba malade. Etait-ce l'effet de l'impatience et de la colere? ou le sorcier lui avait-il jete un sort?

M. de la Richardiere le pere fit mille choses en vain pour la guerison de son fils. Comme un jour ce jeune homme rentrait seul dans sa chambre, il y trouva son vieux berger, assis dans un fauteuil, avec sa houlette et ses deux chiens noirs. Cette vision l'epouvanta; il appela du monde; mais personne que lui ne voyait le sorcier. Il soutint toutefois qu'il le voyait tres bien; il ajouta meme que ce berger s'appelait *Danis*, quoiqu'il ignorat qui pouvait avoir revele son nom. Il continua de le voir tout seul. Sur les six heures du soir, il tomba a terre en disant que le berger etait sur lui et l'ecrasait; et, en presence de tous les assistants, qui ne voyaient rien, il tira de sa poche un couteau pointu, dont il donna cinq ou six coups dans le visage du malheureux par qui il se croyait assailli.

Enfin, au bout de huit semaines de souffrances, il alla a Saint-Maur, avec confiance qu'il guerirait ce jour-la. Il se trouva mal trois fois; mais apres la messe, il lui sembla qu'il voyait saint Maur debout, en habit de benedictin, et le berger a sa gauche, le visage ensanglante de cinq coups de couteau, sa houlette a la main et ses deux chiens a ses cotes. Il s'ecria qu'il etait gueri, et il le fut en effet des ce moment.

Quelques jours apres, chassant dans les environs de Noisy, il vit effectivement son berger dans une vigne. Cet aspect lui fit horreur; il donna au sorcier un coup de crosse de fusil sur la tete: Ah! monsieur, vous me tuez! s'ecria le berger en fuyant; mais le lendemain il vint trouver M. de la Richardiere, se jeta a ses genoux, lui avoua qu'il s'appelait Danis, qu'il etait sorcier depuis vingt ans, qu'il lui avait en effet donne le sort dont il avait ete afflige, que ce sort devait durer un an; qu'il n'en avait ete gueri au bout de huit semaines qu'a la faveur des neuvaines qu'on avait faites; que le malefice etait retombe sur lui Danis, et qu'il se recommandait a sa misericorde. Puis, comme les archers le poursuivaient, le berger tua ses chiens, jeta sa houlette, changea d'habits, se refugia a Torcy, fit penitence et mourut au bout de quelques jours...

Le pere Lebrun, qui rapporte[1] longuement cette aventure, pense qu'il peut bien y avoir la sortilege. Il se peut aussi, plus vraisemblablement, qu'il n'y eut qu'hallucination.

[Note 1: *Histoire des pratiques superstitieuses*, t. I, p. 281.]

III.—HOMMES CHANGES EN BETES.
LYCANTHROPES. LOUPS-GAROUS.

Suivant Donat de Hautemer[1], cite par Goulart[2]. "il y a des lycanthropes esquels l'humeur melancholique domine tellement qu'ils pensent veritablement estre transmuez en loups. Ceste maladie, comme tesmoigne Aetius au sixiesme livre, chapitre XI et Paulus au troisieme livre, chapitre XVI, et autres modernes, est une espece de melancholie, mais estrangement noire et vehemente. Car ceux qui en sont atteints sortent de leurs maisons au mois de fevrier, contrefont les loups presques en toute chose, et toute nuict ne font que courir par les coemetieres et autour des sepulchres, tellement qu'on descouvre incontinent en eux une merveilleuse alteration de cerveau, surtout en l'imagination et pensee miserablement corrompue: en telle sorte que leur memoire a quelque vigueur, comme je l'ay remarque en un de ces melancholiques lycanthropes que nous appelons loups-garoux. Car lui qui me conoissoit bien, estant un jour saisi de son mal, et me rencontrant, je me tiray a quartier craignant qu'il m'offensast. Lui m'ayant un peu regarde passa outre suivi d'une troupe de gens. Il portait lors sur ses espaules la cuisse entiere et la jambe d'un mort. Ayant este soigneusement medicamente, il fut gueri de cette maladie. Et me rencontrant une autre fois me demanda si j'avais point eu peur, lorsqu'il me vint a la rencontre en tel endroit: ce qui me fait penser que sa memoire n'estoit point blessee en l'acces et vehemence de son mal, combien que son imagination le fust grandement.

[Note 1: Au IXe chapitre de son *Traicte de la guerison des maladies*.]

[Note 2: *Thresor des histoires admirables*, t. I, p. 336.]

"Guillaume de Brabant, au recit de Wier[1] repete par Goulart[2], a escrit en son *Histoire* qu'un homme de sens et entendement rassis, fut toutes fois tellement travaille du malin esprit, qu'en certaine saison de l'annee il pensoit estre un loup ravissant, couroit ca et la dedans les bois, cavernes et deserts, surtout apres les petits enfants: mesmes il dit que cest homme fut souvent trouve courant par les deserts comme un homme hors du sens, et qu'enfin par la grace de Dieu il revint a soy et fut gueri. Il y eust aussi, comme recite Job Fincel au IIe livre *des Miracles*, un villageois pres de Paule l'an mil cinq cens quarante et un, lequel pensoit estre loup, et assaillit plusieurs hommes par les champs: en tua quelques-uns. Enfin, prins et non sans grande difficulte, il asseura fermement qu'il estoit loup, et qu'il n'y avoit autre difference, sinon que les loups ordinairement estoyent velus dehors et lui l'estoit entre cuir et chair. Quelques-uns trop inhumains et loups par effect, voulans experimenter la verite du faict, lui firent plusieurs taillades sur les bras et sur les jambes, puis conoissans leur faute, et l'innocence de ce melancholique, le commirent aux chirurgiens pour le penser, entre les mains desquels il mourut quelques jours apres. Les affligez de telle maladie sont pasles, ont les yeux enfoncez et haves, ne voyent que malaisement, ont la langue fort seiche, sont alterez et sans salive en bouche. Pline et autres escrivent que la cervelle d'ours esmeut des imaginations bestiales. Mesme il se dit que l'on en fit manger de nostre temps a un gentil-homme espagnol, lequel en eut la fantaisie tellement troublee, que pensant estre transforme en ours, il s'enfuit dans les montagnes et deserts."

[Note 1: En son IVe livre *Des prestiges*, ch. XXIII.]

[Note 2: *Thresor des histoires admirables*, t. I, p. 336.]

"Quant aux lycanthropes, qui ont tellement l'imagination blessee, dit Goulart[1], qu'outre plus que par quelque particularite efficace de Satan, ils apparoissent loups et non hommes a ceux qui les voyent courir et faire divers dommages, Bodin soustient que le diable peut changer la figure d'un corps en autre, veu la puissance grande que Dieu lui donne en ce monde elementaire. Il veut donc qu'il y ait des lycanthropes transformez reellement et de fait d'hommes en loups, alleguant divers exemples et histoires a ce propos. Enfin apres plusieurs disputes, il maintient l'une et l'autre sorte de lycanthropie. Et quant a celle-ci, represente tout a la fin de ce chapitre le sommaire de son propos, a scavoir, que les hommes sont quelquefois transmuez en beste, demeurant la forme et la raison humaine: soit que cela se fasse par la puissance de Dieu immediatement, soit qu'il donne ceste puissance a Satan, executeur de sa volonte, ou plustost de ses redoutables jugements. Et si nous confessons (dit-il) la verite de l'histoire sacree en Daniel, touchant la transformation de Nabuchodonosor, et de l'histoire de la femme de Lot changee en pierre immobile, il est certain que le changement d'homme en boeuf ou en pierre est possible: et par consequent possible en tous autres animaux."

[Note 1: *Thresor des histoires admirables*, t. I, p. 338.]

G. Peucer[1] dit en parlant de la lycanthropie: "Quant est de moy j'ay autresfois estime fabuleux et ridicule ce que l'on m'a souvent conte de cette transformation d'hommes en loups: mais j'ay aprins par certains et eprouvez indices et par tesmoins dignes de foy que ce ne sont choses du tout controverses et incroyables, attendu ce qu'ils disent de telles transformations qui arrivent tous les ans douze jours apres Noel en Livonie et les pays limitrophes: comme ils l'ont sceu au vray par les confessions de ceux qui ont ete emprisonnez et tourmentez pour tels forfaits. Voicy comme ils disent que cela se fait. Incontinent apres que le jour de Noel est passe, un garcon boiteux va par pays appeler ces esclaves du diable, qui sont en grand nombre, et leur enjoint de s'acheminer apres luy. S'ils different ou retardent, incontinent vient un grand homme avec un fouet fait de chainettes de fer, dont il se hate bien d'aller, et quelquefois estrille si rudement ces miserables, que long-temps apres les marques du fouet demeurent et font grande douleur a ceux qui ont este frappez. Incontinent qu'ils sont en chemin les voila tous changez et transformez en loups... Ils se trouvent par milliers, ayans pour conducteur ce porte-fouet apres lequel ils marchent, s'estimans estre devenus loups. Estans en campagne, ils se ruent sur les troupeaux de bestail qui se trouvent, deschirent et emportent ce qu'ils peuvent, font plusieurs autres dommages; mais il ne leur est point permis de toucher ni blesser les personnes. Quand ils approchent des rivieres, leur guide fend les eaux avec son fouet tellement qu'elles semblent s'entr'ouvrir et laisser un entre deux pour passer a sec. Au bout de douze jours toute la troupe s'escarte, et chascun retourne en sa maison ayant despoulle la forme de loup et reprins celle d'homme. Cette transformation se fait, disent-ils, en ceste sorte. Les transformez tombent soudain par terre comme gens sujets au mal caduc, et demeurent estendus comme morts et privez de tout sentiment, et ils ne bougent de la ni ne vont en lieu quelconque, ni ne sont aucunement transformez en loups, ains ressemblent a des charongnes, car quoy qu'on les roule et secoue ils ne montrent aucune apparence quelconque de vie."

[Note 1: *Les Devins*, p. 198.]

Bodin[1] rapporte en effet plusieurs cas de lycanthropie et d'hommes changes en betes.

[Note 1: *Demonomanie*.]

"Pierre Mamot, en un petit traicte qu'il a fait des sorciers, dit avoir veu ce changement d'hommes en loups, luy estant en Savoye. Et Henry de Cologne au traicte qu'il a fait *de Lamiis* tient cela pour indubitable. Et Ulrich le meusnier en un petit livre qu'il a dedie a l'empereur Sigismond, escrit la dispute qui fut faite devant l'empereur et dit qu'il fut conclu par vive raison et par l'experience d'infinis exemples que telle transformation estoit veritable, et dit luy-mesme avoir veu un lycanthrope a Constance, qui fut accuse, convaincu, condamne et puis execute a mort apres sa confession. Et se trouvent plusieurs livres publiez en Allemagne que l'un des plus grands rois de la chretiente, qui est mort n'a pas longtemps, et qui estoit en reputation d'etre l'un des plus grands sorciers du monde souvent estoit mue en loup."

"Il me souvient que le procureur general du roy Bourdin m'en a recite un autre qu'on luy avoit envoye du bas pays, avec tout le proces signe du juge et des greffiers, d'un loup qui fut frappe d'un traict dans la cuisse, et depuis se trouve dans son lict avec le traict, qui luy fut arrache estant rechange en forme d'homme et le traict cogneu par celuy qui l'avoit tire, le temps et le lieu justifie par la confession du personnage."

"Garnier juge et condamne par le parlement de Dole estant en forme de loup-garou print une jeune fille de l'aage de dix a douze ans pres le bois de la Serre, en une vigne, au vignoble de Chastenoy pres Dole un quart de lieue, et illec l'avoit tuee, et occise tant avec ses mains semblans pattes, qu'avec ses dents, et mange la chair des cuisses et bras d'icelle, et en avoit porte a sa femme. Et pour avoir en mesme forme un mois apres pris une autre fille et icelle tuee pour la manger s'il n'eust este empeche par trois personnes comme il l'a confesse; et quinze jours apres avoir estrangle un jeune enfant de dix ans au vignoble de Gredisans et mange la chair des cuisses, jambes et ventre d'iceluy, et pour avoir en forme d'homme et non de loup tue un autre garcon de l'aage de douze a treze ans au bois du village de Porouse en intention de le manger, si on ne l'eust empeche, il fut condamne a estre brule vif et l'arret execute."

"Au Parlement de Bezancon, les accuses estoient Pierre Burgot et Michel Verdun qui confesserent avoir renonce a Dieu et jure de servir le diable. Et Michel Verdun mena Burgot au bord du Chastel Charlon, ou chacun avoit une chandelle de cire verde qui faisoit la flamme bleue et obscure et faisoient les danses et sacrifices au diable. Puis apres s'estans oincts furent retournez en loups courant d'une legerete incroyable, puis ils s'estoyent changez en hommes et soudain rechangez en loups et couplez avec louves avec tel plaisir qu'ils avoient accoutume avec les femmes; ils confesserent aussi a scavoir: Burgot avoir tue un jeune garcon de sept ans avec ses pattes et dents de loup et qu'il le vouloit manger, n'eust este les paysans luy donnerent la chasse… Et que tous deux avoient mange quatre jeunes filles; et qu'en touchant d'une poudre ils faisoient mourir les personnes."

"Job Fincel, au livre XI des *Merveilles* ecrit qu'il y avoit a Padoue un lycanthrope qui fut attrappe et ses pattes de loup luy furent coupees, et au mesme instant il se trouva les bras et les piez coupez. Cela est pour confirmer le proces fait aux sorciers de Vernon (an 1556), qui frequentaient et s'assembloient ordinairement en un chastel vieil et ancien en guise de nombre infini de chats. Il se trouva quatre ou cinq hommes qui resolurent d'y demeurer la nuict, ou ils se trouverent assaillis de la multitude de chats; et l'un des hommes y fut tue, les autres bien marquez, et neanmoins blesserent plusieurs chats qui se trouverent apres mues, enfermes et bien blesses. Et d'autant que cela semblait incroyable, la procedure fut delaissee."

"Mais les cinq inquisiteurs qui estoient experimentez en telles causes ont laisse par ecrit qu'il y eut trois sorciers pres Strasbourg qui assaillirent un laboureur en guise de trois grands chats, et en se defendant il blessa et chassa les chats, qui se trouverent au lit malade en forme de femmes fort blessees a l'instant meme: et sur ce enquises elles accuserent celuy qui les avoit frappees, qui dit aux juges l'heure et le lieu qu'il avoit ete assailly de chats, et qu'il les avoit blesses."

Guyon[1] rapporte l'histoire d'un enchanteur qui se changeait en differentes betes:

[Note 1: *Les diverses lecons.*]

"Aucuns persuaderent, dit-il, a Ferdinand, empereur premier de ce nom, de faire venir devant lui un enchanteur et magicien polonais en la ville de Numbourg, pour s'informer quelle yssue auroit le different qu'il avoit avec le Turc, touchant le royaume de Hongrie, et que non seulement il usoit de divination, mais aussi faisoit beaucoup de choses merveilleuses, et combien que ledit sieur Roy ne le vouloit voir, si est-ce que ses courtizans l'introduirent dans sa chambre, ou il fit beaucoup de choses admirables, entre autres, il se transformoit en cheval, s'estanz oing de quelque graisse, puis en forme de boeuf, et tiercement en lyon, tout en moins d'une heure, dont ledit empereur eut si grande frayeur, qu'il commanda qu'on le chassat, et ne voulut onc s'enquerir de ce maraud des choses futures."

"Il ne faut plus douter, ajoute le meme auteur[1], si Lucius Apuleius Platonic auroit ete sorcier, et s'il auroit este transforme en asne, d'autant qu'il en fut tire en justice par devant le proconsul d'Affrique, du temps de l'empereur Antonin premier, l'an de J.-C. 150, comme Appoloine Tiance, longtemps avant luy, soubz Domitian, l'an 60, fut aussi actionne pour mesme fait. Et plus de trois ans apres ce bruit persista jusqu'au temps de sainct Augustin qui estoit africain, qui l'a escrit et confirme; comme aussi de son temps le pere d'un Prestantius fut transmue en cheval, ainsi que ledit l'assura audit sainct Augustin… Son pere estant decede, il despendit en peu de temps la plus grande partie de ses biens, usant des arts magiques, et pour fuir la pauvrete pourchassa de se marier avec Pudentille, femme veufve et riche d'Oer, fort longtemps, et y persista tant qu'elle acquiesca. Bientot apres mourut un fils unique heritier qu'elle avoit eu de son autre mary. Ces choses passees en ceste facon firent conjecturer qu'il avoit par art magique seduit Pudentille, que plusieurs illustres personnes n'avoyent pu faire condescendre a se marier, pour parvenir aux biens du susdit fils. On disoit aussi que le grand et profond scavoir qui estoit en luy, pour les grandes et difficiles questions qu'il resolvoit ordinairement passoit le commun des autres hommes, pour ce qu'il avoit un demon ou diable familier. Plus, on lui avoit vu faire beaucoup de choses admirables, comme se rendre invisible, autres fois se transformer en cheval ou en oyseau, se percer le corps d'une espee, sans se blesser, et plusieurs autres choses semblables. Il fut en fin accuse par un Sicilius Aemilianus, censeur, devant Claude Maxime, proconsul d'Affrique, qu'on disoit estre chrestien: on ne trouve point de condamnation contre luy. Or qu'il aye este transforme en asne, sainct Augustin le tient pour tout asseure, l'ayant lu dans certains autheurs veritables et dignes d'estre creuz, aussi qu'il estoit du mesme pays: et ceste transformation lui advint en Thessalie avant qu'il fust verse en la magie, par une sorciere qui le vendit, laquelle le recouvra apres qu'il eut servi de son mestier d'asne quelques ans, ayant les mesmes forces et facons de manger et braire que les autres asnes, l'ame raisonnable neantmoins demeura entiere et saine, comme luy-mesme atteste. Et a fin de couvrir son fait parce que le bruit estoit tel et vraysemblable, il en a compose un livre qu'il a intitule l'*Asne d'or*, entremesle de beaucoup de fables et discours, pour demonstrer les vices des hommes de son temps, qu'il avoit ouy lire ou veu faire, durant sa transformation, avec plusieurs de ses travaux et peines qu'il souffrit durant sa metamorphose."

[Note 1: *Les diverses lecons.*]

"Quoy qu'il puisse estre, ledit sainct Augustin, au livre de la *Cite de Dieu*, livre XVIII, chap. XVII et XVIII, recite que de son temps, il y avoit es Alpes certaines femmes sorcieres qui donnoyent a manger de certain formage aux passants et soudainement estoyent transformez en asnes ou en autres bestes de sommes, et leur faisoyent porter des charges jusqu'a certains lieux; ce qu'ayant execute, leur rendoyent la forme humaine."

"L'evesque de Tyr, historien, escrit que de son temps, qui pouvoit estre 1220, il y eut quelques Anglois que leur Roy envoyoit au secours des Chrestiens qui guerroyoient en la terre saincte, qui estans arrivez en une havre de l'isle de Cypre, une femme sorciere transmua un jeune soldat anglois en asne, lequel voulant retourner vers ses compagnons dans le navire fut chasse a coups de baston, lequel s'en retourna a la sorciere, qui s'en servit jusqu'a ce qu'on s'apperceut que l'asne s'agenouilla dans une Eglise, faisant choses qui ne pouvoyent partir que d'un animal raisonnable, et par suspicion la sorciere qui le suivoit estant prise par authorite de justice, le restitua en forme humaine trois ans apres sa transformation, laquelle fut sur le champ executee a mort."

"Nous lisons, reprend Loys Guyon[1] qu'Ammonius, philosophe peripateticien, avoit ordinairement a ses lecons et lors qu'il enseignoit un asne, qui estoit du temps de Lucius Septimius Severus, empereur, l'an de J.-C. 196. Je penseroy bien que cest asne eust este autrefois homme, et qu'il comprenait bien ce que ledit Ammonius enseignoit, car ces personnes transformees, la raison leur demeure comme l'asseure le dit sainct Augustin et plusieurs autres auteurs."

[Note 1: *Diverses lecons*, t. I, p. 426.]

"Fulgose escrit, livre VIII, chap. II, que du temps du pape Leon, qui vivoit l'an 930, il y avoit en Allemagne deux sorcieres hostesses qui avoyent accoustume de changer ainsi quelques fois leurs hostes en bestes, et comme une fois elles changerent un jeune garcon basteleur en asne, qui donnoit mille plaisirs aux passans, n'ayant point perdu la raison, leur voisin l'acheta bien cher, mais elles dirent a l'acheteur qu'elles ne le luy garantiraient pas et qu'il le perdoit s'il alloit a la riviere. Or l'asne s'estant un jour eschappe, courant au lac prochain ou s'etant plonge en l'eau, retourna en sa figure. Nostre Apuleius dit qu'il reprint sa forme humaine pour avoir mange des roses."

"On voit encore aujourd'huy en Egypte des asnes qu'aucuns menent en la place publique lesquels font plusieurs tours d'agilite, et des singeries, entendans tout ce qu'on leur commande, et l'executent: comme de monstrer la plus belle femme de la compagnie, ce qu'ils font, et plusieurs austres choses qu'on ne voudroit croire: ainsi que le recite Belon, medecin, en ses observations, qu'il a veus et d'autres aussi, qui y ont este, qui me l'ont affirme de mesme."

"On amena un jour a sainct Macaire l'Egyptien, dit dom Calmet[1], une honnete femme qui avoit ete metamorphosee en cavalle par l'art pernicieux d'un magicien. Son mari et tous ceux qui la virent crurent qu'elle etoit reellement changee en jument. Cette femme demeura trois jours et trois nuits sans prendre aucune nourriture, ni propre a l'homme, ni propre a un cheval. On la fit voir aux pretres du lieu, qui ne purent y apporter aucun remede. On la mena a la cellule de sainct Macaire, a qui Dieu avoit revele qu'elle devoit venir. Ses disciples vouloient la renvoyer, croyant que c'etoit une cavalle, ils avertirent le saint de son arrivee, et du sujet de son voyage. Il leur dit: Vous etes de vrais animaux, qui croyez voir ce qui n'est point; cette femme n'est point changee, mais vos yeux sont fascines. En meme temps, il repandit de l'eau benite sur la tete de cette femme, et tous les assistants la virent dans son premier etat. Il lui fit donner a manger, et la renvoya saine et sauve avec son mari. En la renvoyant, il lui dit: Ne vous eloignez point de l'eglise, car ceci vous est arrive, pour avoir ete cinq semaines sans vous approcher des sacremens de notre Sauveur."

[Note 1: *Traite des apparitions des esprits*, t. I, p. 102.]

IV.—SORTILEGES

On appelle sortileges ou malefices toutes pratiques superstitieuses employees dans le dessein de nuire aux hommes, aux animaux ou aux fruits de la terre. On appelle encore malefices les malapies et autres accidents malheureux causes par un art infernal et qui ne peuvent s'enlever que par un pouvoir surnaturel.

Il y a sept principales sortes de malefices employes par les sorciers: 1 deg. ils mettent dans le coeur une passion criminelle; 2 deg. ils inspirent des sentiments de haine ou d'envie a une personne contre une autre; 3 deg. ils jettent des ligatures; 4 deg. ils donnent des maladies; 5 deg. ils font mourir les gens; 6 deg. ils otent l'usage de la raison: 7 deg. ils nuisent dans les biens et appauvrissent leurs ennemis. Les anciens se preservaient des malefices a venir en crachant dans leur sein.

En Allemagne, quand une sorciere avait rendu un homme ou un cheval impotent et maleficie, on prenait les boyaux d'un autre homme ou d'un cheval mort, on les trainait jusqu'a quelque logis, sans entrer par la porte commune, mais par le soupirail de la cave, ou par-dessous terre, et on y brulait ces intestins. Alors la sorciere qui avait jete le malefice sentait dans les entrailles une violente douleur, et s'en allait droit a la maison ou l'on brulait les intestins pour y prendre un charbon ardent, ce qui faisait cesser le mal. Si on ne lui ouvrait promptement la porte, la maison se remplissait de tenebres avec un tonnerre effroyable, et ceux qui etaient dedans etaient contraints d'ouvrir pour conserver leur vie[1]. Les sorciers, en otant un sort ou malefice, sont obliges de le donner a quelque chose de plus considerable que l'etre ou l'objet a qui ils l'otent: sinon, le malefice retombe sur eux. Mais un sorcier ne peut oter un malefice s'il est entre les mains de la justice: il faut pour cela qu'il soit pleinement libre.

[Note 1: Bodin, *Demonomanie*.]

On a regarde souvent les epidemies comme des malefices. Les sorciers, disait-on, mettent quelquefois, sous le seuil de la bergerie ou de l'etable qu'ils veulent ruiner, une touffe de cheveux, ou un crapaud, avec trois maudissons, pour faire mourir etiques les moutons et les bestiaux qui passent dessus: on n'arrete le mal qu'en otant le malefice. De Lancre dit qu'un boulanger de Limoges, voulant faire du pain blanc suivant sa coutume, sa pate fut tellement charmee et maleficiee par une sorciere qu'il fit du pain noir, insipide et infect.

Une magicienne ou sorciere, pour gagner le coeur d'un jeune homme marie, mit sous son lit, dans un pot bien bouche, un crapaud qui avait les yeux fermes; le jeune homme quitta sa femme et ses enfants pour s'attacher a la sorciere; mais la femme trouva le malefice, le fit bruler, et son mari revint a elle[1].

[Note 1: Delrio, *Disquisitions magiques.*]

Un pauvre jeune homme ayant quitte ses sabots pour monter a une echelle, une sorciere y mit quelque poison sans qu'il s'en apercut, et le jeune homme, en descendant, s'etant donne une entorse, fut boiteux toute sa vie[1].

[Note 1: De Lancre, *De l'inconstance, etc.*]

Une femme ensorcelee devint si grasse, dit Delrio, que c'etait une boule dont on ne voyait plus le visage, ce qui ne laissait pas d'etre considerable. De plus, on entendait dans ses entrailles le meme bruit que font les poules, les coqs, les canards, les moutons, les boeufs, les chiens, les cochons et les chevaux, de facon qu'on aurait pu la prendre pour une basse-cour ambulante.

Une sorciere avait rendu un macon impotent et tellement courbe, qu'il avait presque la tete entre les jambes. Il accusa la sorciere du malefice qu'il eprouvait; on l'arreta, et le juge lui dit qu'elle ne se sauverait qu'en guerissant le macon. Elle se fit apporter par sa fille un petit paquet de sa maison, et, apres avoir adore le diable, la face en terre, en marmottant quelques charmes, elle donna le paquet au macon, lui commanda de se baigner et de le mettre dans son bain, en disant: *Va de par le diable!* Le macon le fit, et guerit. Avant de mettre le paquet dans le bain, on voulut savoir ce qu'il contenait: on y trouva trois petits lezards vifs; et quand le macon fut dans le bain, il sentit sous lui comme trois grosses carpes, qu'on chercha un moment apres sans rien trouver[1].

[Note 1: Bodin, *Demonomanie.*]

Les sorciers mettent parfois le diable dans des noix, et les donnent aux petits enfants, qui deviennent maleficies. Un de nos demonographes (c'est, je pense, Boguet) rapporte que, dans je ne sais quelle ville, un sorcier avait mis sur le parapet d'un pont une pomme maleficiee, pour un de ses ennemis, qui etait gourmand de tout ce qu'il pouvait trouver sans desserrer la bourse. Heureusement le sorcier fut apercu par des gens experimentes, qui defendirent prudemment a qui que ce fut d'oser porter la main a la pomme, sous peine d'avaler le diable. Il fallait pourtant l'oter, a moins qu'on ne voulut lui donner des gardes. On fut longtemps a deliberer, sans trouver aucun moyen de s'en defaire; enfin il se presenta un champion qui, muni d'une perche, s'avanca a une distance de la pomme et la poussa dans la riviere, ou etant tombee, on en vit sortir plusieurs petits diables en forme de poissons. Les spectateurs prirent des pierres et les jeterent a la tete de ces petits demons, qui ne se montrerent plus…

Boguet conte encore qu'une jeune fille ensorcelee rendit de petits lezards, lesquels s'envolerent par un trou qui se fit au plancher.

"Il faut bien prendre garde, dit Bodin[1], a la distinction des sortileges, pour juger l'enormite d'entre les sorciers qui ont convention expresse avec le diable et ceux qui usent de ligatures et autres arts de sortileges. Car il y en a qui ne se peuvent oster ni punir par les magistrats, comme la superstition de plusieurs personnes de ne filer par les champs, la crainte de saigner de la narine senestre, ou de rencontrer une femme enceinte devant disne. Mais la superstition est bien plus grande de porter des rouleaux de papier pendus au col ou l'hostie consacree en sa pochette; comme faisoit le president Gentil, lequel fut trouve saisi d'une hostie par le bourreau qui le pendit a Montfaucon; et autres superstitions semblables que l'Ecriture Saincte appelle abominations et train d'Amorrheens. Cela ne se peut corriger que par la parole de Dieu: mais bien le magistrat doit chastier les charlatans et porteurs de billets qui vendent ces fumees la et les bannir du pays. Car s'il est ainsi que les empereurs payens ayant banni ceux qui faisoyent choses qui donnent l'espouvante aux ames superstitieuses, que doyvent faire les chrestiens envers ceux la, ou qui contrefont les esprits comme on fit a Orleans et a Berne? Il n'y a doute que ceux la ne meritassent la mort comme aussi ceux de Berne furent executez a mort: et en cas pareil de faire pleurer les crucifix ainsi qu'on fit a Muret, pres Thoulouse, et en Picardie, et en la ville d'Orleans a Saint-Pierre des Puilliers. Mais quelque poursuite qu'on ait fait, cela est demeure impuni. Or c'est double impiete en la personne des prestres. Et ceste impiete est beaucoup plus grande quand le prestre a paction avec Satan et qu'il fait d'un sacrifice une sorcellerie detestable. Car tous les theologiens demeurent d'accord que le prestre ne consacre point s'il n'a intention de consacrer, encore qu'il prononce les mots sacramentaux.

[Note 1: *Demonomanie*, livr. IV, ch. IV.]

De fait, il y eut un cure de Sainct-Jean-le-Petit a Lyon, lequel fut brusle vif l'an 1558 pour avoir dit, ce que depuis il confessa en jugement qu'il ne consacroit point l'hostie quand il chantoit messe, pour faire damner les paroissiens, comme il disoit, a cause d'un proces qu'il avoit contre eux... Il s'est trouve en infinis proces que les sorciers bien souvent sont prestres, ou qu'ils ont intelligence avec les prestres: et par argent ou par faveurs, ils sont induits a dire des messes pour les sorciers, et les accommodent d'hosties, ou bien ils consacrent du parchemin vierge, ou bien ils mettent des aneaux, lames characterisees, ou autres choses semblables sur l'autel, ou dessous les linges: comme il s'est trouve souvent. Et n'a pas longtemps qu'on y a surprint un cure, lequel a evade, ayant bon garant, qui lui avoit baille un aneau pour mettre sous les linges de l'autel quand il disoit messe."

"D'apres dom Calmet[1], Aeneas Sylvius Piccolomini, qui fut depuis pape sous le nom de Pie II, ecrit dans son *Histoire de Boheme* qu'une femme predit a un soldat du roi Wladislas que l'armee de ce prince seroit taillee en pieces par le duc de Boheme; que si le soldat vouloit eviter la mort, il falloit qu'il tuat la premiere personne qu'il rencontreroit en chemin, qu'il lui coupat les oreilles et les mit dans sa poche; qu'avec l'epee dont il l'auroit percee, il tracat sur terre une croix entre les jambes de son cheval, qu'il la baisat, et que montant sur son cheval, il prit la fuite. Le jeune homme executa tout cela. Wladislas livra la bataille, la perdit et fut tue: le jeune soldat se sauva; mais entrant dans sa maison, il trouva que c'etoit, sa femme qu'il avoit tuee et percee de son epee, et a qui il avoit coupe les oreilles."

[Note 1: *Traite sur les apparitions des esprits*, t. I, p. 100.]

Dom Calmet[1] nous apprend d'apres Frederic Hoffmann[2] que "Une bouchere de la ville de Jenes, dans le duche de Weimar en Thuringe ayant refuse de donner une tete de veau a une vieille femme, qui n'en offroit presque rien, cette vieille se retira, grondant et murmurant entre ses dents. Peu de tems apres, la bouchere sentit de grandes douleurs de tete. Comme la cause de cette maladie etoit inconnue aux plus habiles medecins, ils ne purent y apporter aucun remede; cette femme rendoit de tems en tems par l'oreille gauche de la cervelle, que l'on prit d'abord pour sa propre cervelle. Mais comme elle soupconnait cette vieille de lui avoir donne un sort a l'occasion de la tete de veau, on examina la chose de plus pres, et on reconnut que c'etoit de la cervelle de veau; et l'on se fortifia dans cette pensee, en voyant des osselets de la tete de veau, qui sortoient avec la cervelle. Ce mal dura assez longtems, et enfin la femme du boucher guerit parfaitement. Cela arriva en 1685."

[Note 1: *Traite sur les apparitions des esprits*, t. I, p. 101.]

[Note 2: *De Diaboli potentia in corpora*, 1736, p. 382.]

Bodin a escrit livre II, chap. III, de la *Demonomanie*, dit Guyon[1], que le sieur Nouilles, abbe de l'Isle, et depuis evesque de Dax, ambassadeur a Constantinople, dit qu'un gentilhomme polonois, nomme Pruiski, qui a este ambassadeur en France, luy dit que l'un des grands roys de la chrestiente, voulant scavoir l'yssue de son estat, fit venir un prestre necromantien et enchanteur, lequel dit la messe, et apres avoir consacre l'hostie, trancha la teste a un jeune enfant de dix ans, premier ne, qui estoit prepare pour cest effet, et fit mettre sa teste sur l'hostie, puis disant certaines paroles, et usant de caracteres qu'il n'est besoin scavoir, demanda ce qu'il vouloit. La teste ne respondit que ces deux mots: *Vim patior* en latin: c'est a dire j'endure violence. Et aussitost le roy entra en furie, criant sans fin: Ostez-moi ceste teste, et mourut ainsi enrage. Depuis que ces choses furent escrites, j'ay demande audit sieur de Dax si ce que Bodin avoit escrit de luy estoit vray, lequel m'asseura qu'ouy, mais quel roy c'estoit, il ne le me voulut jamais dire."

[Note 1: *Les diverses lecons de Loys Guyon*, t. I, p. 735.]

P. Leloyer[1] rappelle encore l'histoire d'une autre tete qui parla apres la separation du corps, dont Pline fait mention. "En la guerre de Sicile entre Octave Cesar qui depuis fut surnomme Auguste et Sextus Pompeius fils de Pompee le Grand, y eut, dit-il, un des gens d'Octave appele Gabinius qui fut prins des ennemis, et eut la teste coupee par le commandement de Sextus Pompeius, de sorte qu'elle ne tenoit plus qu'un petit a la peau. Il est ouey sur le soir qu'il se plaignoit et desiroit parler a quelqu'un. Aussitost une grande multitude s'assemble autour du corps; il prie ceux qui estoient venus de faire parler a Pompee et qu'il estoit venu des enfers pour luy dire chose qui luy importoit. Cela est rapporte a Pompee, il n'y veut aller et y envoye quelqu'un de ses familiers, ausquels Gabinius dit que les dieux d'en bas recevoient les justes complaintes de Pompee et qu'il auroit toute telle issue qu'il souhaitoit. En signe de verite, il dit qu'il devoit aussitost retomber mort qu'il auroit accomply son message. Cela advint et Gabinius tomba a l'heure tout mort comme devant." Il faut, du reste, noter que la prediction de Gabinius ne se realisa pas.

[Note 1: *Discours et histoires des spectres*, p. 259.]

L. Du Vair[1] raconte que les Biarmes, peuples septentrionaux fort voisins du pole arctique, estans un jour tout prets de combattre contre un tres puissant roy nomme Regner commencerent a s'adresser au ciel avec beaux carmes enchantez et firent tant qu'ils solliciterent les nues a les secourir, et les contraignirent jusqu'a verser une grande violence et quantite de pluie qu'ils firent venir tout a coup sur leurs ennemis. Quant est de commander aux orages et aux vents, Olaues affirme que Henry, roy de Suece, qui avait le bruit d'etre le premier de son temps en l'art magique estoit si familier avec les demons et les avoit tellement a son commandement, que, de quelque coste qu'il tournast son chapeau, tout aussitost le vent qu'il desiroit venait a souffler et halener de cette part-la, et pour cet effet son chappeau fut nomme de tous ceux de la contree le *chappeau venteux*."

[Note 1: *Trois livres des charmes, sorcelages, etc.*, p. 304.]

D'apres Jean des Caurres[1]: "Olaus le Grand escrit[2] plusieurs moyens d'enchantemens speciaux et observez par les septentrionaux en ces paroles: L'on trouvoit ordinairement des sorciers et magiciens entre les Botniques, peuples septentrionaux, comme si en ceste contree eust este leur propre habitation, lesquels avoient apprins de desguiser leurs faces, et celles d'autruy, par plusieurs representations de choses, au moyen de la grande adresse qu'ils avoient a tromper et charmer les yeux. Ils avoient aussi apprins d'obscurcir les veritables regards par les trompeuses figures. Et non seulement les luicteurs, mais aussi les femmes et jeunes pucelles, ont accoustume selon leur souhait, d'emprunter leur subtile et tenue substance de l'air, pour se faire comme des masques horrides, et pleins d'une ordure plombeuse, ou bien pour faire paroistre leurs faces distinguees par une couleur pasle et contrefaite, lesquelles apres elles deschargent, a la clarte du temps serain, de ces tenebreuses substances qui y sont attachees, et par ce moyen elles chassent la vapeur qui les recouvroit. Il appert aussi qu'il y avoit si grande vertu en leurs charmes, qu'il sembloit qu'elles eussent pouvoir d'attirer du lieu le plus distant, et se rendre visibles a elles seules et toucher une chose la plus esloignee: voire et eust elle este arrestee et garrottee par mille liens[3]. Or font-elles demonstrance de ces choses par telles impostures. Lors qu'elles ont envie de scavoir de l'estat de leurs amis ou ennemis absents en lointaines contrees, a deux cens ou quatre cens lieues, elles s'adressent vers Lappon, ou Finnon, grand docteur en cest art: et apres qu'elles luy ont fait quelques presens d'une robbe de lin, ou d'un arc, elles le prient experimenter en quel pays peuvent estre leurs amis ou ennemis, et que c'est qu'ils font. Parquoy il entre dedans le conclave, accompagne seulement de sa femme et d'un sien compagnon; puis il frappe avec un marteau dessus une grenouille d'airain, ou sur un serpent estendu sur une enclume, et luy baille autant de coups qu'il est ordonne: puis en barbotant quelques charmes, il les retourne ca et la, et incontinent il tombe en extase, et est ravy, et demeure couche peu de temps, comme s'il estoit mort. Ce temps pendant il est garde diligemment par son compaignon de crainte qu'aucune pulce ou mousche vivante, ou autre animal ne le touche. Car par le pouvoir des charmes, son esprit, qui est guide et conduit par le diable, rapporte un anneau, ou un cousteau, ou quelque autre chose semblable, en signe et pour tesmoignage qu'il a faist ce qui lui estoit commande: et alors se relevant, il declare a son conducteur les mesmes signes, avec les circonstances."

[Note 1: *Oeuvres morales et diversifiees*, p. 394.]

[Note 2: Livre III, ch. XXXIX de l'*Histoire des peuples septentrionaux*.]

[Note 3: Saxon le grammairien, au commencement de l'*Histoire de Danemark*.]

"Le mesme auteur, au chapitre XVIII du troisieme livre *Des vents venaux*, escrit le miracle qui ensuit. Les Finnons avoient quelque-fois accoustume, entre les autres erreurs de leur race, de vendre un vent a ceux qui negocioient en leurs havres, lorsqu'ils estoient empeschez par la contraire tempeste des vents. Apres doncques qu'on leur avoit baille le payement, ils donnoient trois noeuds magiques aux acheteurs, et les advertissoient qu'en desnouant le premier ils avoient les vents amiables et doux: et en desnouant le second, ils les avoient plus forts: et la ou ils desnoueroient le troisieme il leur surviendroit une telle tempeste, qu'ils ne pourroient jouyr a leur aise de leur vaisseau, ny jeter l'oeil hors la proue, pour eviter les rochers, ny asseurer le pied en la navire, pour abbatre les voiles, ny mesmes l'asseurer en la poupe pour manier le gouvernail."

"J'ai oui raconter plusieurs fois, a un bon et docte personnage, dit Goulart[1], qu'estant jeune escholier a Thoulouse, il fut par deux fois voyager es monts Pyrenees. Qu'en ces deux voyages il advint et vid ce qui s'ensuit. En une croupe fort haute et spacieuse de ces monts, se trouve une forme d'autel fort antique, sur quelques pierres duquel sont gravez certains characteres de forme estrange. Autour et non loin de cest autel se trouverent lors d'iceux voyages des pastres et rustiques, lesquels exhorterent et prierent ce personnage et plusieurs autres, tant escholiers que de diverses conditions, de ne toucher nullement cest autel. Enquis pourquoy ils faisoyent cette instance, respondirent qu'il n'importoit d'en approcher pour le voir et regarder de pres tant que l'on voudroit: mais de l'attouchement s'ensuivoyent merveilleux changemens en l'air. Il faisoit fort beau en tous les deux voyages. Mais au premier se trouva un moine en la compagnie, qui se riant de l'advertissement de ces pastres, dit qu'il vouloit essayer que c'estoit de cest enchantement: et tandis que les autres amusoyent ces rustiques, approche de l'autel et le touche comme il voulut. Soudain le ciel s'obscurcit, les tonnerres grondent: le moine et tous les autres gaignent au pied, mais avant qu'ils eussent atteint le bas de la montagne, apres plusieurs esclats de foudre et d'orages effroyables, ils furent moueillez jusques a la peau, poursuivis au reste par les pastres a coups de cailloux et de frondes. Au second voyage le mesme fut attente par un escholier avec mesmes effects de foudres, orages et ravines d'eaux les plus estranges qu'il est possible de penser."

[Note 1: *Thresor des histoires admirables*, t. II, p. 776.]

Selon Dom Calmet[1], "Spranger *in mallio maleficorum* raconte qu'en Souabe un paysan avec sa petite fille agee d'environ huit ans, etant alle visiter ses champs, se plaignait de la secheresse, en disant: Helas, Dieu nous donnera-t-il de la pluie! La petite fille lui dit incontinent, qu'elle lui en feroit venir quand il voudroit. Il repondit: Et qui t'a enseigne ce secret? C'est ma mere, dit-elle, qui m'a fort defendu de le dire a personne. Et comment a-t-elle fait pour te donner ce pouvoir? Elle m'a menee a un maitre, qui vient a moi autant de fois que je l'appelle. Et as-tu vu ce maitre? Oui, dit-elle, j'ai souvent vu entrer des hommes chez ma mere, a l'un desquels elle m'a vouee. Apres ce dialogue, le pere lui demanda comment elle feroit pour faire pleuvoir seulement sur son champ. Elle demanda un peu d'eau; il la mena a un ruisseau voisin, et la fille ayant nomme l'eau au nom de celui auquel sa mere l'avoit vouee, aussitot on vit tomber sur le champ une pluie abondante. Le pere convaincu que sa femme etait sorciere, l'accusa devant les juges, qui la condamnerent au feu.

La fille fut baptisee et vouee a Dieu; mais elle perdit alors le pouvoir de faire pleuvoir a sa volonte."

[Note 1: *Traite sur les apparitions des esprits*, t. I, p. 156.]

Bodin[1] dit que "la coustume de trainer les images et crucifix en la riviere pour avoir de la pluye se pratique en Gascongne, et l'ay veu (dit-il) faire a Thoulouse en plein jour par les petits enfans devant tout le peuple, qui appellent cela la tire-masse. Et se trouva quelqu'un qui jetta toutes les images dedans les puits du salin l'an 1557. Lors la pluye tomba en abondance. C'est une signalee meschancete qu'on passe par souffrance et une doctrine de quelques sorciers de ce pais la qui ont enseigne ceste impiete au pauvre peuple."

[Note 1: *Demonomanie*, liv. II, ch. VIII.]

Jovianus Pontanus[1] parlant des superstitions damnables de quelques Napolitains qui adjoustoyent foi aux sorciers, dict ces mots: "Aucuns des habitans et assiegez dans la ville de Suesse, sortirent de nuict et tromperent les corps de garde, puis traverserent les plus rudes montagnes, et gaignerent finalement le bord de la mer. Ils portoyent quand et eux un crucifix, contre lequel ils prononcerent un certain charme execrable, puis se jetterent dedans la mer, prians que la tempeste troublast ciel et terre. Au mesme temps, quelques prestres de la mesme ville, desireux de s'accommoder aux sorcelleries des soldats en inventerent une autre, esperant attirer la pluye par tel moyen. Ils apporterent un asne aux portes de leur eglise, et lui chanterent un requiem, comme a quelque personne qui eust rendu l'ame. Apres cela, ils lui fourrerent en la gueule une hostie consacree, et apres avoir fait maint service autour de cet asne, finalement l'enterrerent tout vif aux portes de leur dite eglise. A peine avoyent-ils acheve leur sorcellerie, que l'air commenca a se troubler, la mer a estre agitee, le plein jour a s'obscurcir, le ciel a s'eclairer, le tonnerre a esbranler tout: le tourbillon des vents arrachoit les arbres et remplissoit l'air de cailloux et d'esclats volans des rochers: une telle ravine d'eaux survint, et de la pluye en si grande abondance que non seulement les cisternes de Suesse furent remplies, mais aussi les monts et rochers fendus de chaleur servoyent lors de canal aux torrens. Le roy de Naples qui n'esperoit prendre la ville que par faute d'eau, se voyant ainsi frustre leva le siege et s'en revint trouver son armee a Savonne."

[Note 1: Au Ve livre des *Histoires de son temps*, cite par Goulart, *Thresor des histoires admirables*, t. II, p. 1031.]

"Les proces des sorciers et sorcieres, dit Goulart[1], faisans esmouvoir par leurs sorcelleries divers orages et tempestes, proposent infinis estranges exemples de ceci… J'ai oui asseurer a personnage digne de foi que quelques sorciers de Danemarc firent un charme terrible pour empescher que la princesse de Danemarc ne fust menee par mer au roy d'Escosse, a qui elle estoit fiancee, tellement que la flotte qui la conduisoit fut plusieurs fois en danger de naufrage, et poussee loin de sa route, ou force lui fut d'attendre commodite d'une autre navigation. Que ceste conjuration finalement descouverte l'on fit justice des sorciers, lesquels declarerent les malins esprits leur avoir confesse que la piete de la princesse et de quelques bons personnages qui l'accompagnoyent, par l'invocation ardente et continuelle du nom de Dieu, avoit rendu vains tous leurs efforts."

[Note 1: *Thresor des histoires admirables*, t. II, p. 1052.]

Jacques d'Autun[1] rapporte un orage extraordinaire accompagne de grele excite en Languedoc par des sorciers l'an 1668.

[Note 1: *L'incredulite scavante et la credulite ignorante, etc.*, par Jacques d'Autun, predicateur capucin. Lyon, Jean Geste, 1674, in-4 deg., p. 857]

"Sur les trois heures apres midi le onziesme du mois de juin s'esleva, dit-il, un tourbillon de vent si impetueux qu'il desracinoit les arbres et faisoit trembler les maisons aux environs de Langon; ce furieux orage semblait devoir s'appaiser par une pluye assez mediocre, laquelle peu apres fut meslee de grelle grosse comme des oeufs de poule et ce qui fit l'admiration des curieux, qui en firent ramasser plusieurs pieces, est qu'elles etaient herissees et pointues comme si a dessein on les eut travaillees pour leur donner cette figure; d'autres ressemblaient parfaitement a de gros limacons avec leur coquille, la teste, le col et les cornes dehors; l'on voyoit en d'autres des grenouilles et des crapaux si bien tailles, que l'on eut dit qu'un sculpteur s'etoit applicque a les faconner; mais ce qui surprit davantage en ce spectacle d'horreur, est que cette gresle changeoit de figure selon la difference des insectes, que le demon vouloit probablement representer: car l'on vit gresler des serpens ou de la gresle en forme de serpens de la longueur d'un demy pied: certes la gresle qui fit trembler toute l'Egypte laquelle sainct Augustin attribue a l'operation des demons, n'avoit rien de si effroyable; l'on trouva des pieces de ce funeste meteore qui representoient la main d'un homme avec deux ou trois doigts distinctement formez, d'autres estoient taillees en estoiles a trois et a cinq pointes: enfin en quelque endroit, comme au port de Saincte-Marie, il tomba de la gresle d'une si prodigieuse grosseur que les animaux et les hommes qui en estoient frappez expiroient sur le champ... On trouva un cheveu blanc dans tous les grains de grelle qui furent ouverts et dans tous le cheveu blanc etoit de la meme longueur."

L'Espagnol Torquemada formule ainsi la biographie d'une fameuse sorciere du moyen age:

"Aucuns parlent, dit-il, d'une certaine femme nommee *Agaberte*, fille d'un geant qui s'appelait *Vagnoste*, demeurant aux pays septentrionaux, laquelle etait grande enchanteresse. Et la force de ses enchantements etait si variee, qu'on ne la voyait presque jamais en sa propre figure: quelque fois c'etait une petite vieille fort ridee, qui semblait ne se pouvoir remuer, ou bien une pauvre femme malade et sans forces; d'autres fois elle etait si haute qu'elle paraissait toucher les nues avec sa tete. Ainsi elle prenait telle forme qu'elle voulait aussi aisement que les auteurs decrivent *Urgande la meconnue*. Et, d'apres ce qu'elle faisait, le monde avait opinion qu'en un instant elle pouvait obscurcir le soleil, la lune et les etoiles, aplanir les monts, renverser les montagnes, arracher les arbres, dessecher les rivieres, et faire autres choses pareilles si aisement qu'elle semblait tenir tous les diables attaches et sujets a sa volonte."

Les magiciens et les devins emploient une sorte d'anatheme pour decouvrir les voleurs et les malefices: voici cette superstition. Nous prevenons ceux que les details pourraient scandaliser, qu'ils sont extraits des grimoires. On prend de l'eau limpide; on rassemble autant de petites pierres qu'il y a de personnes soupconnees; on les fait bouillir dans cette eau; on les enterre sous le seuil de la porte par ou doit passer le voleur ou la sorciere, en y joignant une lame d'etain sur laquelle sont ecrits ces mots: *Christus vincit, Christus regnat, Christus imperat*. On a eu soin de donner a chaque pierre le nom de l'une des personnes que l'on a lieu de soupconner. On ote le tout de dessus le seuil de la porte au lever du soleil; si la pierre qui represente le coupable est brulante, c'est deja un indice. Mais, comme le diable est sournois, il ne faut pas s'en contenter; on recite donc les sept Psaumes de la penitence, avec les litanies des saints: on prononce ensuite les prieres de l'exorcisme, contre le voleur ou la sorciere; on ecrit son nom dans un cercle; on plante sur ce nom un clou d'airain, de forme triangulaire, qu'il faut enfoncer avec un marteau dont le manche soit en bois de cypres, et on dit quelques paroles prescrites rigoureusement a cet effet[1]. Alors le voleur se trahit par un grand cri.

[Note 1: *Justus es Domine, et justa sunt judicia tua.*]

S'il s'agit d'une sorciere, et qu'on veuille seulement oter le malefice pour le rejeter sur celle qui l'a jete, on prend, le samedi, avant le lever du soleil, une branche de coudrier d'une annee, et on dit l'oraison suivante: "Je te coupe, rameau de cette annee, au nom de celui que je veux blesser comme je te blesse." On met la branche sur la table, en repetant trois fois une certaine priere[1] qui se termine par ces mots: Que le sorcier ou la sorciere soit anatheme, et nous saufs[2]!

> [Note 1: Comme la premiere, c'est une inconvenance. On ajoute aux paroles saintes du signe de la croix: Droch, Mirroch, Esenaroth, Betubaroch, Assmaaroth, qu'on entremele de signes de croix.]

[Note 2: Wierus, *De Praestig. daem.*, lib. V, cap. V.]

Bodin et de Lancre content[1] qu'en 1536, a Casal, en Piemont, on remarqua qu'une sorciere, nommee Androgina, entrait dans les maisons, et que bientot apres on y mourait. Elle fut prise et livree aux juges; elle confessa que quarante sorcieres, ses compagnes avaient compose avec elle le malefice. C'etait un onguent avec lequel elles allaient graisser les loquets des portes; ceux qui touchaient ces loquets mouraient en peu de jours.

[Note 1: *Demonomanie*, liv. IV, ch. IV. *Tableau de l'inconstance, etc.*, liv. II, disc. IV.]

"La meme chose advint a Geneve en 1563, ajoute de Lancre, si bien qu'elles y mirent la peste, qui dura plus de sept ans. Cent soixante-dix sorcieres furent executees a Rome pour cas semblable sous le consulat de Claudius Marcellus et de Valerius Flaccus: mais la sorcellerie n'etant pas encore bien reconnue, on les prenait simplement alors pour des empoisonneuses..."

On remarquait, dit-on, au dix-septieme siecle, dans la foret de Bondi, deux vieux chenes que l'on disait enchantes. Dans le creux de l'un de ces chenes on voyait toujours une petite chienne d'une eblouissante blancheur. Elle paraissait endormie, et ne s'eveillait que lorsqu'un passant s'approchait; mais elle etait si agile, que personne ne pouvait la saisir. Si on voulait la surprendre, elle s'eloignait de quelques pas, et, des qu'on s'eloignait, reprenait sa place avec opiniatrete. Les pierres et les balles la frappaient sans la blesser; enfin on croyait dans le pays que c'etait un demon, ou l'un des chiens du grand veneur, ou du roi Arthus, ou encore la chienne favorite de saint Hubert, ou enfin le chien de Montargis, qui, present a l'assassinat de son maitre dans la foret de Bondi, revela le meurtrier, et vengea l'homicide au XIVe siecle. On disait aussi que des sorciers faisaient assurement le sabbat sous les deux chenes.

Un jeune garcon de dix a douze ans, dont les parents habitaient la lisiere de la foret, faisait ordinairement de petits fagots a quelque distance de la. Un soir qu'il ne revint pas, son pere, ayant pris sa lanterne et son fusil, s'en alla avec son fils aine battre le bois. La nuit etait sombre. Malgre la lanterne, les deux bucherons se heurtaient a chaque instant contre les arbres, s'embarrassaient dans les ronces, revenaient sur leurs pas et s'egaraient sans cesse. "Voila qui est singulier, dit enfin le pere; il ne faut qu'une heure pour traverser le bois, et nous marchons depuis deux sans avoir trouve les chenes; il faut que nous les ayons passes."

En ce moment, un tourbillon ebranlait la foret. Ils leverent les yeux, et virent, a vingt pas, les deux chenes. Ils marcherent dans cette direction; mais a mesure qu'ils avancent, il semble que les chenes s'eloignent: la foret parait ne plus finir; on entend de toutes parts des sifflements, comme si le bois etait rempli de serpents; ils sentent rouler a leurs pieds des corps inconnus; des griffes entourent leurs jambes et les effleurent; une odeur infecte les environne; ils croient sentir des etres impalpables errer autour d'eux...

Le bucheron, extenue de fatigue, conseille a son fils de s'asseoir un instant; mais son fils n'y est plus. Il voit a quelques pas, dans les buissons, la lumiere vacillante de la lanterne; il remarque le bas des jambes de son fils, qui l'appelle; il ne reconnait pas la voix. Il se leve; alors la lanterne disparait; il ne sait plus ou il se trouve; une sueur froide decoule de tous ses membres; un air glace frappe son visage, comme si deux grandes ailes s'agitaient au-dessus de lui. Il s'appuie contre un arbre, laisse tomber son fusil, recommande son ame a Dieu, et tire de son sein un crucifix; il se jette a genoux et perd connaissance.

Le soleil etait leve lorsqu'il se reveilla; il vit son fusil brise et macere comme si on l'eut mache avec les dents; les arbres etaient teints de sang; les feuilles noircies; l'herbe dessechee; le sol couvert de lambeaux; le bucheron reconnut les debris des vetements de ses deux fils, qui ne reparurent pas. Il rentra chez lui epouvante. On visita ces lieux redoutables. On y verifia toutes les traces du sabbat; on y revit la chienne blanche insaisissable. On purifia la place; on abattit les deux chenes, a la place desquels on planta deux croix, qui se voyaient encore il y a peu de temps; et, depuis, cette partie de la foret cessa d'etre infestee par les demons[1].

[Note 1: *Infernaliana*, p. 152.]

Ce que les sorciers appellent *main de gloire* est la main d'un pendu, qu'on prepare de la sorte: On la met dans un morceau de drap mortuaire, en la pressant bien, pour lui faire rendre le peu de sang qui pourrait y etre reste; puis on la met dans un vase de terre, avec du sel, du salpetre, du zimax et du poivre long, le tout bien pulverise. On la laisse dans ce pot l'espace de quinze jours; apres quoi on l'expose au grand soleil de la canicule, jusqu'a ce qu'elle soit completement dessechee; si le soleil ne suffit pas, on la met dans un four chauffe de fougere et de verveine. On compose ensuite une espece de chandelle avec de la graisse de pendu, de la cire vierge et du sesame de Laponie; et on se sert de la main de gloire comme d'un chandelier, pour tenir cette merveilleuse chandelle allumee. Dans tous les lieux ou l'on va avec ce funeste instrument, ceux qui y sont demeurent immobiles, et ne peuvent non plus remuer que s'ils etaient morts. Il y a diverses manieres de se servir de la main de gloire; les scelerats les connaissent bien; mais, depuis qu'on ne pend plus chez nous, ce doit etre chose rare.

Deux magiciens, etant venus loger dans un cabaret pour y voler, demanderent a passer la nuit aupres du feu, ce qu'ils obtinrent. Lorsque tout le monde fut couche, la servante, qui se defiait de la mine des deux voyageurs, alla regarder par un trou de la porte pour voir ce qu'ils faisaient. Elle vit qu'ils tiraient d'un sac la main d'un corps mort, qu'ils en oignaient les doigts de je ne sais quel onguent, et les allumaient, a l'exception d'un seul qu'ils ne purent allumer, quelques efforts qu'ils fissent, et cela parce que, comme elle le comprit, il n'y avait qu'elle des gens de la maison qui ne dormit point; car les autres doigts etaient allumes pour plonger dans le plus profond sommeil ceux qui etaient deja endormis. Elle alla aussitot a son maitre pour l'eveiller, mais elle ne put en venir a bout, non plus que les autres personnes du logis, qu'apres avoir eteint les doigts allumes, pendant que les deux voleurs commencaient a faire leur coup dans une chambre voisine. Les deux magiciens, se voyant decouverts, s'enfuirent au plus vite, et on ne les trouva plus[1].

[Note 1: Delrio, *Disquisitions magiques*.]

Il y avait autrefois beaucoup d'anneaux enchantes ou charges d'amulettes. Les magiciens faisaient des anneaux constelles avec lesquels on operait des merveilles. Cette croyance etait si repandue chez les paiens, que les pretres ne pouvaient porter d'anneaux, a moins qu'il ne fussent si simples qu'il etait evident qu'ils ne contenaient point d'amulettes[1].

[Note 1: Aulu-Gelle, lib. X, cap. XXV.]

Les anneaux magiques devinrent aussi de quelque usage chez les chretiens et meme beaucoup de superstitions se rattacherent au simple *anneau d'alliance*. On croyait qu'il y avait dans le quatrieme doigt, qu'on appela specialement doigt annulaire ou doigt destine a l'anneau, une ligne qui correspondait directement au coeur; on recommanda donc de mettre l'anneau d'alliance a ce seul doigt. Le moment ou le mari donne l'anneau a sa jeune epouse devant le pretre, ce moment, dit un vieux livre de secrets, est de la plus haute importance. Si le mari arrete l'anneau a l'entree du doigt et ne passe pas la seconde jointure, la femme sera maitresse; mais s'il enfonce l'anneau jusqu'a l'origine du doigt, il sera chef et souverain. Cette idee est encore en vigueur, et les jeunes mariees ont generalement soin de courber le doigt annulaire au moment ou elles recoivent l'anneau de maniere a l'arreter avant la seconde jointure.

Les Anglaises, qui observent la meme superstition, font le plus grand cas de l'anneau d'alliance a cause de ses proprietes. Elles croient qu'en mettant un de ces anneaux dans un bonnet de nuit, et placant le tout sous leur chevet, elles verront en songe le mari qui leur est destine.

Les Orientaux reverent les anneaux et les bagues, et croient aux anneaux enchantes. Leurs contes sont pleins de prodiges operes par ces anneaux. Ils citent surtout, avec une admiration sans bornes, l'*anneau de Salomon*, par la force duquel ce prince commandait a toute la nature. Le grand nom de Dieu est grave sur cette bague, qui est gardee par des dragons, dans le tombeau inconnu de Salomon. Celui qui s'emparerait de cet anneau serait maitre du monde et aurait tous les genies a ses ordres.

A defaut de ce talisman prodigieux, ils achetent a des magiciens des anneaux qui produisent aussi des merveilles.

Henri VIII benissait des anneaux d'or qui avaient disait-il, la propriete de guerir de la crampe[1].

[Note 1: Misson, *Voyage d'Italie*, t. III, p. 16, a la marge.]

Les faiseurs de secrets ont invente des bagues magiques qui ont plusieurs vertus. Leurs livres parlent de l'*anneau des voyageurs*. Cet anneau, dont le secret n'est pas bien certain, donnait a celui qui le portait le moyen d'aller sans fatigue de Paris a Orleans, et de revenir d'Orleans a Paris dans la meme journee.

Mais on n'a pas perdu le secret de l'*anneau d'invisibilite*. Les cabalistes ont laisse la maniere de faire cet anneau, qui placa Gyges au trone de Lydie. Il faut entreprendre cette operation un mercredi de printemps, sous les auspices de Mercure, lorsque cette planete se trouve en conjonction avec une des autres planetes favorables, comme la Lune, Jupiter, Venus et le Soleil. Que l'on ait de bon mercure fixe et purifie: on en formera une bague ou puisse entrer facilement le doigt du milieu; on enchassera dans le chaton une petite pierre que l'on trouve dans le nid de la huppe, et on gravera autour de la bague ces paroles: *Jesus passant + au milieu d'eux + s'en alla*[1]; puis ayant pose le tout sur une plaque de mercure fixe, on fera le parfum de Mercure; on enveloppera l'anneau dans un taffetas de la couleur convenable a la planete, on le portera dans le nid de la huppe d'ou l'on a tire la pierre, on l'y laissera neuf jours; et quand on le retirera, on fera encore le parfum comme la premiere fois; puis on le gardera dans une petite boite faite avec du mercure fixe, pour s'en servir a l'occasion. Alors on mettra la bague a son doigt. En tournant la pierre au dehors de la main, elle a la vertu de rendre invisible aux yeux des assistants celui qui la porte; et quand on veut etre vu, il suffit de rentrer la pierre en dedans de la main, que l'on ferme en forme de poing.

[Note 1: Saint Luc, ch. IV, verset 30.]

Porphyre, Jamblique, Pierre d'Apone et Agrippa, ou du moins les livres de secrets qui leur sont attribues, soutiennent qu'un anneau fait de la maniere suivante a la meme propriete. Il faut prendre des poils qui sont au dessus de la tete de la hyene et en faire de petites tresses avec lesquelles on fabrique un anneau, qu'on porte aussi dans le nid de la huppe. On le laisse la neuf jours; on le passe ensuite dans des parfums prepares sous les auspices de Mercure (planete). On s'en sert comme de l'autre anneau, excepte qu'on l'ote absolument du doigt quand on ne veut plus etre invisible.

Si, d'un autre cote, on veut se precautionner contre l'effet de ces anneaux cabalistiques, on aura une bague faite de plomb raffine et purge; on enchassera dans le chaton l'oeil d'une belette qui n'aura porte des petits qu'une fois; sur le contour on gravera les paroles suivantes: *Apparuit Dominus Simoni*. Cette bague se fera un samedi, lorsqu'on connaitra que Saturne est en opposition avec Mercure. On l'enveloppera dans un morceau de linceul mortuaire qui ait enveloppe un mort; on l'y laissera neuf jours; puis, l'ayant retiree, on fera trois fois le parfum de Saturne, et on s'en servira.

Ceux qui ont imagine ces anneaux ont raisonne sur l'antipathie qu'ils supposaient entre les matieres qui les composent. Rien n'est plus antipathique a la hyene que la belette, et Saturne retrograde presque toujours a Mercure; ou, lorsqu'ils se rencontrent dans le domicile de quelques signes du zodiaque, c'est toujours un aspect funeste et de mauvais augure[1].

[Note 1: *Petit Albert.*]

On peut faire d'autres anneaux sous l'influence des planetes, et leur donner des vertus au moyen de pierres et d'herbes merveilleuses. "Mais dans ces caracteres, herbes cueillies, constellations et charmes, le diable se coule," comme dit Leloyer, quand ce n'est pas simplement le demon de la grossiere imposture. "Ceux qui observent les heures des astres, ajoute-t-il, n'observent que les heures des demons qui president aux pierres, aux herbes et aux astres memes."—Et il est de fait que ce ne sont ni des saints ni des coeurs honnetes qui se melent de ces superstitions.

On appelle amulettes certains remedes superstitieux que l'on porte sur soi ou que l'on s'attache au cou pour se preserver de quelque maladie ou de quelque danger. Les Grecs les nommaient phylacteres, les Orientaux talismans. C'etaient des images capricieuses (un scarabee chez les Egyptiens), des morceaux de parchemin, de cuivre, d'etain, d'argent, ou encore de pierres particulieres ou l'on avait trace de certains caracteres ou de certains hieroglyphes.

Comme cette superstition est nee d'un attachement excessif a la vie et d'une crainte puerile de tout ce qui peut nuire, le christianisme n'est venu a bout de le detruire que chez les fideles[1]. Des les premiers siecles de l'Eglise, les Peres et les conciles defendirent ces pratiques du paganisme. Ils representerent les amulettes comme un reste idolatre de la confiance qu'on avait aux pretendus genies gouverneurs du monde. Le cure Thiers[2] a rapporte un grand nombre de passage des Peres a ce sujet, et les canons de plusieurs conciles.

[Note 1: Bergier, *Dictionnaire theologique.*]

[Note 2: *Traite des superstitions*, liv. V, ch. 1.]

Les lois humaines condamnerent aussi l'usage des amulettes. L'empereur Constance defendit d'employer les amulettes et les charmes a la guerison des maladies. Cette loi, rapportee par Ammien Marcellin, fut executee si severement, que Valentinien fit punir de mort une vieille femme qui otait la fievre avec des paroles charmees, et qu'il fit couper la tete a un jeune homme qui touchait un certain morceau de marbre en prononcant sept lettres de l'alphabet pour guerir le mal d'estomac[1].

[Note 1: Voyez Ammien-Marcellin, lib. XVI, XIX, XXIX, et le P. Lebrun, liv. III, ch. 2.]

Mais comme il fallait des preservatifs aux esprits fourvoyes, qui forment toujours le plus grand nombre, on trouva moyen d'eluder la loi. On fit des talismans et des amulettes avec des morceaux de papier charges de versets de l'Ecriture sainte. Les lois se montrerent moins rigides contre cette singuliere coutume, et on laissa aux pretres le soin d'en moderer les abus.

Les Grecs modernes, lorsqu'ils sont malades, ecrivent le nom de leur infirmite sur un morceau de papier de forme triangulaire qu'ils attachent a la porte de leur chambre. Ils ont grande foi a cette amulette.

Quelques personnes portent sur elles le commencement de l'Evangile de saint Jean comme un preservatif contre le tonnerre; et ce qui est assez particulier, c'est que les Turcs ont confiance a cette meme amulette, si l'on en croit Pierre Leloyer.

Une autre question est de savoir si c'est une superstition de porter sur soi les reliques des saints, une croix, une image, une chose benite par les prieres de l'Eglise, un *Agnus Dei*, etc., et si l'on doit mettre ces choses au rang des amulettes, comme le pretendent les protestants.—Nous reconnaissons que si l'on attribue a ces choses la vertu surnaturelle de preserver d'accidents, de mort subite, de mort dans l'etat de peche, etc., c'est une superstition. Elle n'est pas du meme genre que celle des amulettes, dont le pretendu pouvoir ne peut pas se rapporter a Dieu; mais c'est ce que les theologiens appellent vaine observance, parce que l'on attribue a des choses saintes et respectables un pouvoir que Dieu n'y a point attache. Un chretien bien instruit ne les envisage point ainsi; il sait que les saints ne peuvent nous secourir que par leurs prieres et par leur intercession aupres de Dieu. C'est pour cela que l'Eglise a decide qu'il est utile et louable de les honorer et de les invoquer. Or c'est un signe d'invocation et de respect a leur egard de porter sur soi leur image ou leurs reliques; de meme que c'est une marque d'affection et de respect pour une personne que de garder son portrait ou quelque chose qui lui ait appartenu. Ce n'est donc ni une vaine observance ni une folle confiance d'esperer qu'en consideration de l'affection et du respect que nous temoignons a un saint, il intercedera et priera pour nous. Il en est de meme des croix et des *Agnus Dei*.

On lit dans Thyraeus[1] qu'en 1568, dans le duche de Juliers, le prince d'Orange condamna un prisonnier espagnol a mourir; que ses soldats l'attacherent a un arbre et s'efforcerent de le tuer a coups d'arquebuse; mais que les balles ne l'atteignirent point. On le deshabilla pour s'assurer s'il n'avait pas sur la peau une armure qui arretat le coup; on trouva une amulette portant la figure d'un agneau; on la lui ota, et le premier coup de fusil l'etendit raide mort.

[Note 1: *Disp. de Daemoniac.* pars III, cap. XLV.]

On voit, dans la vieille chronique de dom Ursino, que quand sa mere l'envoya, tout petit enfant qu'il etait, a Saint-Jacques de Compostelle, elle lui mit au cou une amulette que son mari avait arrachee a un chevalier maure. La vertu de cette amulette etait d'adoucir la fureur des betes cruelles. En traversant une foret, une ourse enleva le prince des mains de sa nourrice et l'emporta dans sa caverne. Mais, loin de lui faire aucun mal, elle l'eleva avec tendresse; il devint par la suite tres fameux sous le nom de dom Ursino, qu'il devait a l'ourse, sa nourrice sauvage, et il fut reconnu par son pere, a qui la legende dit qu'il succeda sur le trone de Navarre.

Les negres croient beaucoup a la puissance des amulettes. Les Bas-Bretons leur attribuent le pouvoir de repousser le demon. Dans le Finistere, quand on porte un enfant au bapteme, on lui met au cou un morceau de pain noir, pour eloigner les sorts et les malefices que les vieilles sorcieres pourraient jeter sur lui.

Helinand conte qu'un soldat nomme Gontran, de la suite de Henry, archeveque de Reims, s'etant endormi en pleine campagne, apres le diner, comme il dormait la bouche ouverte, ceux qui l'accompagnaient et qui etaient eveilles, virent sortir de sa bouche une bete blanche semblable a une petite belette, qui s'en alla droit a un ruisseau assez pres de la. Un homme d'armes la voyant monter et descendre le bord du ruisseau pour trouver un passage tira son epee et en fit un petit pont sur lequel elle passa et courut plus loin…

Peu apres, on la vit revenir, et le meme homme d'armes lui fit de nouveau un pont de son epee. La bete passa une seconde fois et s'en retourna a la bouche du dormeur, ou elle rentra…

Il se reveilla alors; et comme on lui demandait s'il n'avait point reve pendant son sommeil, il repondit qu'il se trouvait fatigue et pesant, ayant fait une longue course et passe deux fois sur un pont de fer.

Mais ce qu'il y a de merveilleux, c'est qu'il alla par le chemin qu'avait suivi la belette; qu'il becha au pied d'une petite colline et qu'il deterra un tresor que son ame avait vu en songe.

Le diable, dit Wierus, se sert souvent de ces machinations pour tromper les hommes et leur faire croire que l'ame, quoique invisible, est corporelle et meurt avec le corps; car beaucoup de gens ont cru que cette bete blanche etait l'ame de ce soldat, tandis que c'etait une imposture du diable…

MONDE DES ESPRITS

I.—NATURE DES ESPRITS

"Il y a, dit un manuscrit de magie[1], plusieurs sortes d'esprits de differents ordres et de differents pouvoirs. Les terrestres sont les gnomes qui sont les gardiens des tresors caches... Les nimphes resident aux eaux. Les silphes habitent dans les airs. Les salamandres habitent dans la region du feu. Il faut noter que tous ces esprits sont sous la domination des sept planetes."

> [Note 1: *Operations des sept esprits des planetes*, manuscrit de la Bibliotheque de l'Arsenal, n deg. 70, p. 1.]

Pour Taillepied[1], les corps des esprits sont de l'air. "Pour resolution donc de ce point, dit-il, il faut conclure que les corps des esprits, quand ils se veulent apparoistre, sont de l'air. Et comme l'eau s'amasse en glace, et quelquefois se durcit et devient cristal, ainsi l'air duquel les esprits s'enveloppent, s'espaissit en corps visible. Que si l'air ne peut suffire, ils peuvent rester parmi quelque chose de vapeur ou d'eau, pour leur donner couleur, comme nous voyons cela advenir en l'arc qui est aux nuees, lequel, comme dit le poete au quatriesme des Eneides:

[Note 1: *Traicte de l'apparition des esprits, etc.*, par F.-N. Taillepied. Paris, Fr. Julliot, 1617, in-12, p. 186.]

Du clair soleil a l'opposite estant
Mille couleurs diverses va portant.

Il n'est pas bon d'attribuer aux esprits angeliques tant bons que mauvais, les membres de vie, comme les poulmons, le coeur et le foye: car ils ne vestent pas des corps pour les vivifier ains seulement pour se faire voir et s'en servir comme d'instruments. Il est vray qu'ils boyvent et mangent, mais ce n'est pas par necessite, c'est afin que, se manifestant a nous par quelques arguments, ils nous donnent a entendre la volonte de Dieu."

"Loys Vives, au premier livre *de la Verite de la religion chrestienne*, escrit, dit le meme auteur[1], qu'es terres nouvellement descouvertes n'y a chose si commune que les esprits qui apparoissent environ midy, tant es villes comme aux champs, parlent aux hommes, leur commandent ou defendent quelque chose, les tourmentent, espouvantent et battent aussy... Olaus le Grand, archeveque d'Upsale, escrit au second livre de son *Histoire des peuples septentrionaux*, chapitre troisieme, qu'il y a en Irlande des esprits qui apparoissent en forme d'hommes qu'on aura cogneus, ausquels ceux du pays touchent en la main avant que de scavoir rien de la mort de ceux qu'ils touchent. Quelques-uns pensent que ce ne sont pas ames des trespassez, ains seulement demons surnommez par les anciens Lemures ou loups garoux, Faunes, Satyres, Larves ou masques, Manes, Penates ou dieux tutelaires et domestiques, Nymphes, Demy-dieux, Luittons, Fees et d'une multitude d'autres noms; mais comme il n'y a point de repugnance que les demons, soient bons ou mauvais, ne se representent aux hommes sous quelque forme visible, aussi, il ne repugne point que les ames separees ne s'apparoissent ainsy, le tout par la permission de Dieu et sa volonte."

[Note 1: Page 100.]

Le comte de Gabalis[1] raconte que "Un jour il fut transporte en la caverne de Typhon, qui n'est pas fort esloignee des sources du Nil du coste de la Libie, par une jeune sylfe qui avoit conceu une forte passion d'amour pour luy; il y trouva une salamandre qui apres un long discours qu'elle luy fit de la nature des estres spirituels et nuisibles, de leur naissance et de leur mort, ajouta: "Je suis sur le poinct de voir finir une vie qui a desja dure 9715 ans et qui doit aller jusqu'a 9720 ans qui est l'aage des demy-dieux; voicy, comte, un present que je vous fais dont vous ne connoistrez bien le prix qu'apres que vous l'aurez garde quelque temps, je vous prie de l'estimer pour l'amour de moy", puis elle disparut. C'estoit des secrets merveilleux escritz sur des escorces d'arbre, en langue egyptienne, que la belle sylfe luy expliqua... et d'ou il pretendoit avoir tire son excellent livre.

[Note 1: *Les Sorts egyptiens*, manuscrit de la Bibliotheque de l'Arsenal, n deg. 94, preface.]

"Le plus celebre des gnomes, d'apres M. Alf. Maury[1], est Alberick, qui etait commis a la garde du tresor des Niebelungen. Les gnomes fuient la presence du jour, habitent sous les pierres, comme nous l'apprend l'Avismal, et dans les cavernes, ainsi qu'on le dit dans les Niebelungen. Plusieurs legendes racontent comment des gnomes ont ete decouverts sous des pierres, derriere lesquelles ils etaient blottis. Telle est la legende dans laquelle il est question d'un de ces nains, qu'un jeune berger trouva pres de Dresde, sous une pierre, et qu'il employa des lors a garder ses troupeaux."

[Note 1: *Les Fees du moyen age*, p. 70.]

S'il y a dans le monde des esprits quelques geants, en general ils se presentent plutot sous la forme de nains.

"Dans toutes les contrees septentrionales, les croyances relatives aux Elfes sont associees a d'autres relatives aux nains, dit M. A. Maury[1]. Les legendes sur ces etres singuliers sont fort nombreuses en Allemagne; elles nous les representent comme les genies de la terre et du sol; mais outre les nains proprements dits, les *dwergs* ou *dwerfs* et les *bergmaennchen*, tout le peuple des esprits participe de ce caractere de petitesse. Les Elfes, les Nix, les Trolls nous sont representes comme d'une taille plus qu'enfantine. Les Berstuc, les Koltk[2] n'ont que quelques pouces de hauteur. En Bretagne, il en est de meme des fees ou Korrigans. Mille contes, mille *Maehrchen* disent comment des laboureurs, des paysans les ont decouverts caches sous une motte de terre reposant a l'ombre d'un brin d'herbe[3]."

[Note 1: *Les Fees du moyen age*, p. 80.]

[Note 2: Berstuc, Maskrop et Koltk sont les noms que recoivent les nains chez les Wendes. Cf. Mash, *Obotritische alterthumer*, III, 39. Les nains, sont appeles en danois, *dverg*; en allemand, *zwerg*; en vieil allemand, *duuerch*; en flamand, *dwerg*; aux iles Feroe, *drorg, drorg*; en ecossais, *duergh*; en anglais, *dwarf*.]

[Note 3: Voyez, par exemple, dans Keightley, la legende de Reichest, t. I, p. 24.]

D'apres les croyances bretonnes, il existe des genies de la taille des pygmees, doues, ainsi que les fees, d'un pouvoir magique, d'une science prophetique. Mais loin d'etre blancs et aeriens comme celles-ci, ils sont noirs, velus et trapus; leurs mains sont armees de griffes de chat et leurs pieds de cornes de bouc; ils ont la face ridee, les cheveux crepus, les yeux creux et petits, mais brillants comme des escarboucles, la voix sourde et cassee par l'age.

II.—FOLLETS ET LUTINS

"Les Elfes, dit M. A. Maury[1], attachent souvent leurs services a un homme ou a une famille, et suivant les contrees, ils ont recu dans ce cas des noms differents. On les appelle *nis, kobold*, en Allemagne; *brownie*, en Ecosse; *cluircaune*, en Irlande; le vieillard *Tom Gubbe* ou *Tonttu*, en Suede; *niss-god-drange*, dans le Danemark et la Norwege; *duende, trasgo*, en Espagne; *lutin, goblin* ou *follet* en France; *hobgoblin, puck, robin good-fellow, robin-hood*, en Angleterre; *pwcca*, dans le pays de Galles.

[Note 1: *Les Fees du moyen age*, p. 76.]

En Suisse, des genies familiers sont attaches a la garde des troupeaux; on les appelle *servants*. Le pasteur de l'Helvetie leur fait encore sa libation de lait.

"Le cluricaune se distingue des Elfes, parce qu'on le rencontre toujours seul. Il se montre sous la figure d'un petit vieillard, au front ride, au costume antique; il porte un habit vert fonce a larges boutons; sa tete est couverte d'un chapeau a bords retrousses. On le deteste a raison de ses mechantes dispositions, et son nom est employe comme expression de mepris. On parvient quelquefois par les menaces ou la seduction a le soumettre comme serviteur; on l'emploie alors a fabriquer des souliers. Il craint l'homme, et lorsque celui-ci le surprend, il ne peut lui echapper. Le cluricaune connait en general, ainsi que les nains, les lieux ou sont enfouis les tresors; et, comme les nains bretons, on le represente avec une bourse de cuir a la ceinture, dans laquelle se trouve toujours un shelling. Quelquefois il a deux bourses, l'une contient alors un coin de cuivre. Le cluricaune aime a danser et a fumer; il s'attache en general a une famille, tant qu'il en subsiste un membre; il a un grand respect pour le maitre de la maison, mais entre dans de violents acces de colere lorsque l'on oublie de lui donner sa nourriture."

"En plusieurs lieux, les servants s'appellent *droles*, mot qui est la corruption de *troll*. Les trolls sont, dans certaines legendes, de veritables genies domestiques. Dans le Perche, on trouve des croyances analogues; des servants prennent soin des animaux et promenent quelquefois d'une main *invisible* l'etrille sur la croupe du cheval[1]. Dans la Vendee, moins complaisants, ils s'amusent seulement a leur tirer les crins[2]. Cependant, en general, les soins de tous ces etres singuliers ne sont qu'a moitie desinteresses, ils se contentent de peu, mais neanmoins ils veulent etre payes de leur peine[3].

[Note 1: Fret, *Chroniques percheronnes*, tome I, p. 67. L'auteur du *Petit Albert*, rapporte l'histoire d'un de ces invisibles palefreniers qui, dans un chateau, etrillait les chevaux depuis six ans.]

[Note 2: A. de la Villegille, *Notice sur Chavagne en Paillers*, p. 30. *Mem. des antiq. de France*, nouv. serie, tome VI.]

[Note 3: Suivant Shakspeare (*Midsummer night's dream*, Acte. II,) Robin Good Fellow est charge de balayer la maison a minuit, de moudre la moutarde; mais si l'on n'a pas soin de laisser pour lui une tasse de creme et de lait caille, le lendemain le potage est brule, le feu ne peut pas prendre.]

Don Calmet[1] raconte certains faits singuliers qu'il rapporte aux follets:

[Note 1: *Traite sur les apparitions des esprits*, t. I, p. 246.]

"Pline[1] le Jeune avoit un affranchi, nomme Marc, homme lettre, qui couchoit dans un meme lit avec son frere plus jeune que lui. Il lui sembla voir une personne assise sur le meme lit, qui lui coupoit les cheveux du haut de la tete; a son reveil il se trouva rase, et ses cheveux jetes par terre au milieu de la chambre. Peu de temps apres, la meme chose arriva a un jeune garcon qui dormoit avec plusieurs autres dans une pension: celui-ci vit entrer par la fenetre deux hommes vetus de blanc, qui lui couperent les cheveux comme il dormoit, puis sortirent de meme par la fenetre; a son reveil, il trouva ses cheveux repandus sur le plancher. A quoi attribuer tout cela, sinon a un follet?

[Note 1: Plin. l. VII. Epist. 27 et suiv.]

"Tritheme dans sa chronique d'Hirsauge[1], sous l'an 1130, raconte qu'au diocese d'Hildesheim en Saxe, on vit assez longtemps un esprit qu'ils appeloient en allemand *Heidekind*, comme qui diroit *genie champetre: Heide* signifie vaste campagne, *Kind*, enfant. Il apparoissoit tantot sous une forme, tantot sous une autre; et quelquefois sans apparoitre il faisoit plusieurs choses qui prouvoient et sa presence et son pouvoir. Il se meloit quelquefois de donner des avis importants aux puissances: souvent on l'a vu dans la cuisine de l'eveque aider les cuisiniers et faire divers ouvrages. Un jeune garcon de cuisine qui s'etoit familiarise avec lui lui ayant fait quelques insultes, il en avertit le chef de cuisine, qui n'en tint compte; mais l'Esprit s'en vengea cruellement: ce jeune garcon, s'etant endormi dans la cuisine, l'Esprit l'etouffa, le mit en pieces et le fit cuire. Il poussa encore plus loin sa fureur contre les officiers de la cuisine et les autres officiers du prince. La chose alla si loin qu'on fut oblige de proceder contre lui par censures, et de le contraindre par les exorcismes a sortir du pays.

[Note 1: *Chronic. Hirsaug., ad ann. 1130.*]

"Olaus Magnus dit que dans la Suede et dans les pays septentrionaux, on voyait autrefois des esprits familiers qui, sous la forme d'hommes ou de femmes, servaient des particuliers.

"Un nouveau voyage des pays septentrionaux, imprime a Amsterdam en 1708, dit que les peuples d'Islande sont presque tous sorciers; qu'ils ont des demons familiers qu'ils nomment *Troles*, qui les servent comme des valets, qui les avertissent des accidents ou des maladies qui leur doivent arriver: ils les reveillent pour aller a la peche quand il y fait bon, et s'ils y vont sans l'avis de ces genies, ils ne reussissent pas.

"Le pere Vadingue rapporte d'apres une ancienne legende manuscrite, dit dom Calmet[1], qu'une dame nommee Lupa, avoit eu pendant treize ans un demon familier qui lui servoit de femme de chambre, et qui la portoit a beaucoup de desordres secrets, et a traiter inhumainement ses sujets. Dieu lui fit la grace de reconnoitre sa faute, et d'en faire penitence par l'intercession de saint Francois d'Assise et de saint Antoine de Padoue, en qui elle avoit toujours eu une devotion particuliere."

[Note 1: *Traite sur l'apparition des esprits*, t. Ier, p. 252.]

"Cardan parle d'un demon barbu de Niphus qui lui faisait des lecons de philosophie.

"Le Loyer raconte que dans le temps qu'il etudioit en droit a Toulouse, il etoit loge assez pres d'une maison ou un follet ne cessoit toute la nuit de tirer de l'eau d'un puits et de faire crier la poulie. D'autres fois il sembloit tirer sur les degres quelque chose de pesant; mais il n'entroit dans les chambres que tres rarement et a petit bruit."

"On m'a raconte plusieurs fois qu'un religieux de l'ordre de Citeaux avoit un genie familier qui le servoit, accommodoit sa chambre, et preparoit toutes choses lorsqu'il devoit revenir de campagne. On y etoit si accoutume, qu'on l'attendoit a ces marques, et qu'il arrivoit en effet. On assure d'un autre religieux du meme ordre qu'il avoit un esprit familier qui l'avertissoit non seulement de ce qui se passoit dans la maison, mais aussi de ce qui arrivoit au dehors; et qu'un jour, il fut eveille par trois fois, et averti que des religieux s'etoient pris de querelles et etoient prets a en venir aux mains, il y accourut et les arreta.

"On nous a raconte plus d'une fois qu'a Paris, dans un seminaire, il y avoit un jeune ecclesiastique qui avoit un genie qui le servoit, lui parloit, arrangeoit sa chambre et ses habits. Un jour le superieur passant devant la chambre de ce seminariste l'entendit qui parloit avec quelqu'un; il entra, et demanda avec qui il s'entretenoit: le jeune homme soutint qu'il n'y avoit personne dans sa chambre, et en effet le superieur n'y vit et n'y decouvrit personne; cependant comme il avoit oui leur entretien, le jeune homme lui avoua qu'il avoit depuis quelques annees un genie familier, qui lui rendoit tous les services qu'auroit pu faire un domestique, et qui lui avoit promis de grands avantages dans l'etat ecclesiastique. Le superieur le pressa de lui donner des preuves de ce qu'il disoit: il commanda au genie de presenter une chaise au superieur; le genie obeit. L'on donna avis de la chose a Monseigneur l'archeveque, qui ne jugea pas a propos de la faire eclater. On renvoya le jeune clerc, et on ensevelit dans le silence cette aventure si singuliere."

"Guillaume, eveque de Paris[1], dit qu'il a connu un baladin qui avoit un esprit familier qui jouoit et badinoit avec lui, et qui l'empechoit de dormir, jettant quelque chose contre la muraille, tirant les couvertures du lit, ou l'en tirant lui-meme lorsqu'il etoit couche. Nous scavons par le rapport d'une personne fort sensee qu'il lui est arrive en campagne et en plein jour de se sentir tirer le manteau et les bottes, et jetter a bas le chapeau; puis d'entendre des eclats de rire et la voix d'une personne decedee et bien connue qui sembloit s'en rejouir."

[Note 1: Guillelm. Paris, 2 part. quaest. 2, c. 8.]

"Voici, rapporte dom Calmet[1], une histoire d'un esprit, dont je ne doute non plus que si j'en avois ete temoin, dit celui qui me l'a ecrite. Le comte Despilliers le pere, etant jeune, et capitaine des cuirassiers, se trouva en quartier d'hiver en Flandre. Un de ses cavaliers vint un jour le prier de le changer d'hote, disant que toutes les nuits il revenoit dans sa chambre un esprit qui ne le laissoit pas dormir. Le comte Despilliers renvoya son cavalier, et se mocqua de sa simplicite. Quelques jours apres le meme cavalier vint lui faire la meme priere; et le capitaine pour toute reponse voulut lui decharger une volee de coups de baton, qu'il n'evita que par une prompte fuite. Enfin il revint une troisieme fois a la charge, et protesta a son capitaine qu'il ne pouvoit plus resister, et qu'il seroit oblige de deserter si on ne le changeoit de logis. Despilliers qui connoissoit le cavalier pour brave soldat et fort raisonnabe lui dit en jurant: Je veux aller cette nuit coucher avec toi et voir ce qui en est. Sur les dix heures du soir, le capitaine se rend au logis de son cavalier, et ayant mis ses pistolets en bon etat sur la table, se couche tout vetu, son epee a cote de lui, pres de son soldat, dans un lit sans rideaux. Vers minuit, il entend quelque chose qui entre dans la chambre et qui en un instant met le lit sans dessus dessous et enferme le capitaine et le soldat sous le matelas et la paillasse. Despilliers eut toutes les peines du monde a se degager, et a retrouver son epee et ses pistolets, et s'en retourna chez lui fort confus. Le cavalier fut change de logis des le lenmain, et dormit tranquillement chez un nouvel hote. M. Despilliers racontoit cette aventure a qui vouloit l'entendre; c'etoit un homme intrepide et qui n'avoit jamais scu ce que c'etoit que de reculer. Il est mort marechal de camp des armees de l'empereur Charles VI et gouverneur de la forteresse de Segedin. M. son fils m'a confirme depuis peu la meme aventure comme l'ayant apprise de son pere."

[Note 1: *Traite sur les apparitions des esprits*, t. I, p. 267.]

III.—GNOMES. ESPRITS DES MINES. GARDES DES TRESORS.

"George Agricola[1] qui a scavamment traite la matiere des mines, des metaux, et de la maniere de les tirer des entrailles de la terre, reconnoit, dit dom Calmet[2], deux ou trois sortes d'esprits qui apparoissent dans les mines: les uns sont fort petits, et ressemblent a des nains ou des pygmees; les autres sont comme des vieillards recourbes et vetus comme des mineurs, ayant la chemise retroussee et un tablier de cuir autour des reins; d'autres font, ou semblent faire ce qu'ils voient faire aux autres, sont fort gais, ne font mal a personne; mais de tous leurs travaux il ne resulte rien de reel."

[Note 1: *De mineral. subterran.*, p. 504.]

[Note 2: *Traite sur les apparitions des esprits*, t. I, p, 248.]

"Lavater, cite par Taillepied[1], dit qu'un homme luy a escrit qu'a Davoise, au pays des Grisons, il y a une mine d'argent en laquelle Pierre Buol, homme notable et consul de ce lieu-la, a faict travailler es annees passees, et en a tire de grandes richesses. Il y avoit en icelle un esprit de montagne lequel principalement le jour de vendredy, et souvent, lorsque les metaillers versoient ce qu'ils avoient tire dans les cuves, faisoit fort de l'empescher, changeant a sa fantaisie les metaux des cuves en autres. Ce consul ne s'en soucioit autrement, car quand il vouloit descendre en la mine ou en remonter, se confiant en Jesus-Christ, s'armoit du signe de la croix, et jamais ne lui advint aucun mal. Or un jour advint que cest esprit fit plus de bruit que de coutume, tellement qu'un metailler impatient commenca a l'injurier et a luy commander d'aller au gibet avec imprecation et malediction. Lors cet esprit print le metailler par la tete, laquelle il luy tordit en telle sorte que le devant estoit droitement derriere: dont il ne mourut pas toutefois, mais vesquit depuis longtemps ayant le col tors et renverse, cognu familierement de plusieurs qui vivent encor; quelques annees apres il mourut.

[Note 1: *Traite sur l'apparition des esprits*, p. 128-130.]

"George Agricola escrit qu'a Annenberg, en une mine qu'on appelle *Couronne de rose*, un esprit ayant forme de cheval tua douze hommes, ronflant et soufflant contre eux, tellement qu'il la fallut quitter, encore qu'elle fut riche d'argent.

"Semblablement, on dit qu'en la mine de Saint-Gregoire en Schueberg, il en fut veu un, ayant la teste enchaperonnee de noir, lequel print un tireur de metal et l'esleva fort haut, qui ne fut pas sans l'offenser grandement en son corps.

"Olaus Magnus, cite par dom Calmet[1], dit qu'on voit dans les mines, surtout dans celles d'argent ou il y a un plus grand profit a esperer, six sortes de demons qui, sous diverses formes, travaillent a casser les rochers, a tirer les seaux, a tourner les roues, qui eclatent quelquefois de rire et font diverses singeries; mais que tout cela n'est que pour tromper les mineurs qu'ils ecrasent sous les rochers ou qu'ils exposent aux plus eminents dangers pour leur faire proferer des blasphemes ou des jurements contre Dieu. Il y a plusieurs mines tres riches qu'on a ete oblige d'abandonner par la crainte de ces dangereux esprits."

[Note 1: *Traite sur les apparitions des esprits*, t. I, p. 251.]

"Les nains de la Bretagne, les *bergmannchen* de l'Allemagne sont regardes, dit M. A. de Maury[1], comme d'une extreme habilete dans l'art de travailler les metaux. Les idees defavorables que l'on a sur eux les font meme passer chez les Bretons, les Gallois, les Irlandais, comme de faux monnayeurs; c'est au fond des grottes, dans les flancs des montagnes, qu'ils cachent leurs mysterieux ateliers. C'est la qu'aides souvent des Elfes et des autres genies analogues, ils forgent, ils trempent, ils damasquinent ces armes redoutables dont ils ont dote les dieux et parfois les mortels. L'un de ces forgerons nomme Wieland ou Velant, instruit par les nains de la montagne de Kallowa, s'etait acquis une immense renommee. Son nom de la Scandinavie etait passe dans la France, change en celui de Galant, Galant qui avait fabrique Durandal, l'epee de Charlemagne, et Merveilleuse, l'epee de Doolen de Mayence. La *Vilkina Saga* nous dit que la mere de ce celebre Vieland etait un Elfe et son pere un geant vade. Suivant d'autres traditions, il serait lui-meme un *licht elf*. Ainsi, les Elfes, en une foule de circonstances, voient leur histoire se meler a celle des nains. L'Edda parle aussi de l'extreme habilete des Elfes dans l'art de travailler les metaux: ce sont eux qui ont forge Gungner, l'epee d'Odin, qui ont fait a Sifa sa chevelure d'or, a Freya sa chaine d'or. Le cluricaune irlandais est aussi un forgeron et le paysan assure entendre souvent la montagne retentir du bruit de son marteau."

[Note 1: *Les Fees du moyen age*, p. 81-82.]

"A la ville de Greisswald et dans les environs, ajoute M. Alfred Maury[1], c'est une tradition repandue chez le peuple, que jadis, a une epoque que l'on ne peut plus determiner, le pays etait habite par un grand nombre de nains. On ignore le chemin qu'ils ont suivi en s'en allant, mais on croit qu'ils se sont refugies dans les montagnes. Une legende prussienne raconte comment les nains qui habitaient Dardesheim furent chasses par un forgeron, et comment depuis on ne les a plus revus. Dans l'Erzgebirge, une tradition toute semblable dit que les nains ont ete chasses par l'etablissement des forges. Dans le Harz, meme legende. Le peuple du Nord-Jutland dit que les trolls ont quitte Vendyssel pour ne plus reparaitre."

[Note 1: *Les Fees du moyen age*, p. 91-92.]

"Suivant Bodin[1], Oger Ferrier, medecin fort scavant, estant a Thoulouse, print a louage une maison pres de la Bourse, bien bastie et en beau lieu, qu'on lui bailla quasi pour neant, pource qu'il y avoit un esprit malin qui tourmentoit les locataires. Mais lui ne s'en soucioit non plus que le philosophe Athenodorus, qui osa seul demeurer en une maison d'Athenes, deserte et inhabitee par le moyen d'un esprit. Oyant ce qu'il n'avoit jamais pense, et qu'on ne pouvoit seurement aller en la cave, ni reposer quelquefois, on l'avertit qu'il y avoit un jeune escholier portugais, estudiant lors a Thoulouse, lequel faisoit voir sur l'ongle d'un jeune enfant les choses cachees. L'escholier appele usa de son mestier, et une petite fille enquise dit qu'elle voyoit une femme richement paree de chaines et dorures, et qui tenoit une torche en la main, pres d'un pilier. Le Portugais conseilla au medecin de faire fouir en terre, dedans la cave, pres du pilier, et lui dit qu'il trouveroit un thresor. Qui fut bien aise, ce fut le medecin, lequel fit creuser. Mais lors qu'il esperoit trouver le thresor, il se leva un tourbillon de vent, lequel esteignit la lumiere, sortit par un soupirail de la cave et rompit deux toises de creneaux qui estoyent en la maison voisine, dont il tomba une partie sur l'ostvent et l'autre partie en la cave, par le soupirail, et sur une femme portant une cruche d'eau qui fut rompue. Depuis, l'esprit ne fut oui en sorte quelconque. Le jour suivant, ce Portugais, averti du fait, dit que l'esprit avoit emporte le thresor, et que c'estoit merveille qu'il n'avoit offense le medecin, lequel me conta l'histoire deux jours apres, qui estoit le 15 de decembre 1558, estant le ciel serein et beau comme il est d'ordinaire es-jours alcyoniens, et fus voir les creneaux de la maison voisine abatus, et l'ost de la boutique rompu."

[Note 1: *Demonomanie*, liv. III, chap. III, cite par Goulart, *Thresor des histoires admirables*, t. II, p. 629.]

"Philippe Melanchthon, ajoute le meme auteur[1], recite une histoire quasi semblable, qu'il y eut dix hommes, a Magdebourg, tuez de la ruine d'une tour lors qu'ils fossoyoient pour trouver les thresors que Satan leur avoit enseignez. J'ay apris aussi d'un Lyonnais, qui depuis fut chapelain a l'eglise Notre-Dame de Paris, que lui avec ses compagnons avoyent descouvert par magie un thresor a Arcueil pres de Paris. Mais voulant avoir le coffre ou il estoit, qu'il fut emporte par un tourbillon et qu'il tomba sur lui un pan de la muraille, dont il est et sera boiteux toute la vie. Et n'y a pas longtemps qu'un prestre de Nuremberg ayant trouve un thresor a l'aide de Satan, et sur le point d'ouvrir le coffre, fut accable des ruines de la maison. J'ay sceu aussi d'un pratricien de Lyon, qu'ayant este avec ses compagnons la nuict, pour conjurer les esprits a trouver un thresor, comme ils avoient commence de fouir en terre, ils ouyrent la voix comme d'un homme qui estoit sur la roue, pres du lieu ou ils creusoyent, criant espouvantablement aux larrons, ce qui les mit en fuite. Au mesme instant les malins esprits les poursuivirent battans jusques en la maison d'ou ils estoyent sortis, et entrerent dedans, faisant un bruit si grand, que l'hoste pensoit qu'il tonnast. Depuis, il fit serment qu'il n'iroit jamais cercher thresor.

[Note 1: Au meme endroit.]

Le sieur de Villamont[1] raconte ce qui suit:

[Note 1: *Voyages*, liv. I, chap. XXIII.]

"Pres de Naples, nous trouvans au bord de la mer, joignant une montagne ou l'on descend en la grotte qu'on appelle du roi Salar, nous entrasmes dedans icelle grotte avec un flambeau allume, et cheminasmes jusques a l'entree de certaine fosse, ou nostre guide s'arresta, ne voulant passer outre. Lui ayant demande la cause de cela, respondit que ceste entree estoit tres perilleuse et que ceux qui s'ingeroyent de passer plus avant n'en retournoyent jamais dire nouvelles aux autres: ainsi qu'arriva (dit-il) il y a environ six ans (il racontoit l'histoire au commencement de l'annee 1589), au prieur de l'abbaye de Margouline, a un Francois et a un Aleman, lesquels arrivez a ceste fosse furent avertis par moi de n'entrer dedans. Mais se mocquant de mes admonitions prindrent chacun son flambeau pour descendre. Ce que voyans, je les y laissai entrer, sans vouloir aller en leur compagnie, les attendant toutefois a l'entree d'icelle. Mais voyant qu'ils ne retournoyent point, je me doutai incontinent qu'ils estoyent morts, de sorte qu'estant retourne a Naples, je le recitay a plusieurs; tant qu'enfin cela vint a la connaissance des parents du prieur, qui me firent constituer prisonnier, alleguant contre moi que je l'avois fait entrer dedans, ou du moins, ne l'avois averti de l'inconvenient. Mais sur-le-champ, je prouvay le contraire et fus absous a pur et a plein. En peu de jours apres on descouvrit que ces trois estoient magiciens qui avoyent entrepris de descendre en cette fosse pour y cercher un thresor."

"L'an 1530, dit Jean des Caurres[1], le diable monstra a un prestre, au travers d'un crystal, quelques thresors en la ville de Noriberg. Mais ainsi que le prestre le cherchoit dedans un lieu fossoye devant la ville, ayant pris un sien amy pour spectateur, et comme deja il commencoit a voir un coffre au fond de la caverne, aupres duquel il y avoit un chien noir couche, il entra dedans et incontinent il fut estouffe et englouti dedans la terre, laquelle tomba dessus et remplit de rechef la caverne."

[Note 1: *Oeuvres morales et diversifiees et histoires*, p. 292.]

"Dom Calmet[1], rapporte que deux religieux fort eclaires et fort sages, le consulterent sur une chose arrivee a Orbe, village d'Alsace, pres l'abbaye de Pairis.

[Note 1: *Traite sur les apparitions des esprits*, t. I, p. 274.]

"Deux hommes de ce lieu leur dirent qu'ils avoient vu dans leur jardin sortir de la terre une cassette, qu'ils presumoient etre remplie d'argent, et que l'ayant voulu saisir, elle s'etoit retiree et cachee de nouveau sous la terre. Ce qui leur etoit arrive plus d'une fois."

Le meme auteur ajoute[1]:

[Note 1: Au meme endroit.]

"Theophane, historiographe grec, celebre et serieux, sous l'an de J.-C. 408, raconte que Cabades, roi de Perse, etant informe qu'entre le pays de l'Inde et de la Perse, il y avoit un chateau nomme Zubdadeyer, qui renfermoit une grande quantite d'or, d'argent et de pierreries, resolut de s'en rendre maitre; mais ces tresors etoient gardes par des demons, qui ne souffroient point qu'on en approchat. Il employa, pour les conjurer et les chasser, les exorcismes des mages et des Juifs qui etoient aupres de lui; mais leurs efforts furent inutiles. Le roi se souvint du Dieu des chretiens, lui adressa ses prieres, fit venir l'eveque qui etoit a la tete de l'Eglise chretienne de Perse, et le pria de s'employer pour lui faire avoir ces tresors, et pour chasser les demons qui les gardoient. Le prelat offrit le saint sacrifice, y participa, et etant alle sur le lieu, en ecarta les demons gardiens de ces richesses, et mit le roi en paisible possession du chateau."

"Racontant cette histoire a un homme de consideration[1], il me dit que dans l'isle de Malthe, deux chevaliers ayant aposte un esclave qui se vantoit d'avoir le secret d'evoquer les demons, et de les obliger de decouvrir les choses les plus cachees, ils le menerent dans un vieux chateau ou l'on croyoit qu'etoient caches des tresors. L'esclave fit ses evocations, et enfin le demon ouvrit un rocher d'ou sortit un coffre. L'esclave voulut s'en emparer, mais le coffre rentra dans le rocher. La chose recommenca plus d'une fois; et l'esclave, apres de vains efforts, vint dire aux chevaliers ce qui lui etoit arrive, mais qu'il etoit tellement affaibli par les efforts qu'il avoit faits, qu'il avoit besoin d'un peu de liqueur pour se fortifier; on lui en donna, et quelque temps apres, etant retourne, on ouit du bruit, l'on alla dans la cave avec de la lumiere pour voir ce qui etoit arrive, et l'on trouva l'esclave etendu mort et ayant sur toute sa chair comme des coups de canifs representant une croix. Il en etoit si charge qu'il n'y avoit pas de quoi poser le doigt qui n'en fut marque. Les chevaliers le porterent au bord de la mer, et l'y precipiterent avec une grosse pierre pendue au col."

[Note 1: M. le chevalier Guiot de Marre.]

"La meme personne nous raconta encore a cette occasion qu'il y a environ quatre-vingt-dix ans qu'une vieille femme de Malthe fut avertie par un genie qu'il y avoit dans sa cave un tresor de grand prix, appartenant a un chevalier de tres grande consideration, et lui ordonna de lui en donner avis: elle y alla, mais elle ne put obtenir audience. La nuit suivante, le meme genie revint, lui ordonna la meme chose; et comme elle refusoit d'obeir, il la maltraita et la renvoya de nouveau. Le lendemain elle revint trouver le seigneur, et dit aux domestiques qu'elle ne sortirait point qu'elle n'eut parle au maitre. Elle lui raconta ce qui lui etoit arrive; et le chevalier resolut d'aller chez elle, accompagne de gens munis de pieux et d'autres instruments propres a creuser: ils creuserent, et bientot il sortit de l'endroit ou ils piochoient une si grande quantite d'eau, qu'ils furent obliges d'abandonner leur entreprise. Le chevalier se confessa a l'inquisiteur, de ce qu'il avoit fait et recut l'absolution, mais il fut oblige d'ecrire dans les registres de l'inquisition le fait que nous venons de raconter.

"Environ soixante ans apres, les chanoines de la cathedrale de Malthe, voulant donner au devant de leur eglise une place plus vaste, acheterent des maisons qu'il fallut renverser, et entre autres celle qui avoit appartenu a cette vieille femme; en y creusant, on y trouva le tresor, qui consistoit en plusieurs pieces d'or de la valeur d'un ducat, avec l'effigie de l'empereur Justin Ier. Le grand maitre de Malthe pretendoit que le tresor lui appartenoit comme souverain de l'isle; les chanoines le lui contestoient. L'affaire fut portee a Rome. Le grand maitre gagna son proces; l'or lui fut apporte de la valeur d'environ soixante mille ducats; mais il les ceda a l'eglise cathedrale. Quelque temps apres, le chevalier dont nous avons parle, qui etoit alors fort age, se souvint de ce qui lui etoit arrive, et pretendit que ce tresor lui devoit appartenir: il se fit mener sur les lieux, reconnut la cave ou il avoit d'abord ete et montra dans les registres de l'inquisition ce qu'il y avoit ecrit soixante ans auparavant. Cela ne lui fit point recouvrer le tresor, mais c'etait une preuve que le demon connoissoit et gardoit cet argent."

"Voici l'extrait d'une lettre ecrite de Kirchheim, du 1er janvier 1747, a M. Schopfflein, professeur en histoire et en eloquence a Strasbourg, et rapportee par dom Calmet[1]:

[Note 1: Ouvrage cite, p. 282-283.]

"Il y a plus d'un an que M. Cavallari, premier musicien de mon serenissime maitre, et Venitien de nation, avoit envie de faire creuser a Rothenkirchen, a une lieue d'ici, qui etoit autrefois une abbaye renommee, et qui fut ruinee du temps de la reformation. L'occasion lui en fut fournie par une apparition que la femme du censier de Rothenkirchen avoit eue plus d'une fois en plein midi, et surtout le 7 mai, pendant deux ans consecutifs. Elle jure et en peut faire serment, qu'elle a vu un pretre venerable en habits pontificaux, brodes en or, qui jetta devant lui un grand tas de pierres, et quoiqu'elle soit lutherienne, par consequent incredule sur ces sortes de choses-la, elle croit pourtant que si elle avoit eu la presence d'esprit d'y mettre un mouchoir ou un tablier, toutes les pierres seraient devenues de l'argent. M. Cavallari demanda donc permission d'y creuser, ce qui lui fut d'autant plus facilement accorde que le dixieme du tresor est du au souverain. On le traita de visionnaire, et on regarda l'affaire des tresors comme une chose inouie. Cependant il se moqua du *qu'en dira-t-on*, et me demanda si je voulois etre de moitie avec lui; je n'ai pas hesite un moment d'accepter cette proposition, mais j'ai ete bien surpris d'y trouver de petits pots de terre remplis de pieces d'or. Toutes ces pieces plus fines que les ducats sont pour la plupart du quatorzieme et quinzieme siecle. Il m'en a echu pour ma part 666, trouvees a trois differentes reprises. Il y en a des archeveques de Mayence, de Treves et de Cologne, des villes d'Oppenheim, de Baccarat, de Bingen, de Coblens; il y en a aussi de Rupert Paladin, de Frederic, burgrave de Nuremberg, quelques-unes de Wenceslas, et une de l'empereur Charles IV, etc.

"L'histoire qu'on vient de rapporter est rappelee, ajoute dom Calmet, avec quelques circonstances differentes, dans un imprime qui annonce une lotterie de pieces trouvees a Rothenkirchen, au pays de Nassau, pas loin de Donnersberg. On y lit que la valeur de ces pieces est de 12 livres 10 sols, argent de France. La lotterie devait se tirer publiquement le 1er fevrier 1750. Chaque billet etoit de six livres, argent de France."

Bartolin, dans son livre de la *Cause du mepris de la mort, que faisoient les anciens Danois*, liv. II, ch. II, raconte, d'apres dom Calmet[1], "que les richesses cachees dans les tombes aux des grands hommes de ce pays-la, etoient gardees par les manes de ceux a qui elles appartenoient, et que ces manes ou ces demons repandoient la frayeur dans l'ame de ceux qui vouloient enlever ces tresors, par un deluge d'eau qu'ils repandoient, ou par des flammes qu'ils faisoient paroitre autour des monuments qui renfermoient ces corps et ces tresors."

[Note 1: Ouvrage cite, t. I, p. 284.]

IV.—ESPRITS FAMILIERS.

"Plutarque, au livre qu'il a fait du Daemon de Socrates, tient, dit Bodin[1] comme chose tres certaine l'association des esprits avec les hommes et dit que Socrates, estime le plus homme de bien de la Grece, disoit souvent a ses amis qu'il sentoit assiduellement la presence d'un esprit, qui le destournoit toujours de mal faire et de danger. Le discours de Plutarque est long et chacun en croira ce qu'il voudra, mais je puis assurer avoir entendu d'un personnage encore en vie l'an 1580 qu'il y avoit un esprit qui lui assistoit assiduellement, et commenca a le connoistre ayant environ trente-sept ans: combien que ce personnage me disoit qu'il avoit opinion que toute sa vie l'esprit l'avoit accompagne, par les songes precedens et visions qu'il avoit eu de se garder des vices et inconveniens. Toutesfois il ne l'avoit jamais apperceu sensiblement, comme il fit depuis l'age de trente-sept ans: ce qui lui avint, comme il dit, ayant un an auparavant continue de prier Dieu de tout son coeur soir et matin a ce qu'il lui pleust envoyer son bon ange, pour le guider en toutes ses actions. Apres et devant la priere il employoit quelque temps a contempler les oeuvres de Dieu, se tenant quelques fois deux ou trois heures tout seul assis a mediter et contempler, et cercher en son esprit, et a lire la Bible pour trouver laquelle de toutes les religions debatues de tout costez estoit la vraye. Et disoit souvent ces vers du pseaume 143:

[Note 1: *Demonomanie*, liv. 1, ch. II.]

Enseigne-moi comme il faut faire,
Pour bien ta volonte parfaire:
Car tu es mon vrai Dieu entier.
Fay que ton esprit debonnaire
Me guide et meine au droit sentier.

Il blasmoit ceux qui prient Dieu qu'il les entretiene en leur opinion, et continuant ceste priere et lisant les sainctes Escritures il trouve en Philon, Hebrieu, au livre des Sacrifices que le plus grand et le plus agreable sacrifice que l'homme de bien et entier peut faire a Dieu, c'est de soi-mesme estant purifie par lui. Il suivit ce conseil offrant a Dieu son ame. Depuis il commenca comme il m'a dit d'avoir des songes et visions pleines d'instructions: tantost pour corriger un vice, tantost un autre, tantost pour se garder d'un danger, tantost pour estre resolu d'une difficulte, puis d'une autre, non seulement des choses divines, mais encore des choses humaines. Entre autres il lui sembla avoir ouy la voix de Dieu en dormant, qui lui dit: Je sauverai ton ame: c'est moi qui te suis apparu ci-devant. Depuis, tous les matins, sur les trois ou quatre heures, l'esprit frappoit a sa porte: lui se leva quelquefois ouvrant la porte et ne voyoit personne. Tous les matins l'esprit continuoit: et s'il ne se levoit, il frappoit de rechef et le resveilloit jusques a ce qu'il se fust leve. Alors il commenca d'avoir crainte pensant que ce fust quelque malin esprit, comme il disoit: pour ceste cause il continuoit de prier Dieu, sans faillir un seul jour, que Dieu lui envoyast son bon ange, et chantoit souvent les Psalmes qu'il scavoit quasi tous par coeur. Et lors l'esprit se fit connoistre en veillant, frappant doucement. Le premier jour il apperceut sensiblement plusieurs coups sur un bocal de verre, ce qui l'estonnoit bien fort: et deux jours apres ayant un sien ami secretaire du Roy disnant avec lui oyant que l'esprit frappoit sur une escabelle joignant de lui, commenca a rougir et craindre; mais il lui dit: N'ayez point de crainte, ce n'est rien. Toutes fois pour l'asseurer il lui conta la verite du fait. Or il m'a asseure que depuis cest esprit l'a toujours accompagne, lui donnant un signe sensible, comme le touchant tantost l'oreille dextre, s'il faisoit quelque chose qui ne fust bonne, et a l'oreille senestre, s'il faisoit bien. Et s'il venoit quelqu'un pour le tromper et surprendre, il sentoit soudain le signal a l'oreille dextre; si c'estoit quelque homme de bien, et qui vinst pour son bien, il sentoit aussi le signal a l'oreille senestre. Et quand il vouloit boire et manger chose qui fust mauvaise, il sentoit le signal; s'il doutoit aussi de faire ou entreprendre quelque chose, le mesme signal lui avenoit. S'il pensoit quelque chose mauvaise, et qu'il s'y arrestast, il sentoit aussi tost le signal pour s'en destourner. Et quelquesfois quand il commencoit a louer Dieu par quelque psalme ou parler de ses merveilles, il se sentoit saisi de quelque force spirituelle, qui lui donnoit courage. Et afin qu'il discernast le songe par inspiration d'avec les autres resveries qui aviennent quand on est mal dispose, ou que l'on est trouble d'esprit, il estoit esveille de l'esprit sur les deux ou trois heures du matin; et un peu apres il s'endormoit. Alors il avoit les songes veritables de ce qu'il devoit faire ou croire des doutes qu'il avoit, ou de ce qui lui devoit avenir. En sorte qu'il dit que depuis ce temps-la ne lui est advenu quasi chose dont il n'ait eu advertissement, ni doute des choses qu'on doit croire, dont il n'ait eu resolution. Vrai est qu'il demandoit tous les jours a Dieu qu'il lui enseignast sa volonte, sa loy, sa verite... Au surplus de toutes ses actions il estoit assez joyez et d'un esprit gay. Mais si en compagnie il lui advenoit de dire quelque mauvaise parole et de laisser pour quelques jours a prier Dieu, il estoit aussi tost adverti en dormant. S'il lisoit un livre qui ne fust bon, l'esprit frappoit sur le livre, pour le lui faire laisser, et estoit aussi tost destourne s'il faisoit quelque chose contre sa sante, et en sa maladie garde soigneusement... Surtout il estoit adverti de se lever matin, et ordinairement des quatre heures, il dit qu'il ouyt une voix en dormant qui disoit: Qui est celui qui le premier se levera pour prier? Aussi dit-il qu'il estoit souvent adverti de donner l'aumosne; et lorsque plus il donnoit l'aumosne, plus il sentoit que ses afaires prosperoyent. Et comme ses ennemis avoyent delibere de le tuer, ayans sceu qu'il devoit aller par eau, il eust vision, en songe, que son pere lui amenoit deux chevaux, l'un rouge et l'autre blanc; qui fust cause qu'il envoya louer deux chevaux, que son homme lui amena, l'un rouge et l'autre blanc, sans lui avoir dit de quel poil il les vouloit. Je lui demanday pourquoy il ne parloit a l'esprit? Il me fit responce qu'une fois il le pria de parler a lui: mais qu'aussi tost l'esprit frappa bien fort contre sa porte, comme d'un marteau, lui faisant entendre qu'il n'y prenoit pas plaisir, et souvent le destournoit de s'arrester a lire et escrire pour reposer son esprit et a mediter tout seul, oyant souventes fois en veillant une voix bien fort subtile et inarticulee. Je lui demanday s'il avoit jamais veu l'esprit en forme. Il me dit qu'il n'avoit jamais rien veu en veillant, hors-mis quelque lumiere en forme d'un rondeau, bien fort claire. Mais un jour estant en extreme danger de sa vie, ayant prie Dieu de tout son coeur, qu'il lui plust le preserver, sur le poinct du jour entre-sommeillant dit qu'il apperceut sur le lict ou il estoit couche, un jeune enfant vestu d'une robe blanche, changeant en couleur de pourpre, d'un visage de beaute esmerveillable: ce qu'il asseuroit bien fort. Une autre fois, estant aussi en danger extreme, se voulant coucher, l'esprit l'en empescha, et ne cessa qu'il ne fust leve; lors il pria Dieu toute la nuict sans dormir. Le jour suivant Dieu le sauva de la main des meurtriers d'une facon estrange et incroyable. Apres s'estre eschappe du danger, dit qu'il ouit en dormant une voix qui disoit: Il faut bien dire qui en la garde du haut Dieu pour jamais se retire. Pour le faire court, en toutes les difficultez, voyages, entreprises qu'il avoit a faire, il demandoit conseil a Dieu. Et comme il priait Dieu qu'il lui donnast sa benediction, une nuict il fut advis en dormant qu'il voyoit son pere qui le benissoit."

"Il y a, dit Bodin[1], un gentilhomme en Picardie, aupres de Villiers-Costerets, qui avoit un esprit familier en un anneau, duquel il vouloit disposer a son plaisir, et l'asservir comme un esclave, l'ayant achete bien cher d'un Espagnol; et d'autant qu'il lui mentoit le plus souvent, il jetta l'anneau dedans le feu, pensant y jetter l'esprit aussi, comme si cela se pouvoit enclorre. Depuis il devint furieux et tourmente du diable."

[Note 1: *Demonomanie*, liv. II, ch. III.]

Au recit de Paul Jove[1], Corneille Agrippa avait un chien noir qui n'etait autre que le diable, lequel lui apprenait ce qui se passait partout. Ce chien noir se tenait dans le cabinet de Corneille Agrippa couche sur des tas de papiers, pendant que son maitre travaillait. Au moment de mourir et presse de se repentir, Agrippa ota a ce chien un collier de clous qui formaient des inscriptions magiques, et lui dit d'un ton afflige: Va-t'en, malheureuse bete, qui es cause de ma perte. Ce chien voyant son maitre pret a expirer alla se precipiter dans le Rhone.

[Note 1: *Elogia virorum illustrium*. Venise, 1546, in-fol.]

"J'ay connu un personnage, dit Bodin[1], lequel me descouvrit une fois qu'il estoit fort en peine a cause d'un esprit qui le suivoit et se presentoit a lui en plusieurs formes: de nuict le tiroit par le nez, l'esveilloit, le battoit souvent, et quoy qu'il le priast de laisser reposer, il n'en vouloit rien faire; et le tourmentoit sans cesse lui disant: Commande moi quelque chose: et qu'il estoit venu a Paris pensant qu'il le deust abandonner, ou qu'il y peust trouver remede a son mal, sous ombre d'un proces qu'il estoit venu solliciter. J'appercus bien qu'il n'osoit pas me descouvrir tout. Lui demandant quel profit il avoit eu de s'assujettir a tel maistre, il me dit qu'il pensoit parvenir aux biens et honneurs, et scavoir les choses cachees: mais que l'esprit l'avoit toujours abuse; que pour une verite il disoit trois mensonges, et ne l'avoit jamais sceu enrichir d'un double, ni faire jouir de celle, qu'il aimoit, principale occasion qui l'avoit induit a l'invoquer, et qu'il ne lui avoit aprins les vertus des plantes, ni des pierres, ni des sciences secretes, comme il esperoit, et qu'il ne lui parloit que de se venger de ses ennemis, ou faire quelque tour de finesse et de meschancete. Je lui dis qu'il estoit aise de se defaire d'un tel maistre, et sitost qu'il viendroit, qu'il appelast le nom de Dieu a son aide et qu'il s'adonnast a servir Dieu de bon coeur. Depuis je n'ay veu le personnage, ni peu scavoir s'il s'estoit repenti."

[Note 1: *Demonomanie*, liv. II, ch. III.]

PRODIGES

I.—PRODIGES CELESTES

"L'an 1500, dit Goulart[1] d'apres Conrad Licosthenes[2], qui avait recueilli toutes ces histoires de Job Fincel, de Marc Frytsch, et de plusieurs autres, l'on vit en Alsace, pres de Saverne, une teste de taureau, entre les cornes de laquelle estincelloit une fort grande estoile.

[Note 1: *Thresor des histoires admirables*, t. I, p. 46 et suiv.]

[Note 2: *De prodigiis et ostentis.*]

"En la meme annee, le vingt uniesme jour de may, sur la ville de Lucerne en Suisse, se vid un dragon de feu, horrible a voir, de la grosseur d'un veau, et de douze pieds de long, lequel vola vers le pont de la riviere de Russ qui y passe.

"L'an 1503, en la duche de Baviere, sur une villette nommee Vilsoc, fut veu un dragon couronne et jettant des flammes de feu par la gorge.

"Sur la ville de Milan, en plein jour, le ciel net et serain, furent veues plusieurs estoiles merveilleusement luisantes.

"Au commencement de janvier l'an 1514, environ les huit heures du matin, en la duche de Witemberg furent veus trois soleils au ciel. Celui du milieu estoit beaucoup plus grand que les autres. Tous les trois portoient la figure d'une longue espee, de couleur luisante et marquettee de sang, dont les poinctes s'estendoyent fort avant. Cela avint le douziesme jour du mois. Le lendemain sur la ville de Rotvil on vid le soleil monstrant une face effroyable, environne de cercles de diverses couleurs. Deux jours auparavant, et le dix-septieme de mars suivant, furent veus trois soleils, et trois lunes aussi l'onziesme de janvier et le dix-septiesme de mars. Jacques Stopel, medecin de Memminge fit un ample discours et prognostic sur ces apparitions suivies de grands troubles, notamment en Souabe.

"En l'annee 1520, les bourgeois de Wissembourg, ville assise au bord du Rhin, entendirent un jour en plein midi bruire estrangement en l'air un horrible cliquetis d'armes, et des courses de gens combatans et crians comme en bataille rangee. Ce qui donna telle espouvante que tous coururent aux armes, pensans que la ville fust assiegee et que les ennemis fussent pres des portes.

"Lorsque l'empereur Charles V fut couronne en la ville d'Aix-la-Chapelle, on vid le soleil environne d'un grand cercle, avec un arc en ciel. En la ville d'Erford furent veus trois soleils. Outre plus un chevron ardant terrible a regarder a cause de sa masse et de sa longueur. Ce chevron baissant en terre, y fist un grand degast, puis remontant en l'air, se convertit en forme de cercle.

"Job Fincel, en son recueil *des Merveilles de nostre temps*, remarque que l'an 1523, un paysan de Hongrie, faisant quelque voyage avec son chariot, fut surpris de la nuict et contraint demeurer a la campagne pour y attendre le jour. Ayant dormi quelque temps il se resveille, descend du chariot pour se promener, et, regardant en haut, vid en l'air les semblances de deux princes combatans avec les espees es mains l'un contre l'autre. Il y en avoit un de haute taille et robuste: l'autre estoit plus petit et portoit une couronne sur la teste. Le grand mit bas et tua le petit, puis luy ayant oste la couronne la jetta comme contre terre, tellement qu'elle fut despecee en diverses pieces. Trois ans apres, Ladislas, roy de Hongrie, fut tue en bataille par les Turcs.

"En l'an 1525 fut veu en Saxe, environ le trespas de l'electeur Frederic, surnomme le Sage, le soleil couronne d'un grand cercle entier et tout rond, resemblant en couleur l'arc celeste. Au mois d'aoust de la mesme annee, le soleil se monstra l'espace de quelques jours ainsi qu'une grosse boule de feu allumee et de toute autre couleur que l'ordinaire. S'ensuivit tost apres la sedition des paysans en Alemagne.

"L'an 1528, environ la mi-may, sur la ville de Zurich furent veus quatre parelies environnez de deux cercles entiers et le soleil entoure de quatre petits cercles. Au mesme an, la ville d'Utrecht, estroitement assiegee et finalement prinse par les Bourguignons, apparut en l'air un prognostic de ce malheur, dont les habitans furent aussi merveilleusement estonnez. C'est a scavoir une grande croix qu'on surnomme de sainct Andre, laquelle estoit de couleur blafarde et hideuse a voir.

"Le septiesme jour de fevrier 1536, environ minuict, furent veus au ciel, sur un quartier d'Espaigne, deux hommes armez, et courans sus l'un a l'autre avec l'espee au poing; l'un portoit au bras gauche une rondelle ou estoit peint un aigle avec ce mot autour, *Regnabo*, c'est-a-dire *Je regnerai*. L'autre avoit un grand bouclier avec une estoile et un croissant et cette inscription *Regnavi*, c'est-a-dire *J'ai regne*. Celui qui portoit l'aigle renversa l'autre.

"En l'an 1537, le premier jour de fevrier, fut veu en Italie un aigle volant en l'air, portant au pied droict une bouteille et au gauche un serpent entortille, suivi d'un nombre innombrable de pies. Au meme temps fut veue aussi en l'air une croix bourguignonne de diverses couleurs. Quinze jours auparavant, fut veue en Franconie, entre Pabenberp et la forest de Turinge, une estoile de grandeur merveilleuse, laquelle s'estant abaissee peu a peu se reduisit en forme d'un grand cercle blanc, dont tost apres sortirent des tourbillons de vent et des touffes de feu, qui tombans en terre, firent fondre des pointes de picques, fers et mords de cheval, sans offenser homme ni edifice quelconque.

"Le vingt-neuviesme jour de mars 1545, environ les huict heures du matin, cheut es environs de Cracovie un esclat de fouldre apres un tonnerre si impetueux que toute la Pologne en fust esmeue. Incontinent aparurent au ciel trois croix roussastres, entre lesquelles estoit un homme arme de toutes pieces, lequel, avec une espee ardante, combatoit une armee, laquelle il desfit:

et la-dessus survint un horrible dragon lequel engloutit cest homme victorieux. Incontinent le ciel s'ouvrit comme tout en feu, et fut ainsi veu l'espace d'une bonne heure. Puis aparurent trois arcs en ciel avec leurs couleurs acoustumees, sur le plus haut desquels estoit la forme d'un ange comme on le represente en figure de jeune homme qui a des ailes aux espaules, tenant un soleil en l'une de ses mains, une lune en l'autre. Ce deuxiesme spectacle ayant dure une demi-heure en presence de tous ceux qui voulurent le voir, quelques nuees s'esleverent qui couvrirent ces aparences.

"Un jour d'octobre 1547, environ les sept heures du matin, fut veue au pays de Saxe la forme d'une biere de trespasse couverte d'un drap noir, chamarre d'une croix de couleur rousse, precedee et suivie de plusieurs figures d'hommes en dueil, chacun d'iceux portant une trompette dont ils commencerent a sonner si haut que les habitans du pays en entendoyent aisement le bruit. En ces entrefaites aparut un homme arme de toutes pieces, de terrible regard, lequel desgaignant son espee coupa une partie du drap, puis de ses deux mains deschira le reste, quoi fait lui et tous les autres s'esvanouyrent.

"Au mois de juin 1553, furent veus en l'air serain et descouvert, sur la ville de Cobourg, entre cinq et six heures du soir, diverses sortes d'hommes, puis des armees qui se donnoyent bataille, et un aigle voltigeant, les ailes tout espandues. En juillet furent veus au ciel deux serpens entrelassez, se rongeans l'un l'autre, et au milieu d'eux une croix de feu. En cette mesme annee deceda le duc George, prince d'Anhalt, excellent theologien. Le jour qu'il trespassa, l'on apperceut de nuict au ciel sur la ville de Witteberg une croix bleue. Quelques jours devant la bataille donnee entre Maurice, duc de Saxe et Albert, marquis de Brandebourg, l'image d'un grand homme apparut es nuees en un endroit de Saxe. Du corps de cest homme, lequel paroissoit nud, commenca tout premier a decouler du sang goute apres goute, puis on en vid sortir des etincelles de feu, finalement il disparut peu a peu.

"L'onziesme jour de janvier 1556, vers les montagnes qui ceignent d'un coste la ville d'Augsbourg, le ciel s'ouvrit, et sembla se fendre, dont tous furent merveilleusement estonnez: surtout a cause des cas pitoyables qui avindrent incontinent apres. Car au mesme jour le messager d'Augsbourg tua d'un coup de pistole certain capitaine aux portes de la ville. Le lendemain la femme d'un forgeur d'espees, estimant faire un grand butin, tua dedans sa maison un marchant. Incontinent apres sa servante se tua soi-mesme d'un coup de cousteau. Un jour apres, en querelle, un boucher fut renverse mort d'un coup d'espee: et deux villages furent tous bruslez. Le quinziesme jour du mesme mois, le garde de la forest de Saincte-Catherine fut transperce et trouve occis d'un coup de harquebuse. Et le dix-septiesme, un valet d'orfevre, pousse de desespoir, se noya. La nuict suivante, plusieurs furent blessez a mort par les rues.

"En divers jours et mois de la mesme annee 1556 furent remarquees autres apparitions; comme en fevrier furent veus au ciel sur la comte de Boets des armees a pied et a cheval qui combatoyent furieusement. Au mois de septembre, sur une villette du marquisat de Brandebourg, nommee Custrin, environ les neuf heures du soir, on vid infinies flammesches de feu saillans du ciel, et au milieu deux grands chevrons ardans. Sur la fin fut entendue une voix criant: Malheur, malheur a l'Eglise!

"Wolfgang Strauch, de Nuremberg, escrit que l'an 1556, sur une ville de Hongrie qu'il nomme Babatscha, fut veue, le sixiesme jour d'octobre, peu avant soleil levant, la semblance de deux garcons nuds combatans en l'air avec le cimeterre es mains et le bouclier es bras. Celui qui portoit en son bouclier un aigle double chamailla si rudement sur l'autre dont le bouclier portoit un croissant, qu'il sembla que le corps navre de plusieurs playes tombast du ciel en terre. Au mesme temps et lieu fut veu l'arc en ciel avec ses couleurs accoustumees et aux bouts d'icelui deux soleils. Non gueres loin d'Augsbourg fut veu au ciel le combat d'un ours contre un lyon, au mois de decembre en la mesme annee; et a Witteberg, en Saxe, le sixiesme jour d'icelui mois, trois soleils et une nuee tortue marquetee de bleu et de rouge, estendue en arc, le soleil paroissant pasle et triste entre les parelies.

Fr. des Rues[1] rapporte que "L'an 1558, veille de Pasques, s'esleva de terre sur le midi en la lande de Raoul en Normandie un tourbillon tel, qu'il entrainoit tout ce qui lui estoit a la rencontre, enfin se haussant en l'air, parut une colonne coulouree de rouge et de bleu, qui l'accompagnoit et s'arresta en l'air. Cependant on voyoit des flesches et dards qui s'eslancoyent contre ceste colonne, sans que l'on vist ceux qui les descochoyent: et au haut du tourbillon, sur la colonne, l'on entendoit crier des oiseaux de diverses sortes voltigeans a l'entour. Ce tourbillon fut suivi de griefve mortalite au pays."

[Note 1: Dans ses *Antiquitez de France*.]

"Apres la consideration des nues, dit Gaffarel[1] vient celle de la pluye en laquelle on ne peut rien lire que par la troisieme espece de lecture qui est par hieroglyphe, et de ce genre est la pluye de sang ou de couleur rouge tombee en Suisse l'an 1534, laquelle se formait en croix sur les habits. Jean Pic a immortalise ce prodige par une longue suite de vers, dont ceux-ci expriment nettement l'histoire:

[Note 1: *Curiositez inouyes*.]

Permixtam crucem rubro spectavimus olim
Nec morum discrimen erat sacer alque prophanus
Jam conspecta sibi gestabant mystica Patres
Conscripti et pueri, conscriptus sexus aterque
Et templa et vestes, a summa Caesari aula

Ad tenues vicos, ad dura mapalia ruris
Cernere erat liquido deductum ex aethere signum.

Ces gouttes d'eau ne formaient pas seulement des croix sur les vetements mais encore sur les pierres et sur la farine, consequence assuree, dit Gaffarel, qu'il y avait quelque chose de divin.

"La neige, la gresle et la gelee, continue le meme auteur, portent encore quelquefois des characteres bien estranges, et dont la lecture n'est pas a mespriser. On a souvent veu de la gresle sur laquelle on a remarque ou la figure d'une croix, ou d'un bouclier, ou d'un coeur, ou d'un mort, et si nous ne meprisions pas ces merveilles, nous lirions sans doute dans l'advenir la verite de ces figures hieroglyphiques. Faict quelques ans qu'en Languedoc, un de mes amis, se trouvant a la chasse, fut estonne par le bruit extraordinaire du tonnerre et d'un vent fort violent; il pensa de se mettre a l'abry, mais comme il estoit bien avant dans le bois, jugeant qu'avant la pluie qui suit ordinairement cet orage, il ne pourrait arriver a sa maison, il choisit la couverture d'un rocher, sous lequel apres qu'il eust demeure l'espace d'un quart d'heure, que la malice du temps estoit passee avec une legere pluie il se remit en route malgre la grele.

Mais comme il prit garde que cette grele estoit faite a son advis autrement que la commune, il s'arrete pour la considerer, il en prend une, et veid en meme temps, prodige espouventable! qu'elle portait la figure d'un casque, d'autres un escusson, et d'autres une espee. Ce nouveau prodige l'estonne, et l'apprehension de quelque malheur luy fit reprendre le chemin du rocher, ou il ne fut pas plustost arrive, qu'il tomba si grande quantite de gresle et avec telle violence qu'elle tua, non pas seulement les oyseaux, mais quantite d'autres animaux. Il me souvient d'avoir veu le mesme autrefois en Provence... Quelque temps apres, le Languedoc veit ses campagnes couvertes de soldats et les places rebelles assiegees et assaillies avec tant de sang repandu que le seul souvenir en sera a jamais funeste."

Goulart[1] rapporte que "Au mois de novembre de l'annee 1523 fut veue une comete et tost apres le ciel tomba tout en feu, lancant une infinite d'esclairs et foudres en terre, laquelle trembla, puis survindrent des estranges ravines d'eaux, notamment au royaume de Naples. Peu apres s'ensuivit la prise de Francois Ier, roi de France; l'Allemagne fut troublee d'horribles seditions, Louys, roi de Hongrie, fut tue en bataille contre les Turcs. Il y eut par toute l'Europe de merveilleux remuements. Rome fut prinse et pillee par l'armee imperiale.

[Note 1: *Thresor des histoires admirables.*]

"En cette mesme annee de la prinse et du sac de Rome, a scavoir l'an 1527, on vid une comete plus effroyable que les precedentes. Apres icelle survindrent les terribles ravages des Turcs en Hongrie, la famine en Souabe, Lombardie et Venise, la guerre en Suisse, le siege de Viene, en Autriche, la suete en Angleterre, le desbord de l'Ocean en Hollande et Zelande, ou il noya grande estendue de pays, et un tremblement de terre de huict jours durant en Portugal."

"La plus redoutable des cometes de notre temps, ajoute le meme auteur, fut celle de l'an 1527. Car le regard d'icelle donna telle frayeur a plusieurs qu'aucuns en moururent, autres tomberent malades. Elle fut veue de plusieurs milliers d'hommes paraissant fort longue et de couleur de sang. Au sommet d'icelle fut veue la representation d'un bras courbe tenant une grande espee en sa main, comme s'il eust voulu frapper. Au bout de la pointe de cette espee, il y avoit trois estoiles: mais celle qui touchoit droitement la pointe estoit plus claire et plus luisante que les autres. Aux deux costez de cette comete se voyaient force haches, poignards, espees sanglantes, parmi lesquelles on remarquait un grand nombre de testes d'hommes descapitez, ayant les barbes et cheveux herissez horriblement. Et qu'a veu l'espace de soixante-trois ans l'Europe, sinon les horribles effects en terre de cest horrible presage au ciel?"

II.—ANIMAUX PARLANTS

Un ancien auteur[1] nous rappelle plusieurs histoires d'animaux parlants:

[Note 1: *Le chois de plusieurs histoires et autres choses memorables*, p. 648 et suiv.]

"Quelquefois, dit-il, Dieu fait parler les bestes brutes pour enseigner les creatures humaines en leur ignorance. Une asnesse me servira de caution, laquelle comme elle portait Balaam sur son dos, apperceut l'ange du Seigneur. A raison de quoy elle se destourna de la voye pour luy ceder la place: mais Balaam qui ne scavoit point la cause de ce desvoyement, battit avec exceds ceste simple beste, toutes les trois fois qu'elle s'estoit desplacee de son chemin, pour la reverance qu'elle portoit au serviteur de Dieu: et a cause de ce respectueux devoir, le Seigneur disposa la bouche de l'asnesse a proferer tels propos: "Quel sujet t'ay-je donne pour estre si rudement frapee de toy d'un baston par trois diverses reprises? Ne suis-je pas ta beste qui t'ay tousiours fidelement porte jusques a ce jour? Et n'eust este la reverance que j'ai refere a l'ange du Seigneur, je ne me fusse retire du chemin par lequel je t'ay fort souvent porte en toutes les affaires." Ces paroles finies, Dieu dessilla les yeux de Balaam pour contempler l'ange tenant un glaive nud en la main, et lors il s'inclina en terre, et adora ce messager du Tout-Puissant, qui luy fit une reprimende pour avoir outrage son asnesse, mesme luy dit qu'il estoit sorti tout expres pour estre son adversaire a cause de sa vie perverse, et du tout esloignee des ordonnances du Seigneur. Ce n'est donc a tort que nous sommes envoyez par les sages a l'escolle des bestes, l'instinct naturel desquelles Dieu fortifie souventes fois de la parole, pour recevoir d'elles quelque instruction en nos impietes.

"Quelque temps auparavant la mort de Caesar, dictateur, un boeuf, tirant a la charrue, se tourna vers le laboureur qui le pressoit par trop a la besongne, et luy dit qu'a grand tort il le frappoit, parce que la recolte des bleds seroit si abondante qu'il ne se trouveroit pas assez d'hommes pour les manger.

"Sur la fin de l'empire de Domitian, l'on entendit une corneille prononcer ces mots en grec: *Toutes choses prendront un heureux succeds*, voulant par la signifier que les injustices et severitez de Domitian devoient bien tost prendre fin avec sa vie, selon qu'il advint. Car la benignite et clemence de Nerva et Trajan succederent a l'arrogance et cruaute de Domitian, au grand contentement de tout l'empire romain.

"Le seigneur de Moreuil, pere de Joachime de Soissons, dame de Crequi, estoit si adonne au plaisir de la chasse, qu'il ne se contentoit point d'y emploier les jours ouvriers, mais davantage desroboit a l'Eglise catholique les festes pour les prophaner a tels vains exercices. Tellement qu'un jour il se

seroit monstre si aveugle et refroidy de devotion que d'aller courir un lievre
le jour du vendredy sainct, au lieu qu'il ne devoit bouger de l'Eglise pour
vacquer a prieres et contemplation de la douloureuse mort de Jesus-Christ,
qui avoit este flagelle et attache a l'arbre de la croix, ce jour-la, pour la
redemption de nos ames. Mais son peche fut tallonne de pres d'une grande
repentance. Car il courut un lievre qui luy fit tant de ruses et de hourvaris que
non seulement il eschapa de la poursuite des chiens, et rendit vaine
l'experience des veneurs, mais davantage ce maistre lievre se mettant sur son
derriere tourna les yeux devers ledit seigneur de Moreuil, en luy disant: "Que
t'en semble? n'ay-je pas bien couru pour un courtault?" C'est estrange prodige
donna une telle espouvante a ce seigneur, qu'il ne pouvoit assez tost retrouver
son chasteau pour se debotter et aller a l'Eglise, a celle fin que par sa penitence
et prieres il peust expier l'enormite de son offence, faisant voeu que dela en
avant il ne prostitueroit plus les jours de festes en la vanite de tels plaisirs,
ains les passeroit en toutes sainctes occupations. Or comme l'asnesse de
Balaam se plaignoit a son maistre d'avoir este batue quand elle honora l'ange
de Dieu, tout de mesme le lievre fit cognoistre au seigneur de Moreuil qu'il
ne devoit estre si maltraicte de ses veneurs et chiens en un jour plus
convenable aux oeuvres pieuses qu'a se donner du plaisir."

EMPIRE DES MORTS

I.—AMES EN PEINE. LAMIES ET LEMURES.

Suivant Loys Lavater[1]: "Quelquefois un esprit se montrera en la maison, ce qu'appercevant, les chiens se jetteront entre les jambes de leurs maitres et n'en voudront partir, car ils craignent fort les esprits. D'autrefois quelqu'un viendra tirer ou emporter la couverture du lit, se mettra dessus ou dessous icelle, ou se pourmenera par la chambre. On a veu des gens a cheval ou a pied comme du feu, qu'on cognoissoit bien et qui estoyent morts auparavant. Parfois aussi ceux qui estoyent morts en bataille ou en leur lict venoyent appeler les leurs, qui les cognoissoyent a la voix. Souventes fois on a veu la nuict des esprits trainans les pieds, toussans et souspirans, lesquels estans interroguez, se disoyent estre l'esprit de cestui ou de cestui la. Estans de rechef enquis comme on pourroit les aider, requeroyent qu'on fit dire des messes, qu'on allast en pelerinage et qu'ainsi ils seraient delivres. Puis apres sont apparus en grande magnificence et clarte, disant qu'ils estoyent delivres et remercyoient grandement leurs bienfaiteurs: promettans d'interceder pour eux envers Dieu et la vierge Marie."

[Note 1: *Des apparitions des esprits, etc.*]

"Melanchthon, dit le meme auteur[1], en son *Traite de l'ame* escrit avoir eu lui mesme plusieurs apparitions, et connu plusieurs personnes dignes de foy qui affirmoyent avoir parle a des esprits. En son livre intitule *Examen ordinandorum*, il dit avoir eu une tante soeur de son pere, laquelle demeuree enceinte apres la mort de son mari, ainsi qu'elle estoit assise pres du feu, deux hommes entrent en sa maison, l'un desquels ressembloit au mari mort, et se donnoit a conoistre pour tel, l'autre de fort haute taille, estoit vestu en cordelier. Celui qui ressembloit au mari s'approche du fouyer, salue sa femme, la prie de ne s'estonner point, disant qu'il venoit lui donner charge de faire quelque chose. Sur ce, il commande au cordelier de se retirer dedans le poisle. Et ayant devise longuement avec la femme, lui parlant de prestres et de messes, estant prest a partir, il lui dit, tendant sa main: Touchez la; mais pour ce qu'elle estoit saisie d'estonnement, il l'asseura qu'elle n'auroit aucun desplaisir. Ainsi donc elle le toucha et combien que la main d'icelle ne devinst impotente, tant y a qu'il la brusla tellement qu'elle fut tousiours nouee depuis. Cela fait, il appelle le cordelier, puis tous deux disparurent.

[Note 1: Livre I, ch. XIV.]

Suivant Le Loyer[1], "Jean Pic de la Mirandole apparut a Hierosme Savonarolle, jacobin ferrarais, et luy dist qu'il souffrait les peines du purgatoire pour n'avoir assez fait profiter le talent que Dieu luy avait donne et pour avoir faict fort peu de cas des revelations interieures a luy faictes, qui l'advertissaient de continuer ses honnetes travaux et achever ce qu'il avait pourpense en son esprit. Et ne craignit point Savonarolle de dire en plein sermon la revelation qu'il avait eue, admonestant ses parents et amis de prier et faire prier Dieu pour son ame."

[Note 1: *Discours et histoires des spectres*, p. 649.]

"Les trespassez, dit Jean des Caurres[1], recognoissent les biens qu'on leur faict, comme a este cogneu de nostre temps, en la cite de Ponts, pres Narbonne, ou trespassa un escolier qui estoit excommunie, pour le salaire qu'il devoit a un sien regent, a la cite de Rhodes, l'esprit duquel parla a son amy, le priant s'en aller audit Rhodes querir son absolution, ce que son compagnon luy accorda, et s'en allant, passa par les montagnes chargees de neige; ledict esprit l'accompagnoit tousiours, et parloit a luy sans qu'il veit rien. Et a cause que le chemin estoit couvert de neige, l'esprit lui ostoit la neige et luy monstroit le chemin. Apres avoir obtenu l'absolution de l'evesque de Rhodes, l'esprit le conduit derechef a Saint-Ponts, et donna l'absolution au corps mort comme est la coustume en l'Eglise catholique, et ledit esprit et ame du trespasse, ayans tous, print conge de luy, le remerciant et promettant luy rendre le service."

[Note 1: *Oeuvres morales et diversifiees*, p. 377.]

Ils se vengent aussi de ce qu'on leur manque de parole:

"Aux gestes de Charles le Grand, on lit, dit des Caurres[1], qu'un de ses capitaines pria un sien compagnon que s'il mouroit en la bataille, qu'il donnast un beau cheval qu'il avoit pour son ame. Luy trespasse, son compagnon voyant la beaute du cheval, le tient pour luy. Douze jours apres, le trespasse s'apparut a luy, se lamentant, que a faute de n'avoir donne le cheval en aumosne pour son ame, il avoit demoure douze jours en peine, et qu'il en porteroit la peine. Pour quoy mourut soudain."

[Note 1: *Oeuvres morales et diversifiees*, p. 377.]

"J'ai vu, dit Bodin[1], un jeune homme prisonnier l'an 1590 qui avoit tue sa femme en cholere, et avoit eu sa grace qui lui fut interine, lequel neanmoins se plaignoit qu'il n'avoit aucun repos, estant toutes les nuicts battu par icelle, comme il disoit. Les anciens tenoyent que les ames des occis souvent pourchassent la vengeance des meurtriers. Nous lisons en Plutarque que Pausanias, roy de Lacedemone, estant a Constantinople, on lui fit present d'une jeune damoiselle... Entrant, de nuit en la chambre, elle fit tomber la lumiere, ce qui esveilla Pausanias en sursaut, et pensant qu'on voulust le tuer en tenebres; tout effraye il print sa dague, et tua la demoiselle sans connoistre qui elle estoit. Des lors Pausanias fut incessamment tourmente d'un esprit jusques a la mort, qui ressembloit (comme il disoit) a la damoiselle."

[Note 1: *Demonomanie*, livre II, ch. III.]

Selon Taillepied[1]: "Si un brigand s'approche du corps qu'il aura occis, le mort commencera a escumer, suer, et donner quelque autre signe. Platon au neufviesme livre de ses loix, dit que les ames des meurtris poursuivent furieusement, et souvent, les ames des meurtriers. A l'occasion de quoy Marsile Ficius, au seiziesme livre de l'*Immortalite des ames*, chapitre cinquiesme, estime qu'il advient que si un meurtrier vient ou sera a descouvert le corps de celuy qu'il aura fraischement tue, et il approche pres pour regarder et contempler la playe, le sang en sortira de rechef. Ce qu'aussi Lucrece affirme estre veritable, et les juges l'ont observe... Quand un voleur sera assis a table, s'il advient que quelque verre de vin soit espandu, le vin ne tombera de cote ne d'autre, ains percera la table...

[Note 1: *Traite de l'apparition des esprits* p. 139.]

"D'apres Jean de Caurres[1], saint Augustin au II de *Civitate Dei* parle de Tiberius Graccus, duquel aussi fait mention Saluste *de Bello Jugurtino*, lequel fut meurdry estant tribun du peuple, et comment apres sa mort, son frere Caius Graccus, aspiroit audit office odieux au peuple, la nuict en dormant luy apparut la face de son frere, luy disant que s'il acceptoit ledit office, qu'avoit este cause de sa mort, qu'il mourroit de mesme mort que luy, ce qu'advint.

[Note 1: *Oeuvres morales et diversifiees*, p. 377.]

"Valere au premier[1], qui parle des songes et des miracles recite de Simonides, lequel venant a un port de mer par navire, trouva audict port un homme mort, non ensevely, lequel il ensevelit. Et pour recompense de ceste oeuvre de charite l'esprit appartenant a ce corps, la nuict, en dormant, parla a luy, en demonstrant qu'il se gardast le matin de monter sur le navire s'il aymoit ne point mourir. Simonides creut, et estant au port, il vit devant ses yeux perir le navire et tous ceux qui estoient avec luy. Le jour precedent, ledit Simonides encore receut une autre benefice, pour avoir ensevely celuy que dessus: car soupant chez Stophas, au village de Cyanone en Thessale, voicy un messager qui vient a luy soudain, disant qu'il y avoit a l'huys deux jeunes jouvenceaux qui instamment demandoient parler a luy: parquoy il sortit sur l'heure, et s'en alla a l'huys, et ne trouva aucun. Et estant la, le soupoir ou Stophas, et autres invites faisoient grande chere, tomba et tous moururent a ceste ruine, hormis le Simonides.

[Note 1: En son premier livre.]

"Avenzoar Albamaaron, medecin arabe mahometiste, escrit comment luy estant malade d'une grande maladie des yeux, un sien amy medecin; desia trespasse, luy apprint en dormant la medecine pour sa maladie, par laquelle il guarit.

Loys Lavater[1] rapporte, d'apres Manlius, en ses *Lieux communs*, le fait suivant:

[Note 1: *De l'apparition des esprits*, liv. I, ch. II.]

"Theodore Gaza, docte personnage, avoit obtenu en don du pape certaine mestairie. Son fermier fossoyant un jour en certain endroit trouva une buye ou urne, en laquelle y avoit des os. Sur ce un fantosme lui aparut et commanda de remettre cette urne en terre, autrement son fils mourroit. Et pour ce que le fermier ne tint conte de cela, bien peu de temps apres son fils fut tue. Au bout de quelques jours le fantosme retourna, menassant le fermier de lui faire mourir son autre fils, s'il ne remettoit en terre l'urne et les os qu'il avoit trouves dedans. Le fermier ayant pense a soy, en voyant son autre fils tombe malade, conta le tout a Theodore, lequel estant alle en sa mestairie, et au lieu d'ou le fermier avoit tire l'urne, fit refaire une fosse au mesme endroit, ou ils cacherent et l'urne et les os; ce qu'estant fait, le fils du fermier recouvra incontinent la sante."

"Il y avoit, dit Jean des Caurres[1], en Athenes, une grande maison, mais fort descriee et dangereuse. Lorsqu'il estoit nuict, on y entendoit un bruict, comme de plusieurs fers, lequel commencoit premierement de loin: mais puis estant approche plus pres, il sembloit que ce fut le bruit de quelques menotes, ou des fers que l'on met aux pieds des prisonniers. Incontinent apparoissoit la semblance d'un vieil homme tout attenue de maigreur et rempli de crasse, portant une longue barbe, et les cheveux herisses. Il avoit les fers aux pieds, et des menotes aux mains, qu'il faisoit cliqueter. Et aussi ceux qui habitoient la dedans, passoient les miserables nuicts sans dormir, estans remplis de peur et d'horreur: dont ils tomboient en maladie, et en la fin, par augmentation de la peur, ils mouroient. Car le long du jour encore que l'image fut absente, si est-ce que la memoire leur en demeuroit en l'entendement: si bien que la premiere crainte estoit cause d'une plus longue. Ainsi la maison descriee demeura deserte, et du tout abandonnee a ce monstre. Toutefois on y avoit mis un escriteau pour la vendre ou louer a quelqu'un qui par aventure ne seroit adverty du faict. Or sus ces entrefaictes, le philosophe Athenodore vint en Athenes. Il leut l'escriteau, il sceut le prix, et soupconnant par le bon marche qu'on luy en faisoit, et s'en estant enquis, on luy en dist la verite. Ce nonobstant il la loua de plus grande affection. Le soir approchait, il commanda que l'on fist son lict en la premiere partie de la maison. Il demanda ses tablettes a escrire, sa touche, sa lumiere, et laissa tous ses domestiques au dedans. Et a fin que son esprit oisif ne luy fantastiquast les espouvantails et craintes, dont on luy avoit parle, il se mit attentivement a escrire, et y employa, non seulement les yeux, mais aussi l'esprit et la main. La nuict venue, il entendit le fer qui cliquetoit: toutefois il ne leva point l'oeil, et ne laissa d'escrire, mais il s'asseura davantage, et presta l'aureille. Alors le bruit augmenta, redoubla et approcha: tellement qu'il l'entendoit desia comme a l'entree, puis au dedans. Il regarde, et voit, et recognoist la semblance de laquelle on luy avoit parle. Elle estoit debout, et lui faisoit signe du doigt, comme si elle l'eust appelle. Et luy au contraire luy faisoit signe de la main qu'elle attendist un petit. Derechef il se mit a escrire. Mais elle vint sonner ses chaisnes a l'entour de la teste de l'ecrivain, lequel la regarda comme auparavant. Et voyant qu'elle lui faisoit signe, tout soudainement il prit sa lumiere, et la suyvit. Elle alloit lentement comme si elle eust eu peine a marcher, a cause de ses fers. Et incontinent qu'elle fut au milieu de la maison, elle se disparut et laissa le philosophe tout seul. Lequel print quelques herbes et feuilles, pour marquer le lieu auquel elle l'avoit laisse. Le jour suivant il s'en alla vers le magistrat, et l'advertit de faire fouiller au lieu marque. On trouva des os entrelassez de chaisnes, que le corps pourry par la terre, et par la longueur du temps, avoit quitte aux fers, lesquels estant rassemblez furent enterrez publiquement, et n'y eust onques depuis esprit qui apparust en la maison."

[Note 1: *Oeuvres morales et diversifiees*, p. 388.]

Goulart[1] rapporte l'histoire suivante:

[Note 1: *Tresor des histoires admirables*, t. I, p. 543.]

"Jean Vasques d'Ayola et deux autres jeunes Espagnols partis de leur pays pour venir estudier en droit a Boulogne la Grasse, ne pouvant trouver logis commode pour faire espargne, furent avertis qu'en la rue ou estoit leur hostellerie y avoit une maison deserte et abandonnee, a cause de quelques fantosmes qui y apparoissoyent, laquelle leur seroit laissee pour y habiter sans payer aucun louage, tandis qu'il leur plairoit y demeurer. Eux acceptent la condition, sont mesmes accommodez de quelques meubles, et font joyeusement leur mesnage en icelle l'espace d'un mois, au bout duquel comme les deux compagnons d'Ayola se fussent couchez d'heure, et lui fust en son estude fort tard, entendant un grand bruit comme de plusieurs chaisnes de fer, que l'on bransloit et faisoit entrechoquer, sortit de son estude, avec son espee, et en l'autre main son chandelier et la chandelle allumee, puis se planta au milieu de la salle, sans resveiller ses compagnons, attendant que deviendroit ce bruit, lequel procedoit a son advis du bas des degrez du logis respondant a une grande cour que la salle regardoit. Sur ceste attente, il descouvre a la porte de ces degrez un fantosme effrayable, d'une carcasse n'ayant rien que les os, trainant par les pieds et le faut du corps ces chaisnes qui bruioyent ainsi. Le fantosme s'arreste, et Ayola s'acourageant commence a le conjurer, demandant qu'il eust a lui donner a entendre en facon convenable ce qu'il vouloit. Le fantosme commence a croiser les bras, baisser la teste, et l'appeler d'une main pour le suivre par les degrez. Ayola respond: Marchez devant et je vous suivray. Sur ce le fantosme commence a descendre tout bellement, comme un homme qui traineroit des fers aux pieds, suivi d'Ayola, duquel la chandelle s'esteignit au milieu des degrez. Ce fut renouvellement de peur: neantmoins, s'esvertuant de nouveau, il dit au fantosme: Vous voyez bien que ma chandelle s'est amortie, je vay la r'allumer; si vous m'attendez ici, je retourneray incontinent. Il court au foyer, r'allume la chandelle, revient sur les degrez, ou il trouve le fantosme et le suit. Ayant traverse la cour du logis, ils entrent en un grand jardin, au milieu duquel estoit un puits; ce qui fit douter Ayola que le fantosme ne lui nuisit: pourtant il s'arresta. Mais le fantosme se retournant fit signe de marcher jusques vers un autre endroit du jardin: et comme ils s'avancoyent celle part, le fantosme disparut soudain. Ayola reste seul commence a le rappeler, protestant qu'il ne tiendroit a lui de faire ce qu'il seroit en sa puissance; et attendit un peu. Le fantosme ne paroissant plus, l'Espagnol retourne en sa chambre, resveille ses compagnons, qui le voyant tout pasle, lui donnerent un peu de vin et quelque confiture, s'enquerans de son avanture, laquelle il leur raconta. Tost apres le bruit seme par la ville de cest accident, le gouverneur s'enquit soigneusement de tout, et entendant le rapport d'Ayola en toutes ses circonstances, fit fouiller en l'endroit ou le fantosme estoit disparu. La fut trouvee la carcasse enchainee ainsi qu'Ayola l'avoit veue, en une sepulture peu profonde, d'ou ayant este tiree et enterree ailleurs avec les autres, tout le bruit qui paravant avoit este en ce grand logis cessa. Les Espagnols retournez en leur pays, Ayola fut pourvu d'office de judicature: et avoit un fils president en une ville d'Espagne du temps de Torquemada, lequel fait ce discours en la troisieme journee de son *Hexameron*."

Taillepied[1] raconte le fait suivant: "Environ l'an 1559, un gentilhomme d'un village pres de Meulan sur Seine, seigneur de Flins, avoit ordonne par testament qu'on ensevelist son corps avec ses ancetres en la ville de Paris. Quand il fut trespasse, son fils heritier ne s'en souciant beaucoup d'executer la volonte de son pere le fit inhumer dans l'eglise dudit village. Mais advint que l'esprit du pere fit tant grand bruit et tourmente dans la chambre du fils qui couchoit en son lict a Paris que le fils fut contrainct d'envoyer des saquemans (pillards, voleurs) qu'il loua a prix d'argent, pour aller deterrer le corps dudit trespasse, et le faire apporter au lieu ou il avait esleu sa sepulture. Le lendemain matin je fus a ce village, en un jour de dimanche, ou l'histoire me fut recitee tout au long, et y avoit dans l'eglise une si grande puanteur de ce corps qui avoit este leve le jour precedent, qu'on n'y pouvoit aucunement durer pour l'infection."

[Note 1: *Traite de l'apparition des esprits*, p. 123.]

"En Islande, dit Jean des Caurres[1], qui est une isle vers Aquilon des dernieres en laquelle, au solstice de l'este, n'y a nulle nuit, et a celuy de l'hyver n'y a nul jour, il y a une montagne nommee Hecla, qui est bruslante comme Ethna, et la bien souvent les morts se monstrent aux gens qui les ont cogneus, comme s'ils estaient vifs: en sorte que ceux qui n'ont sceu leur mort, les estiment vivans. Et revelent beaucoup de nouvelles de loin pays. Et quand on les invite de venir en leurs maisons, ils respondent avec grands gemissemens qu'ils ne peuvent, mais faut qu'ils s'en aillent a la montaigne de Hecla, et soudain disparaissent, et ne les voit-on point. Et communement apparoissent ceux qui ont este submergez en la mer, ou qui sont morts de quelque mort violente."

[Note 1: *Oeuvres morales et diversifiees*, p. 378.]

Adrien de Montalembert[1] raconte cette histoire d'Antoinette, jeune religieuse de l'abbaye de Saint-Pierre a Lyon et d'une grande piete, qui parlait souvent de l'abbesse du monastere, morte dans le repentir apres une vie dereglee et se recommandait a elle:

[Note 1: *La merveilleuse histoire de l'esprit qui depuis nagueres est apparu au monastere des religieuses de Saint-Pierre de Lyon, laquelle est plaine de grant admiration, comme l'on pourra voir a la lecture de ce present livre,* par Adrien de Montalembert Paris, 1528, in-12.]

"Or advint une nuit que la dicte Antoinette, jeune religieuse, estoit toute seule en sa chambre, en son lict couchee et dormoit non point trop durement si luy fut advis que quelque chose luy levoit son queuvrechef tout bellement et luy fesoit au front le signe de la croix puis doulcement et souef en la bouche le baisoit. Incontinent la pucelle se reveille non point grandement effrayee ains tant seulement esbahye, pensant a par soy que ce pourroit estre qui l'auroit baisee et de la croix signee, entour d'elle rien n'appercoit... pour cette fois la pucelle ne y prinst pas grand advis cuydant qu'elle eust ainsi songe et n'en parla a personne.

Advint aucuns jours apres qu'elle ouyt quelque chose entour d'elle faisant aucun son, et comme soubz ses pieds frapper aucuns petiz coups, ainsi qui heurteroit du bout d'un baston dessoubz ung carreau ou un marchepied. Et sembloit proprement que ce qui fesoit ce son et ainsi heurtoit fust dedans terre profondement; mays le son qui se faisoit estoit ouy quasi quatre doys en terre tousjours soubz les piedz de la dicte pucelle. Je l'ay ouy maintes fois et en me repondant sur ce que l'enqueroys frapoit tant de coups que demandoys. Quand la pucelle eut ja plusieurs fois entendu tel son et bruyt estrange elle commenca durement s'esbahir, et toute espouvantee le compta a la bonne abbesse, laquelle bien la sceut reconforter et remectre en bonne asseurance non pensant a autre chose qu'a la simplesse de la pucelle. Et pour mieulx y pourvoir ordonna qu'elle coucheroit en une chambre prochaine d'elle si que la pucelle n'eust sceu tant bellement se remuer que incontinent ne l'eust ouye.

"Les povres religieuses de leans furent toutes esperdues de prime face, ignorans encore que c'estoit. Si vindrent premierement au refuge a nostre Seigneur et se misrent toutes en bon estat. Et fut interroguee la pucelle diligemment assavoir que lui sembloit de ceste adventure. Elle respond qu'elle ne scait que ce pourroit estre si ce n'estoit seur Alis la secretaine pourtant que depuys son trespas souvant l'avoit songee et veue en son dormant. Lors fut conjure l'esperit pour scavoir que c'estoit. Il respondit qu'il estoit l'esperit de seur Alis veritablement de leans jadis secretaine. Et en donna signe evident. La chose fut assez facile a croyre par ce que moult tousjours avoit ayme la pucelle. L'abbesse, voyant ce, delibera apres soy estre conseillee envoyer querir le corps de la trespassee et pour ce fut enquise l'ame premierement si elle vouldroit que son corps fust leans en terre. Elle incontinent donna signe que moult le desiroit; adonc la bonne dame abbesse l'envoya deterrer et amener honnestement en l'abbaye. Cependant l'ame menoit bruit entour la pucelle a mesure que son corps de leans approuchait de plus en plus. Et quand il fut a la porte du monastere moult se demenoit en frappant et en heurtant dessoubz les pieds de la pucelle. Durant aussi que les dames faisoient le service de ses funerailles ne cessoit et n'avoit aucun repos. Bonnemens ne scait-on pourquoy ainsy se demenoit cette ame ou pour la douleur qu'elle enduroit ou pour le plaisir qu'elle avoit de veoir son corps en son abbaye dont jadis elle estoit partie. Le service acheve fut mys en une fousse la casse ou cercueil qui contenoit les ossements en une petite chapelle de Notre-Dame, sans les couvrir aultrement fors d'ung drap mortuaire. Et ainsi me fust montre.

"Or sachez sire que cest esperit ne faisoit aucun mal, frayeur ne destourbier a creature, ains les dames de leans le tindrent depuys a grande consolation pourtant que le dit esperit faisoit signe de grand resjouissance quand l'on chantoit le service divin et quand l'on parloit de Dieu fust a l'esglise ou aultre part. Mais jamais n'estoit ouy si la pucelle n'estoit presente, car jour et nuict luy tenoit compaignie et la suyvoit; ny oncques puis ne l'abandonna en quelque lieu qu'elle fust. Je vous diray grand merveille de ceste bonne ame. Je luy demanday en la conjurant ou nom de Dieu assavoir si incontinent qu'elle fut partie de son corps elle suyvit ceste jeune religieuse. L'ame respondit que ouy veritablement ny jamais ne l'abandonneroit que ne vollast au ciel pour jouyr de la vision eternelle entierement. Ce scay bien veritablement car ce luy ay je demande depuys et l'ay ouy maintes fois. Et moult estoit famyliere de moy. Et par elle ont este sceuz de grans cas qui ne pourroient estre congneuz de mortelle creature dont je me suys donne grand admiration et merveilles. Les secretz de Dieu sont inscrutables et aux ignorants incredibles. Mais ceulx qui ont ouy et veu telles choses certes l'en les doit croire plus entierement."

II.—REVENANTS, SPECTRES, LARVES.

Goulart[1] rappelle cette histoire d'apres Job Fincel[2]: "Un riche homme de Halberstad, ville renommee en Allemagne, tenoit d'ordinaire fort bonne table, se donnant en ce monde tous les plaisirs qu'il pouvoit imaginer, si peu soigneux de son salut, qu'un jour il osa vomir ce blaspheme entre ses escornifleurs, que s'il pouvoit tousiours passer ainsi le temps en delices, il ne desireroit point d'autre vie. Mais au bout de quelques jours et outre sa pensee, il fut contraint mourir. Apres sa mort on voyoit tous les jours en sa maison superbement bastie, des fantosmes survenant au soir, tellement que les domestiques furent contraints cercher demeure ailleurs. Ce riche aparoissoit entre autres, avec une troupe de banquetteurs en une sale qui ne servoit de son vivant qu'a faire festins. Il estoit entoure de serviteurs qui tenoyent des flambeaux en leurs mains, et servoyent sur table couverte de coupes et gobelets d'argent dore, portans force plats, puis desservans: outre plus on oyoit le son des flustes, luths, espinettes et autres instrumens de musique, bref, toute la magnificence mondaine dont ce riche avoit eu son passetemps en sa vie. Dieu permit que Satan representast aux yeux de plusieurs de telles illusions, afin d'arracher l'impiete du coeur des Epicuriens."

[Note 1: *Thresor des histoires admirables*, t. I, p. 539.]

[Note 2: Au IIe livre des *Merveilles de notre temps*.]

Des Caurres[1] raconte "comment l'an 1555 en une bourgade, pres de Damas en Syrie, nommee Mellula, mourut une femme villageoise, qui demeura six jours au sepulchre; le septiesme jour elle commenca a crier dessous terre, a la voix de laquelle s'assemblerent une grande multitude de gens et appelerent les parens et mary de la defuncte, devant lesquels elle fut tiree vive du sepulchre et ressuscitee. Et voulant son mary la conduire a sa maison, ne vouloit, mais a grande instance demandoit estre amenee a l'eglise des chrestiens, ce que le mary et parens ne vouloient: mais elle persistait a prier qu'on la y menast, car vouloit estre baptisee et estre chrestienne. Les parens indignez la menerent a la grande ville de Damas, et la livreront ez mains de la justice, a fin que comme heretique elle fut punie. Le bruit en courut par tout le pays. Dont s'assembla en Damas une infinite de peuple pour ceste chose nouvelle. Elle fut presentee a celuy qui est juge des choses appartenans a la religion, le cadi, a laquelle dit le juge: O insensee! veux-tu suivre la foy damnee des chrestiens pour estre condamnee a damnation eternelle en enfer? Auquel respondit, disant: Je veux estre chrestienne pour evader les peines que tu dis, a cause que nul n'est sauve que les chrestiens: a laquelle respondit le cadi: Et quelle certitude as-tu de cecy? Elle respond que tous ceux laquelle avoit cogneu en leur vie qui estoient trespassez, les avoit tous veus en enfer. Alors crierent tous ceux qui estoient la presens: Adonc nous sommes tous damnez? elle respond qu'ouy; ce que entendant, le peuple avec grande fureur la voulurent lapider, les autres crioient que comme infidelle fut bruslee. Le cadi dit qu'il n'en estoit pas d'avis, afin que les chrestiens ne s'en glorifiassent au grand mespris d'eux et de leur foy, mais pour nostre gloire traittons la comme folle et insensee et la renvoyons pour telle, par instrument public. Ce que fut fait; a l'heure ceste bonne femme s'en vint a l'eglise des chretiens, et receut la foy et le baptesme: et depuis vesquit avec les chrestiens en la religion chrestienne, et en icelle mourut."

[Note 1: *Oeuvres morales et diversifiees*, p. 376.]

"Certain Italien, dit Alexandre d'Alexandrie[1], ayant fait enterrer honnestement un sien ami trespasse, et comme il revenoit a Rome, la nuict l'ayant surpris, il fut contraint s'arrester en une hostellerie, sur le chemin, ou, bien las de corps et afflige d'esprit, il se met en la couche pour reposer. Estant seul et bien esveille, il lui fut avis que son ami mort, tout pasle et descharne, lui aparoissoit tel qu'en sa derniere maladie, et s'aprochoit de lui, qui levant la teste pour le regarder et transi de peur, l'interrogue, qu'il estoit? Le mort ne respondant rien se despouille, se met au lict, et commence a s'approcher du vivant, ce lui sembloit. L'autre ne scachant de quel coste se tourner, se met sur le fin bord, et comme le defunct aprochoit tousiours, il le repousse. Se voyant ainsi rebute, ce fut a regarder de travers le vivant, puis se vestir, se lever du lict, chausser ses souliers et sortir de la chambre sans plus aparoir. Le vivant eut telles affres de ceste caresse, que peu s'en falut aussi qu'il ne passast le pas. Il recitoit que quand ce mort aprocha de lui dans le lict, il toucha l'un de ses pieds, qu'il trouva si froid que nulle glace n'est froide a comparaison."

[Note 1: Au IIe livre de ses *Jours geniaux*, ch. IX, cite par
Goulart, *Thresor d'histoires admirables*, t. I, p. 533.]

Goulart[1] rapporte, d'apres divers auteurs resumes par Camerarius[2], les apparitions des morts dans certains cimetieres: "Un personnage digne de foy, dit-il, qui avoit voyage en divers endroits de l'Asie et de l'Egypte, tesmoignoit a plusieurs avoir veu plus d'une fois en certain lieu, proche du Caire (ou grand nombre de peuple se trouve, a certain jour du mois de mars, pour estre spectateur de la resurrection de la chair, ce disent-ils), des corps des trespassez, se monstrans, et se poussans comme peu a peu hors de terre: non point qu'on les voye tout entiers, mais tantost les mains, parfois les pieds, quelquesfois la moitie du corps: quoi faict ils se recachent de mesme peu a peu dedans terre. Plusieurs ne pouvans croire telles merveilles, de ma part desirant en scavoir de plus pres ce qui en est, je me suis enquis d'un mien allie et singulier ami, gentilhomme autant accompli en toutes vertus qu'il est possible d'en trouver, esleve en grands honneurs, et qui n'ignore presque rien. Iceluy ayant voyage en pays susnommez, avec un autre gentil-homme aussi de mes plus familiers et grands amis, nomme le seigneur Alexandre de Schullembourg, m'a dit avoir entendu de plusieurs que ceste apparition estoit chose tres-vraye, et qu'au Caire et autres lieux d'Egypte on ne la revoquoit nullement en doute. Pour m'en asseurer d'avantage, il me monstra un livre italien, imprime a Venise, contenant diverses descriptions des voyages faits par les Ambassadeurs de Venise en plusieurs endroits de l'Asie et de l'Afrique: entre lesquels s'en lit un intitule *Viaggio di Messer Aluigi, di Giovanni, di Alessandria nelle Indie*. J'ay extrait d'icelui, vers la fin quelques lignes tournees de l'italien en latin (et maintenant en francois) comme s'ensuit. Le 25e jour de mars, l'an 1540, plusieurs chrestiens, accompagnez de quelques janissaires, s'acheminerent du Caire vers certaine montagnette sterile, environ a demi lieue de la, jadis designee pour coemitiere aux trespassez: auquel lieu s'assemble ordinairement tous les ans une incroyable multitude de personnes, pour voir les corps morts y enterrez, comme sortans de leurs fosses et sepulchres. Cela commence le jeudi, et dure jusques au samedi, que tous disparoissent. Alors pouvez-vous voir des corps envelopez de leurs draps, a la facon antique, mais on ne les void ni debout, ni marchans: ains seulement les bras, ou les cuisses, ou autres parties du corps que vous pouvez toucher. Si vous allez plus loin, puis revenez incontinent, vous trouvez que ces bras ou autres membres paroissent encore d'avantage hors de terre. Et plus vous changez de place, plus ces mouvements se font voir divers eslevez. En mesmes temps il y a force pavillons tendus autour de la montagne. Car et sains et malades qui vienent la par grosses troupes croyent fermement que quiconque se lave la nuict precedente le vendredi, de certaine eau puisee en un marest proche de la, c'est un remede pour recouvrer et maintenir la sante, mais je n'ai point veu ce miracle. C'est le rapport du Venitien. Outre lequel nous avons celui d'un jacopin d'Ulme, nomme Felix, qui a voyage en ces quartiers du Levant, et a publie un livre en alemand touchant ce qu'il a veu en la Palestine et en Egypte. Il fait le mesme recit. Comme je n'ai pas entrepris de maintenir que ceste apparition soit miraculeuse, pour confondre ces superstitieux et idolastres d'Egypte, et leur monstrer qu'il y a une resurrection et vie a venir, ni ne veux non plus refuter cela, ni maintenir que ce soit illusion de Satan, comme plusieurs estiment; aussi j'en laisse le jugement au lecteur, pour en penser et resoudre ce que bon lui semblera."

[Note 1: *Thresor des histoires admirables*, t. I, p. 42.]

[Note 2: *Meditations historiques*, ch. LXXIII.]

"J'adjousteray, dit Goulart, quelque chose a ce que dessus, pour le contentement des lecteurs. Estienne du Plais, orfevre ingenieux, homme d'honneste et agreable conversation, aage maintenant d'environ quarante-cinq ans, qui a este fort curieux en sa jeunesse de voir divers pays, et a soigneusement considere diverses contrees de Turquie et d'Egypte, me fit un ample recit de ceste apparition susmentionnee, il y a plus de quinze ans, m'affermant en avoir este le spectateur Claude Rocard, apoticaire a Cably en Champagne, et douze autres chrestiens, ayans pour trucheman et conducteur un orfevre d'Otrante en la Pouille, nomme Alexandre Maniotti, il me disoit d'avantage avoir (comme aussi firent les autres) touche divers membres de ces ressuscitans. Et comme il vouloit se saisir d'une teste chevelue d'enfant, un homme du Caire s'escria tout haut: *Kali, kali, ante matarafde*: c'est-a-dire, Laisse, laisse, tu ne scais que c'est de cela. Or, d'autant que je ne pouvois bonnement me persuader qu'il fust quelque chose de ce qu'il me contoit apporte de si loin, quoy qu'en divers autres recits, conferez avec ce qui se lit en nos modernes, je l'eusse toujours trouve simple et veritable, nous demeurasmes fort longtemps en ceste opposition de mes oreilles a ses yeux, jusques a l'an 1591, que luy ayant monstre les observations susmentionnees du docteur Camerarius: Or cognoissez-vous (me dit-il) maintenant que je ne vous ay point conte des fables. Depuis, nous en avons devise maintesfois, avec esbahissement et reverence de la sagesse divine. Il me disoit la dessus qu'un chrestien habitant en Egypte, lui a raconte par diverses fois, sur le discours de ceste apparition ou resurrection, qu'il avoit aprins de son ayeul et pere, que leurs ancestres recitoyent, l'ayant receu de longue main, qu'il y a quelques centaines d'annees, que plusieurs chrestiens, hommes, femmes, enfans, s'estans assemblez en ceste montagne, pour y faire quelque exercice de leur religion, ils furent ceints et environnez de leurs ennemis en tres grand nombre (la montagnette n'ayant gueres de circuit) lesquels taillerent tout en pieces, couvrirent de terre ces corps, puis se retirerent au Caire; que depuis, ceste resurrection s'est demonstree l'espace de quelques jours devant et apres celui du massacre. Voila le sommaire du discours d'Estienne du Plais, par lui confirme et renouvelle a la fin d'avril 1600, que je descrivois ceste histoire, a laquelle ne peut prejudicier ce que recite Martin de Baumgarten en son voyage d'Egypte, faict l'an 1507, publie par ses successeurs, et imprime a Nuremberg l'an 1594. Car au XVIIIe chap. du Ier liv. il dit que ces apparitions se font en une mosquee de Turcs pres du Caire. Il y a faute en l'exemplaire: et faut dire Colline ou Montagnette, non a la rive du Nil, comme escrit Baumgarten, mais a demie lieue loin, ainsi que nous avons dit."

"Ceux qui ont remarque, dit un ecrivain anonyme[1], les gestes ou escript la vie des papes sont autheurs que le pape Benoist 9e du nom, apparut apres sa mort vagant ca et la, avec une facon fort horrible, ayant le corps d'un ours, la queue d'un asne, et qui interrogue d'ou luy estoit advenue une telle metamorphose, il repondit: Je suis errant de ceste forme, pour ce que j'ay vescu en mon pontificat sans loy comme une beste."

[Note 1: *Histoires prodigieuses extraites de plusieurs fameux auteurs, etc.*]

Le Loyer[1] rapporte l'histoire d'une Peruvienne qui reparut apres sa mort. "C'est d'une Catherine, Indienne native de Peru, qui desdaignant de se confesser et morte impenitente, apparut toute en feu, et jettant de grandes flammes par la bouche, et par toutes les jointures du corps, tourmentant et inquietant premierement ceux de la maison ou elle etait decedee jusques a jetter pierres et puis a la fin se monstrant particulierement a une servante, a laquelle ceste Catherine confessa qu'elle estoit damnee et luy en dit la cause. Il se remarque qu'elle avoit en horreur une chandelle de cire benite ardente, qu'avoit la servante en main, et qu'elle pria la servante de la jetter par terre et l'estaindre parce qu'elle r'engregeoit sa peine. Les epistres de quelques jesuites attestent cette vision veritable, et produisent tant de personnes dignes de foy a tesmoignage, que force est d'en croire quelque chose et par les merveilles veues en ce siecle apprendre a ne se rendre trop incredules aux miracles du passe."

[Note 1: *Discours et histoires des spectres*, p. 658.]

"L'an 1534, dit Taillepied[1] la femme d'un prevost de la ville d'Orleans se sentant desja de la farine lutherienne, pria son mary qu'on l'enterrast apres son decez sans pompe ne bruit de cloche, ny d'aucunes prieres d'eglise. Le mary qui portoit fort bonne affection a sa femme fit selon qu'elle avoit ordonne et la fit enterrer aux cordeliers, dans l'eglise aupres de son pere et de son ayeul. Mais la nuict ensuyvant, ainsy qu'on disoit matines, l'esprit de la deffuncte s'apparut comme sur la voute de l'eglise, qui faisoit un merveilleux bruit et tintamarre. Les religieux advertirent les parents et amys de la deffuncte, ayant soupcon que ce bruict inaccoutume venoit d'elle qui avoit ete ainsi inhumee sans solennite. Et comme le peuple se fut trouve en telle heure et qu'on eut adjure l'esprit, il dit qu'il estoit damne pour s'estre adonne a l'heresie de Luther, et commandoit que son corps fut deterre et porte hors de terre sainte. Et comme les cordeliers deliberoient de ce faire, ils furent empeschez par gens mal sentans de la foy, lesquels pour se purger firent comme les ariens envers Athanase."

[Note 1: *Traite de l'apparition des esprits*, p. 123.]

"Chacun scait, dit Alexandre d'Alexandrie[1], que durant la grande prosperite de Ferdinand Ier, roi d'Arragon, la ville et le royaume de Naples ne voyant pres ni loin de soi tant soit petite apparence de guerre ou autre redoutable changement, un sainct homme nomme Catalde, lequel pres de mille ans auparavant avoit este evesque de l'eglise de Tarente, qui depuis le tenoit pour son patron, une fois aparut sur la minuit en vision a un prestre d'icelle eglise, et l'admonesta soigneusement de fouiller en certain endroit qu'il lui designa, ou il trouveroit un livre, par lui escrit durant sa vie, dedans lequel y avoit beaucoup de secrets, escrits par mandement expres de Dieu; qu'ayant trouve ce livre, il le portast promptement au roi Ferdinand Ier. Le prestre adjoustant peu de foi a ceste vision, laquelle lui aparut encore plusieurs fois depuis en son repos, avint un jour que s'estant leve fort matin, et se trouvant seul en l'eglise, l'evesque Catalde se presente a lui, la mittre en teste, couvert de chape episcopale, et fit au prestre veillant et le contemplant le mesme commandement susmentionne, adjoustant des menaces s'il n'executoit ce qu'il lui estoit enjoint. Le jour, ce prestre, suivi de grande multitude de peuple, s'achemina en procession solennelle vers la cachette ou estoit le livre, qui fut trouve en placques ou tablettes de plomb, bien attachees et clouees, contenant ample declaration de la ruine, des miseres, desolations, et pitoyables confusions du royaume de Naples, au temps de Ferdinand Ier. De fait sur les aprests de la guerre, Ferdinand mourut. Charles VIII, roi de France, envahit le royaume de Naples; Alfonse, fils aisne de Ferdinand, des son advenement a la couronne dechasse, fut contraint s'enfuir en exil, ou il mourut. Son fils, Ferdinand le Jeune, prince de tres grande esperance, heritier du royaume, fut envelope en guerre, et mourut en fleur d'aage. Puis les Francois et Espagnols partagerent le royaume, chassans Frideric, fils puisne de Ferdinand, firent des desordres et saccagemens incroyables partout le pays. Enfin les Espagnols en chasserent du tout les Francois."

[Note 1: Au IIIe livre de ses *Jours geniaux*, ch. XV, cite par
Goulart, *Thresor des histoires admirables*, t. IV, p. 331.]

"Sabellic[1] escrit que la commune voix fut, lors que Charles VIII entreprit la conqueste de Naples par l'aveu du pape Alexandre VI, que le fantosme de Ferdinand Ier, mort peu auparavant, aparut par diverses fois de nuict a un chirurgien de la maison du roi, nomme Jaques, et du commencement en gracieux langage, puis avec menasses et rudes paroles, lui enjoignit de dire a son fils Alfonse, qu'il n'esperast pouvoir faire teste au roi de France: d'autant qu'il estoit ordonne que sa race, apres avoir passe par infinis dangers, seroit privee de ce beau royaume, et finalement aneantie. Que leurs pechez seroyent cause de ce changement, specialement un forfait commis par le conseil de Ferdinand dans l'eglise de Sainct-Leonard a Pouzzol, pres de Naples. Ce forfait ne fut point declare. Tant va qu'Alfonse quitta Naples, et avec quatre galeres chargees de ce qu'il avoit de plus precieux se sauva en Sicile. Bref en peu de temps, la maison d'Arragon perdit le royaume de Naples."

[Note 1: Au IXe livre de ses *Histoires*, Ennead. 10, cite par
Goulart, *Thresor des histoires admirables*, t. IV, p. 332.]

Arluno[1], cite par Goulart[2] rapporte que "Deux marchans italiens estans en chemin pour passer de Piedmont en France, rencontrerent un homme de beaucoup plus haute stature que les autres, lequel les appelant a soy leur tint tels propos: Retournez vers mon frere Ludovic, et lui baillez ces lettres que je luy envoye. Eux fort estonnez, demandent: Qui estes-vous? Je suis, dit-il, Galeas Sforce, et tout soudain s'esvanouit. Eux tournent bride vers Milan, de la a Vigevene, ou Ludovic estoit pour lors. Ils prient qu'on les face parler au Duc, disans avoir lettres a lui bailler de la part de son frere. Les courtisans se mocquent d'eux; et pour ce qu'ils faisoyent tousiours instance de mesme, on les emprisonne, on leur presente la question: mais ils maintienent constamment leur premiere parole. La dessus les conseillers du duc furent en dispute, de ce qu'il faloit faire de ces lettres, ne sachans que respondre tant ils estoyent esperdus. Un d'entr'eux nomme le vicomte Galeas empoigne les lettres escrites et un papier plie en forme de briefs de Rome, le fermant attache de menus filets de laiton, dont le contenu estoit: Ludovic, Ludovic, pren garde a toy; les Venitiens et Francois s'allieront ensemble pour te ruiner, et renverser entierement tes afaires. Mais si tu me fournis trois mille escus, je donneray ordre que les coeurs s'adouciront, et que le mal qui te menace s'eslongnera, me confiant d'en venir a bout, si tu veux me croire. Bien te soit. Et au bas: L'esprit de ton frere Galeas. Les uns estonnez de la nouveaute du fait, les autres se mocquant de tout cela, plusieurs conseillans qu'on mist les trois mille escus en depost au plus pres de l'intention de Galeas, le Duc estimant qu'on se mocqueroit de lui, s'il laschoit tant la main, s'abstint de desbourser l'argent et de le commettre en l'estrange main, puis renvoya les marchans en leurs maisons. Mais au bout de quelque temps, il fut dejette de sa duche de Milan, prins et emmene prisonnier."

[Note 1: En la premiere section de l'*Histoire de Milan*.]

[Note 2: *Thresor d'histoires admirables*, t. I, p. 531.]

"En 1695, un certain M. Bezuel (qui depuis fut cure de Valogne), etant alors ecolier de quinze ans, fit la connaissance des enfants d'un procureur nomme d'Abaquene, ecoliers comme lui. L'aine etait de son age; le cadet, un peu plus jeune s'appelait Desfontaines; c'etait celui des deux freres que Bezuel aimait davantage. Se promenant tous deux en 1696, ils s'entretenaient d'une lecture qu'ils avaient faite de l'histoire de deux amis, lesquels s'etaient promis que celui qui mourrait le premier viendrait dire des nouvelles de son etat au survivant. Le mort revint, disait-on, et conta a son ami des choses surprenantes."

"Le jeune Desfontaines proposa a Bezuel de se faire mutuellement une pareille promesse. Bezuel ne le voulut pas d'abord; mais quelques mois apres il y consentit, au moment ou son ami allait partir pour Caen. Desfontaines tira de sa poche deux petits papiers qu'il tenait tout prets, l'un signe de son sang, ou il promettait, en cas de mort, de venir voir Bezuel; l'autre ou la meme promesse etait ecrite, fut signee par Bezuel. Desfontaines partit ensuite avec son frere, et les deux amis entretinrent correspondance."

"Il y avait six semaines que Bezuel n'avait recu de lettres, lorsque, le 31 juillet 1697, se trouvant dans une prairie, a deux heures apres midi, il se sentit tout d'un coup etourdi et pris d'une faiblesse, laquelle neanmoins se dissipa; le lendemain, a pareille heure, il eprouva le meme symptome; le surlendemain, il vit pendant son affaiblissement son ami Desfontaines qui lui faisait signe de revenir a lui... Comme il etait assis, il se recula sur son siege. Les assistants remarquerent ce mouvement."

"Desfontaines n'avancant pas, Bezuel se leva pour aller a sa rencontre; le spectre s'approcha alors, le prit par le bras gauche et le conduisit a trente pas de la dans un lieu ecarte."

"Je vous ai promis, lui dit-il, que si je mourais avant vous, je viendrais vous le dire: je me suis noye avant-hier dans la riviere, a Caen, vers cette heure-ci. J'etais a la promenade; il faisait si chaud qu'il nous prit envie de nous baigner. Il me vint une faiblesse dans l'eau, et je coulai. L'abbe de Menil-Jean, mon camarade, plongea; je saisis son pied, mais soit qu'il crut que ce fut un saumon, soit qu'il voulut promptement remonter sur l'eau, il secoua si rudement le jarret, qu'il me donna un grand coup dans la poitrine, et me jeta au fond de la riviere, qui est la tres profonde."

"Desfontaines raconta ensuite a son ami beaucoup d'autres choses."

"Bezuel voulut l'embrasser, mais alors il ne trouva qu'une ombre. Cependant, son bras etait si fortement tenu qu'il en conserva une douleur."

"Il voyait continuellement le fantome, un peu plus grand que de son vivant, a demi nu, portant entortille dans ses cheveux blonds un ecriteau ou il ne pouvait lire que le mot *in*... Il avait le meme son de voix; il ne paraissait ni gai ni triste, mais dans une tranquillite parfaite. Il pria son ami survivant, quand son frere serait revenu, de le charger de dire certaines choses a son pere et a sa mere; il lui demanda de reciter pour lui les sept Psaumes qu'il avait eus en penitence le dimanche precedent, et qu'il n'avait pas encore recites; ensuite il s'eloigna en disant: "*Jusqu'au revoir*," qui etait le terme ordinaire dont il se servait quand il quittait ses camarades."

"Cette apparition se renouvela plusieurs fois. L'abbe Bezuel en raconta les details dans un diner, en 1718, devant l'abbe de Saint-Pierre, qui en fait une longue mention dans le tome IV de ses *Oeuvres politiques*[1].

[Note 1: *Dictionnaire des sciences occultes*, de l'abbe Migac.]

Dans ses *Memoires*, publies en 1799, la celebre tragedienne Clairon raconte l'histoire d'un revenant qu'elle croit etre l'ame de M. de S..., fils d'un negociant de Bretagne, dont elle avait rejete les voeux, a cause de son humeur haineuse et melancolique, quoiqu'elle lui eut accorde son amitie. Cette passion malheureuse avait conduit le jeune insense au tombeau. Il avait souhaite de la voir dans ses derniers moments; mais on avait dissuade Mlle Clairon de faire cette demarche; et il s'etait ecrie avec desespoir: "Elle n'y gagnera rien, je la poursuivrai autant apres ma mort que je l'ai poursuivie pendant ma vie!..."

"Depuis lors, Mlle Clairon entendit, vers les onze heures du soir, pendant plusieurs mois, un cri aigu; ses gens, ses amis, ses voisins, la police meme, entendirent ce bruit, toujours a la meme heure, toujours partant sous ses fenetres, et ne paraissant sortir que du vague de l'air."

"Ces cris cesserent quelque temps. Mais ils furent remplaces, toujours a onze heures du soir, par un coup de fusil tire dans ses fenetres, sans qu'il en resultat aucun dommage."

"La rue fut remplie d'espions, et ce bruit fut entendu, frappant toujours a la meme heure dans le meme carreau de vitre, sans que jamais personne ait pu voir de quel endroit il partait. A ces explosions succeda un claquement de mains, puis des sons melodieux. Enfin, tout cessa apres un peu plus de deux ans et demi[1]".

[Note 1: *Memoires d'Hippolyte Clairon*, edit. de Buisson, p. 167.]

"Le samedi qui suivit les obseques d'un notable bourgeois d'Oppenheim, Birck Humbert, mort en novembre 1620, peu de jours avant la Saint-Martin, on ouit certains bruits dans la maison ou il avait demeure avec sa premiere femme; car etant devenu veuf, il s'etait remarie. Son beau-frere soupconnant que c'etait lui qui revenait, lui dit:

"Si vous etes Humbert, frappez trois coups contre le mur."

"En effet, on entendit trois coups seulement; d'ordinaire il en frappait plusieurs. Il se faisait entendre aussi a la fontaine ou l'on allait puiser de l'eau, et troublait le voisinage, se manifestant par des coups redoubles, un gemissement, un coup de sifflet ou un cri lamentable. Cela dura environ six mois."

"Au bout d'un an, et peu apres son anniversaire, il se fit entendre de nouveau plus fort qu'auparavant. On lui demanda ce qu'il souhaitait: il repondit d'une voix rauque et basse: "Faites venir, samedi prochain, le cure et mes enfants."

"Le cure etant malade ne put venir que le lundi suivant, accompagne de bon nombre de personnes. On demanda au mort s'il desirait des messes? Il en desira trois; s'il voulait qu'on fit des aumones? il dit: "Je souhaite qu'on donne aux pauvres huit mesures de grain; que ma veuve fasse des cadeaux a tous mes enfants, et qu'on reforme ce qui a ete mal distribue dans ma succession," somme qui montait a vingt florins."

"Sur la demande qu'on lui fit, pourquoi il infestait plutot cette maison qu'une autre, il repondit qu'il etait force par des conjurations et des maledictions. S'il avait recu les sacrements de l'Eglise? "Je les ai recus, dit-il, du cure, votre predecesseur." On lui fit dire avec peine le *Pater* et l'*Ave*, parce qu'il en etait empeche, a ce qu'il assurait, par le mauvais esprit, qui ne lui permettait pas de dire au cure beaucoup d'autres choses."

"Le cure, qui etait un premontre de l'abbaye de Toussaints, se rendit a son couvent afin de prendre l'avis du superieur. On lui donna trois religieux pour l'aider de leurs conseils. Ils se rendirent a la maison, et dirent a Humbert de frapper la muraille; il frappa assez doucement. "Allez chercher une pierre, lui dit-on alors, et frappez plus fort." Ce qu'il fit."

"Quelqu'un dit a l'oreille de son voisin, le plus bas possible: "Je souhaite qu'il frappe sept fois," et aussitot l'ame frappa sept fois."

"On dit le lendemain trois messes que le revenant avait demandees; on se disposa aussi a faire un pelerinage qu'il avait specifie dans le dernier entretien qu'on avait eu avec lui. On promit de faire les aumones au premier jour, et des que ses dernieres volontes furent executees, Humbert Birck ne revint plus[1]."

[Note 1: *Livre des prodiges*, edit de 1821, p. 75.]

III.—FANTOMES

Un autre auteur[1] raconte cette singuliere apparition: "Au mois d'avril 1567 on vit… en celle grande plaine qui est dite d'Heyton souz Mioland (en Savoie) par l'espace de six jours continuels sortir d'une isle non habitee trois hommes vestuz de noir, incogneuz de chacun, et chacun desquels tenoit une croix en la main et apres iceux marchoit une dame accoustree en dueil et ainsi que se vestent coustumierement les vefves, laquelle suyvant ces porte-croix, se tourmentoit et demenoit avec une si triste contenance qu'on eut dit qu'elle estoit attainte de quelque douleur, et angoisse desesperee. Cecy n'est rien si un grand escadron de peuple n'eust suivy ces vestus de dueil qui marchoient en procession, et l'habillement duquel representoit plus de joye que des quatre premiers, en tant que toute ceste multitude estoit vestue a blanc, et monstrant plus de plaisir et allegresse que la susdite femme. La course de ces pourmeneurs s'estendoit tout le long de la campagne susnommee jusques a une autre isle voisine, ou tous ensemble s'esvanouyssaient, et n'en voyait on rien n'en plus que si jamais il n'en eut este memoire, et au reste des que quelcun approchoit pour les voir de plus pres il en perdoit incontinent la vue…"

[Note 1: *Histoires prodigieuses extraictes de plusieurs fameux auteurs, etc.* Paris, Jean de Bordiane, 2 tomes, 1571, in-8 deg., p. 320.]

Suivant Job Fincel, cite par Goulart[1], "Il y a un village en la duche de Brunswic, nomme Gehern, a deux lieues de Blommenaw. L'an 1555, un paysan sorti au matin de ce lieu avec son chariot et ses chevaux pour aller querir du bois en la forest, descouvrit a l'entree d'icelle quelques troupes de reitres couverts de cuirasses noires. Estonne de ceste rencontre, il retourne en porter les nouvelles au village. Les plus anciens du lieu, accompagnez de leur cure ou pasteur, sortent incontinent en campagne suivis de cent personnes, tant hommes que femmes, pour voir ceste cavalerie, et content quatorze bandes ou troupes distinctes, lesquelles en un instant se mirent en deux gros, comme pour combatre a l'opposite l'un de l'autre. Puis apres on aperceut sortir de chasque gros un grand homme de contenance fiere et fort effroyable a voir. Ces deux de coste et d'autre descendent de cheval, faisant soigneuse reveue de leurs troupes: quoy fait, tous deux remontent. Incontinent les troupes commencent a s'avancer et a courir une grande campagne, sans se choquer: ce qui dura jusques a la nuict toute close, en presence de tous les paysans. Or en ce temps ne se parloit en la duche de Brunswic ni es environs d'aucune entreprise de guerre, ni d'amas de reitres: ce qui fit estimer que telle vision estoit un presage des maux avenus depuis par le juste jugement de Dieu."

[Note 1: *Thresor des histoires admirables*, t. I. p. 510.]

Au recit de Torquemade[1], "Antoine Costille, gentil-homme espagnol demeurant a Fontaines de Ropel, sortit un jour de sa maison bien monte, pour aller a quelques lieues de la expedier des affaires, ausquelles ayant pourveu, et la nuict aprochant, il delibere retourner en sa maison. Au sortir du village ou il estoit alle, il trouve un petit hermitage et chappelle garnie de certain treillis de bois au devant, et une lampe allumee au dedans. Descendu de cheval il fait ses devotions, puis jettant la veue dedans l'hermitage, void, ce lui semble, sortir de dessouz terre trois personnes qui venoyent a lui les testes couvertes, puis se tenir coyes. Les ayant un peu contemples, voyant leurs cheveux estinceller, quoy qu'il fust estime fort vaillant, il eut peur, et remonte a cheval commence a picquer. Mais levant les yeux il descouvre ces personnes qui marchoyent un peu devant luy, et sembloyent l'accompagner. Se recommandant sans cesse a Dieu, il tourne de part et d'autre, mais ceste troupe estoit tousiours autour de lui. Finalement il coucha une courte lance qu'il portoit et brocha des esperons contre, pour donner quelque atteinte: mais ces fantosmes alloyent de mesme pas que le cheval, de maniere qu'Antoine fut contraint les avoir pour compagnie jusques a la porte de son logis, ou il y avoit une grande cour. Ayant mis pied a terre, il entre et trouve ces fantosmes: monte a la porte d'une chambre ou sa femme estoit, qui ouvrit a sa parole, et comme il entroit, les visions disparurent. Mais il aparut tout esperdu, si desfait et trouble que sa femme estima qu'il avoit eu quelque rude traictement de la part de ses ennemis, en ce voyage. S'en estant enquise, et ne pouvant rien tirer de lui, elle envoye appeller un grand ami qu'il avoit, homme fort docte, lequel vint tout a l'heure: et le trouvant aussi passe qu'un mort, le pria instamment de descouvrir son avanture. Costille lui ayant fait le discours, cest ami tascha de le resoudre, puis le fit souper, le conduisit en sa chambre, le laissa sur son lict avec une chandelle allumee sur la table, et sortit pour le laisser en repos. A peine fust-il hors de la chambre, que Costille commence a crier tant qu'il peut: A l'aide! a l'aide! secourez-moi! Lors tous les domestiques rentrerent en la chambre, ausquels il dit que les trois visions estoyent venues a luy seul et qu'ayant creuse la terre de leurs mains, elles la lui avoyent jettee dessus les yeux, de maniere qu'il ne voyoit goutte. Pourtant ne l'abandonnerent plus ses domestiques, ains a toute heure il estoit bien accompagne, mais leur assistance et vigilance ne le peut garder de mourir le septiesme jour suivant, sans autre accident de maladie."

[Note 1: En la 3e journee de son *Hexameron*, cite par Goulart, *Thresor des histoires admirables*, t. I, p. 541.]

Le meme[1] rapporte cette vision singuliere:

[Note 1: En la 3e journee de son *Hexameron*, cite par Goulart, *Thresor des histoires admirables*, t. I, p. 547.]

"Un chevalier espagnol, riche et de grande authorite, s'amouracha d'une nonnain, laquelle s'accordant a ce dont il la requeroit, pour lui donner libre entree, lui conseilla de faire forger des clefs semblables a celles des portes de l'eglise, ou elle trouveroit moyen d'entrer par autre endroit pour se rendre en certain lieu designe. Le chevalier fit accommoder deux clefs, l'une servant ouvrir la porte du grand portail de l'eglise, l'autre pour la petite porte d'icelle eglise. Et pour ce que le couvent des nonnains estoit un peu loin de son village, il partit sur la minuict fort obscure tout seul: et laissant son cheval en certain lieu seur, marcha vers le couvent. Ayant fait ouverture de la premiere porte, il vid l'eglise ouverte, et au dedans grande clairte de lampes et de cierges, et force gens qui chantoyent et faisoyent le service pour un trespasse. Cela l'estonna: neantmoins il s'approche, pour voir que c'estoit, et regardant de tous costez, appercoit l'eglise pleine de moines et de prestres qui chantoyent aussi a ces funerailles, ayans au milieu d'eux un aix en forme de tombeau fort haut, couvert de noir, et a l'entour force cierges allumez en leurs mains. Son estonnement redoubla quand entre tous ces chantres il n'en peut remarquer pas un de sa cognoissance. Pourtant apres les avoir bien contemplez, il s'approche de l'un des prestres, et lui demande pour qui l'on faisoit ce service. Le prestre respond que c'estoit pour un chevalier, designant le nom et surnom de celui qui parloit, adjoustant que ce chevalier estoit mort et qu'on faisoit ses funerailles. Le chevalier se prenant a rire respond: Ce chevalier que vous me nommez est en vie: par ainsi vous vous abusez. Mais le prestre repliqua: Oui bien vous, car pour certain il est mort, et est ici pour estre enseveli; quoy dit il se remit a chanter. Le chevalier fort esbahi de ce devis, s'adresse a un autre et lui fait la mesme demande. Ce deuxiesme fait mesme response, affirmant vrai ce que le premier avoit dit. Alors le chevalier tout estonne, sans attendre davantage, sortit de l'eglise, remonte a cheval, et s'achemine vers sa maison. Il est suivi et acompagne de deux grands chiens noirs qui ne bougent de ses costez, et quoi qu'il les menacast de l'espee, ils ne l'abandonnent point. Mettant pied a terre a la porte de son logis, et entrant dedans, ses serviteurs le voyans tout change le prient instamment de leur reciter son avanture: ce qu'il fait de poinct en poinct. On le mesne en sa chambre, ou achevant de raconter ce qui estoit passe, les deux chiens entrent, se ruent furieusement sur lui, l'estranglent et despecent sans qu'aucun des siens peust le secourir."

"Un mien ami nomme Gordian, personnage digne de foy, m'a recite, dit Alexandre d'Alexandrie[1], qu'allant vers Arezze avec certain autre de sa connoissance, s'estans esgarez en chemin ils entrerent en des forests, ou ils ne voyent que de la neige, des lieux inaccessibles, et une effrayable solitude. Le soleil estant fort bas, ils s'assirent par terre tous recreus. Sur ce leur fut avis qu'ils entendoyent une voix d'homme assez pres de la; ils approchent et voyent sur une terre proche trois gigantales et espouvantables formes d'hommes, vestus de longues robes noires, comme en deuil, avec grands cheveux et fort longues barbes, lesquels les appellerent. Comme ces deux passans approchoyent, les trois fantosmes se firent plus grands de beaucoup qu'a la premiere fois: et l'un d'iceux paroissant nud, fit des fauts mouvemens et contenances fort deshonnestes. Ces deux fort estonnez de tel spectacle commencerent a fuir de vitesse a eux possible, et ayans traverse des precipices et chemins, du tout fascheux, se rendirent a toute peine en la logette d'un paysan, ou ils passerent la nuict."

[Note 1: Au IIe livre de ses *Jours geniaux*, ch. IX, cite par S. Goulart, *Thresor d'histoires admirables*, t. I, p. 534.]

"Ce que j'ay par tesmoignage de moy-mesme, et dont je suis bien asseure, je l'adjouste, continue le meme auteur. Estant malade a Rome, et couche dedans le lict, ou j'estois bien eveille, m'apparut un fantosme de belle femme, laquelle je regardai longuement tout pensif et sans dire mot, discourant en moy-mesme si je resvois, ou si j'estois vrayement esveille. Et conoissant que tous mes sens estoyent en leur pleine vigueur, et que ce fantosme se tenoit toujours devant moy, je lui demande qui elle estoit. Elle se sousriant repetoit les mesmes mots, comme par mocquerie, et m'ayant contemple longuement s'en alla."

Torquemada[1] nous apprend encore que "Antoine de la Cueva, chevalier espagnol, pour raisons a nous incongnues, et par la permission de Dieu, fut tente et travaille en la vie de fantosmes et visions, de maniere que pour la continuation il en avoit finalement perdu la crainte, combien qu'il ne laissast pas d'avoir tousiours de la lumiere en la chambre ou il couchoit. Une nuict, estant en la couche, et lisant en un livre, il sentit du bruit dessous la couche, comme s'il y eust quelque personne: et ne sachant que ce pouvoist estre, vid sortir d'un coste du lict un bras nud, qui sembloit estre de quelque more, lequel empoignant la chandelle la jetta a bas, avec le chandelier et l'esteignit. Alors le chevalier sentit ce more monter et se mettre avec lui en la couche. Comme ils se fusrent empoignez et embrassez ils commencerent a lutter de toute leur force, menans tel bruit que ceux de la maison se resveillerent, et venans voir que c'estoit ne trouverent autre que le chevalier, lequel estoit tout en eau, comme s'il fust sorti d'un bain et tout enflamme. Il leur conta son avanture, et que ce more les sentant venir s'estoit desfait de lui, et ne scavoit qu'il estoit devenu."

[Note 1: En la 3e journee de son *Hexameron*, cite par Goulart, *Thresor des histoires admirables*, t. I, p. 547.]

Au recit de Goulart[1], "Le sieur de Voyennes, gentil-homme picard, en ses devis ordinaires, limitoit ses jours au signe de Taurus. Un jour estant a table en bonne compagnie, avis lui fut qu'il voyoit acourant a lui un taureau furieux. Lors tout esperdu il commença a s'escrier: Ha, messieurs, ce meschant animal me perce de ses cornes. Disant telles paroles, il cheut mort au bas de sa chaise."

[Note 1: Goulart, *Thresor des histoires admirables*, t. III, p. 329.]

Cardan[1], cite par Goulart[2], raconte que "Jacques Donat, riche gentil-homme venitien, estant couche avec sa femme, et ayant un cierge allume en sa chambre, deux nourrices dormantes en une couchette basse pres d'un petit enfant, vid qu'on ouvroit tout bellement l'huis de sa chambre, et un homme inconnu mettant la teste a la porte. Donat se leve, empoigne son espee, fait allumer deux grands cierges, et, accompagne des nourrices, entre en sa salle et trouve tout clos. Il se retire en sa chambre fort esbahi. Le lendemain, ce petit enfant aage d'un an non encore accompli et qui se portoit bien meurt."

[Note 1: Au XVIe livre de la *Diversite des choses*, ch. XCIII.]

[Note 2: *Thresor d'histoires admirables*, t. I, p. 531.]

D'apres Bartelemi de Bologne[1], "Antoine Urceus, la nuict derniere de sa vie, estant couche, pensa voir un fort grand homme, lequel avoit la teste rase, la barbe pendante jusqu'en terre, les yeux estincellans, deux flambeaux es mains, se herissant depuis les pieds jusques a la teste, auquel Antoine demanda: Qui es-tu, qui seul en equipage de furie, te promenes ainsi hors heures, et quand chacun repose? Di moy, que cherches-tu? En disant cela, Antoine se jette en bas du lict pour se sauver arriere de ce visiteur, et mourut miserablement le lendemain."

[Note 1: En la *Vie d'Urceus*, citee par Goulart, *Thresor d'histoires admirables*, t. I, p. 530.]

Gilbert Cousin[1] raconte que "L'an 1536, un marchant sicilien allant de Catane a Messine, logea le vingt-unieme jour de mars a Torminio, dit des anciens Taurominium. Remontant a cheval le lendemain matin, n'estant encore gueres esloigne de la ville, il rencontre dix massons, ce lui sembloit, tous chargez d'outils de leur mestier. Enquis de lui ou ils alloyent, respondirent: Au Montgibel. Tost apres, il en retrouva dix autres qui font mesme response que les precedens: et adjoustent que leur maistre les envoyoit a cause de quelque bastiment au Montgibel. Quel maistre? replique le marchant. Vous le verrez bien tost fit l'un d'entre eux. Incontinent apres lui vint a la rencontre en ce mesme chemin un geant, avec une fort longue barbe noire, comme le plumage d'un corbeau, lequel, sans autre preface ni salutation, s'enquiert du marchant s'il avoit point rencontre ses ouvriers en ce chemin. J'ay, dit l'autre, veu quelques massons pretendant aller bastir au Montgibel, mais je ne scay par le commandement de qui: si vous estes l'entrepreneur de tel bastiment, je desire entendre comment vous pensez faire en une montagne tellement couverte de neige, que le plus habile pieton du monde seroit bien empesche d'en sortir. Ce maistre bastisseur commence a respondre qu'il avoit la science et les moyens pour en venir a bout, voire pour faire plus grandes choses quand bon lui sembleroit; que le marchant qui ne faisoit gueres d'estat des paroles en croiroit bien tost ses propres yeux: quoi disant, il disparut en l'air. Le marchant esperdu de telle vision commence a paslir et chanceller, et peu s'en fallut qu'il n'esvanouyt sur la place. Il tourne bride demi mort vers la ville, ou ayant raconte a gens dignes de foy ce qu'il avoit veu, donne ordre a ses afaires et pense a sa conscience, il rend l'ame le soir de ce mesme jour. Au commencement de la nuict du jour suivant, qui estoit le vingt-troisiesme jour de mars, un horrible tremblement de terre se fit, et du faiste de ce Montgibel, du coste d'Orient, sortit avec bruit merveilleux une extraordinaire abondance de feu qui s'eslancoit fort impetueusement de ce mesme cote: dont les habitans de Catane estans bien estonnez, s'amasserent crians: Misericorde! et continuans en supplications et prieres jusques a ce que le feu vint a diminuer et s'esteindre."

[Note 1: Au VIIIe livre de ses *Recueils et recits*, cite par Goulart, *Thresor d'histoires admirables*, t. I, p. 532.]

D'apres les *Curiositez inouyes* de Gaffarel[1], "Cardan asseure que dans la ville de Parme il y a une noble famille de laquelle, quand quelqu'un doit mourir, on void toujours en la sale de la maison une vieille femme incogneue assise sous la cheminee, mais si assurement qu'elle ne manque jamais."

[Note 1: Page 59.]

IV.—VAMPIRES

"Les revenans de Hongrie, ou les Vampires, sont, d'apres dom Calmet[1], des hommes morts depuis un temps considerable, quelquefois plus, quelquefois moins long, qui sortent de leurs tombeaux et viennent inquieter les vivans, leur sucent le sang, leur apparoissent, font le tintamare a leurs portes, et dans leurs maisons et enfin leur causent souvent la mort. On leur donne le nom de Vampires ou d'Oupires, qui signifie, dit-on, en esclavon une sangsue. On ne se delivre de leurs infestations qu'en les deterrant, en leur coupant la tete, en les empalant, en les brulant, en leur percant le coeur."

[Note 1: *Traite sur les apparitions des esprits*, tome II, p. 2.]

"J'ai appris, dit dom Calmet[1], de feu monsieur de Vassimont, conseiller de la chambre des comtes de Bar, qu'ayant ete envoye en Moravie par feu Son Altesse royale Leopold premier, duc de Lorraine, pour les affaires de monseigneur le prince Charles, son frere, eveque d'Olmutz et d'Osnabruck, il fut informe par le bruit public qu'il etoit assez ordinaire dans ce pays-la de voir des hommes decedes quelque tems auparavant se presenter dans les compagnies et se mettre a table avec les personnes de leur connoissance sans rien dire; mais que faisant un signe de tete a quelqu'un des assistans, il mourroit infailliblement quelques jours apres. Ce fait lui fut confirme par plusieurs personnes, et entre autres par un ancien cure, qui disoit en avoir vu plus d'un exemple."

[Note 1: Meme ouvrage, t. II, p. 31.]

Charles-Ferdinand de Schertz raconte[1] "Qu'en un certain village, une femme etant venue a mourir munie de tous ses sacremens, fut enterree dans le cimetiere a la maniere ordinaire. Quatre jours apres son deces, les habitans du village ouirent un grand bruit et un tumulte extraordinaire, et virent un spectre qui paroissoit tantot sous la forme d'un chien, tantot sous celle d'un homme, non a une personne, mais a plusieurs, et leur causoit de grandes douleurs, leur serrant la gorge, et leur comprimant l'estomac jusqu'a les suffoquer: il leur brisoit presque tout le corps, et les reduisoit a une faiblesse extreme, en sorte qu'on les voyoit pales, maigres et extenues. Le spectre attaquoit meme les animaux, et l'on a trouve des vaches abbatues et demi-mortes; quelquefois il les attachoit l'une a l'autre par la queue. Ces animaux par leurs mugissements marquoient assez la douleur qu'ils ressentoient. On voyoit les chevaux comme accables de fatigue, tout en sueur; principalement sur le dos, echauffes, hors d'haleine, charges d'ecume comme apres une longue et penible course. Ces calamites durerent plusieurs mois."

[Note 1: *Magia posthuma*, Olmutz, 1706, cite par dom Calmet, *Traite sur les apparitions des esprits*, t. I, p. 33.]

Le meme auteur rapporte l'exemple d'un patre du village de Blow, pres de la ville de Kadam en Boheme, qui parut pendant quelque tems et qui appelloit certaines personnes, lesquelles ne manquoient pas de mourir dans la huitaine. Les paysans de Blow deterrerent le corps de ce patre, et le ficherent en terre avec un pieu, qu'ils lui passerent a travers le corps. Cet homme en cet etat se moquoit de ceux qui lui faisoient souffrir ce traitement, et leur disoit qu'ils avoient bonne grace de lui donner ainsi un baton pour se defendre contre les chiens. La meme nuict il se releva, et effraya par sa presence plusieurs personnes, et en suffoqua plus qu'il n'avoit fait jusqu'alors. On le livra ensuite au bourreau, qui le mit sur une charrette pour le transporter hors du village et l'y bruler. Ce cadavre hurloit comme un furieux et remuoit les pieds et les mains comme vivant; et lorsqu'on le perca de nouveau avec des pieux, il jetta de tres-grands cris, et rendit du sang tres-vermeil, et en grande quantite. Enfin on le brula, et cette execution mit fin aux apparitions et aux infestations de ce spectre.

"Il y a environ quinze ans, rapporte dom Calmet[1], qu'un soldat etant en garnison chez un paysan haidamaque, frontiere de Hongrie, vit entrer dans la maison, comme il etoit a table aupres du maitre de la maison son hote, un inconnu qui se mit aussi a table avec eux. Le maitre du logis en fut etrangement effraye, de meme que le reste de la compagnie. Le soldat ne savoit qu'en juger, ignorant de quoi il etoit question. Mais le maitre de la maison etant mort des le lendemain, le soldat s'informa de ce que c'etoit. On lui dit que c'etoit le pere de son hote, mort et enterre depuis plus de dix ans, qui s'etoit ainsi venu asseoir aupres de lui, et lui avoit annonce et cause la mort.

[Note 1: *Traite sur les apparitions des esprits*, t. I. p. 37.]

"En consequence on fit tirer de terre le corps de ce spectre, et on le trouva comme un homme qui vient d'expirer, et son sang comme d'un homme vivant. Le comte de Cabreras lui fit couper la tete, puis le fit remettre dans son tombeau. Il fit encore informations d'autres pareils revenans, entr'autres d'un homme mort depuis plus de trente ans, qui etoit revenu par trois fois dans sa maison a l'heure du repas, avoit suce le sang au col, la premiere fois a son propre frere, la seconde a un de ses fils, et la troisieme a un valet de la maison; et tous trois en moururent sur-le-champ. Sur cette deposition, le commissaire fit tirer de terre cet homme, et, le trouvant comme le premier, ayant le sang fluide comme l'aurait un homme en vie, il ordonna qu'on lui passat un grand clou dans la tempe, et ensuite qu'on le remit dans le tombeau.

"Il en fit bruler un troisieme qui etoit enterre depuis plus de seize ans, et avoit suce le sang et cause la mort a deux de ses fils."

Voici, d'apres dom Calmet[1], ce qu'on lit dans les *Lettres juives*:

[Note 1: *Traite sur les apparitions des esprits*, t. IV, p. 39.]

"Au commencement de septembre, mourut dans le village de Kisilova, a trois lieues de Gradisch, un vieillard age de soixante-deux ans. Trois jours apres avoir ete enterre, il apparut la nuit a son fils, et lui demanda a manger; celui-ci lui en ayant servi, il mangea et disparut.

"Le lendemain, le fils raconta a ses voisins ce qui etoit arrive.

"Cette nuit le pere ne parut pas; mais la nuit suivante il se fit voir, et demanda a manger. On ne sait pas si son fils lui en donna ou non, mais on trouva le lendemain celui-ci mort dans son lit: le meme jour, cinq ou six personnes tomberent subitement malades dans le village, et moururent l'une apres l'autre, peu de jours apres.

"On ouvrit tous les tombeaux de ceux qui etoient morts depuis six semaines: quand on vint a celui du vieillard, on le trouva les yeux ouverts, d'une couleur vermeille, ayant une respiration naturelle, cependant immobile comme mort; d'ou l'on conclut qu'il etoit un signale vampire. Le bourreau lui enfonca un pieu dans le coeur.

"On fit un bucher, et l'on reduisit en cendres le cadavre.

"On ne trouva aucune marque de vampirisme, ni dans le cadavre du fils, ni dans celui des autres."

Dom Calmet[1] rapporte en outre d'autres cas:

[Note 1: *Traite sur les apparitions des esprits*, t. II, p. 43.]

"Dans un certain canton de la Hongrie, nomme en latin *Oppida Heidonum*, le peuple connu sous le nom de *Heiduque* croit que certains morts, qu'ils nomment vampires, sucent tout le sang des vivants, en sorte que ceux-ci s'extenuent a vue d'oeil, au lieu que les cadavres, comme les sangsues, se remplissent de sang en telle abondance, qu'on le voit sortir par les conduits et meme par les porres. Cette opinion vient d'etre confirmee par plusieurs faits dont il semble qu'on ne peut douter, vu la qualite des temoins qui les ont certifies.

"Il y a environ cinq ans, qu'un certain Heiduque, habitant de Medreiga, nomme Arnold Paul, fut ecrase par la chute d'un chariot de foin. Trente jours apres sa mort, quatre personnes moururent subitement, et de la maniere que meurent, suivant la tradition du pays, ceux qui sont molestes des vampires. On se ressouvint alors que cet Arnold Paul avoit souvent raconte qu'aux environs de Cassova et sur les frontieres de la Servie turque, il avoit ete tourmente par un vampire turc: car ils croyent aussi que ceux qui ont ete vampires passifs pendant leur vie, les deviennent actifs apres leur mort, c'est-a-dire que ceux qui ont ete suces, sucent aussi a leur tour; mais qu'il avoit trouve moyen de se guerir, en mangeant de la terre du sepulchre du vampire et en se frottant de son sang, precaution qui ne l'empecha pas cependant de le devenir apres sa mort, puisqu'il fut exhume quarante jours apres son enterrement, et qu'on trouva sur son cadavre toutes les marques d'un archi-vampire. Son corps etoit vermeil, ses cheveux, ses ongles, sa barbe, s'etoient renouvelles, et ses veines etoient toutes remplies d'un sang fluide et coulant de toutes les parties de son corps sur le linceul dont il etoit environne. Le Haduagi ou le bailli du lieu, en presence de qui se fit l'exhumation, et qui etoit un homme expert dans le vampirisme, fit enfoncer selon la coutume, dans le coeur du defunt Arnold Paul, un pieu fort aigu, dont on lui traversa le corps de part en part, ce qui lui fit, dit-on, jetter un cri effroyable, comme s'il etoit en vie. Cette expedition faite, on lui coupa la tete, et l'on brula le tout. Apres cela, on fit la meme expedition sur les cadavres de ces quatre autres personnes mortes de vampirisme, crainte qu'ils n'en fissent mourir d'autres a leur tour.

"Toutes ces expeditions n'ont cependant pu empecher que sur la fin de l'annee derniere, c'est-a-dire au bout de cinq ans, ces funestes prodiges n'ayent recommence, et que plusieurs habitans du meme village ne soient peris malheureusement. Dans l'espace de trois mois, dix-sept personnes de different sexe et de different age sont mortes de vampirisme, quelques-unes sans etre malades, et d'autres apres deux ou trois jours de langueur.

"Une nommee Stanoska, fille, dit-on, du Heiduque Sovitzo, qui s'etoit couchee en parfaite sante, se reveilla au milieu de la nuit, toute tremblante et faisant des cris affreux, disant que le fils du Heiduque Millo, mort depuis neuf semaines, avoit manque de l'etrangler pendant son sommeil. Des ce moment elle ne fit que languir, et au bout de trois jours elle mourut. Ce que cette fille avoit dit du fils de Millo le fit d'abord reconnoitre pour un vampire; on l'exhuma, et on le trouva tel. Les principaux du lieu, les medecins, les chirurgiens, examinerent comment le vampirisme avoit pu renaitre apres les precautions qu'on avoit prises quelques annees auparavant. On decouvrit enfin, apres avoir bien cherche, que le defunt Arnold Paul avoit tue non seulement les quatre personnes dont nous avons parle, mais aussi plusieurs bestiaux, dont les nouveaux vampires avoient mange, et entr'autres, le fils de Millo. Sur ces indices, on prit la resolution de deterrer tous ceux qui etoient morts depuis un certain tems, etc. Parmi une quarantaine, on en trouva dix-sept avec tous les signes les plus evidents de vampirisme: aussi leur a-t-on transperce le coeur et coupe la tete, et ensuite on les a brules, et jette leurs cendres dans la riviere.

"Toutes les informations et executions dont nous venons de parler ont ete faites juridiquement, en bonne forme, et attestees par plusieurs officiers, qui sont en garnison dans le pays, par les chirurgiens majors, et par les principaux habitans du lieu. Le proces-verbal en a ete envoye vers la fin de janvier dernier au conseil de guerre imperial a Vienne, qui avait etabli une commission militaire, pour examiner la verite de tous ces faits."

Dom Calmet[1] imprime une lettre d'un officier du duc Alexandre de Wurtemberg qui certifie tous ces faits.

[Note 1: Meme ouvrage, t. I, p. 64.]

"Pour satisfaire, y est-il dit, aux demandes de Monsieur l'Abbe dom Calmet, le soussigne a l'honneur de l'assurer, qu'il n'est rien de plus vrai et de si certain que ce qu'il en aura sans doute lu dans les actes publics et imprimes, qui ont ete inseres dans les Gazettes par toute l'Europe; mais a tous ces actes publics qui ont paru, Monsieur l'Abbe doit s'attacher pour un fait veridique et notoire a celui de la deputation de Belgrade par feu S. M. Imp. Charles VI, de glorieuse memoire, et executee par feu son Altesse Serenissime le Duc Charles-Alexandre de Wurtemberg, pour lors Vice-Roi, ou Gouverneur du Royaume de Servie.

"Ce Prince fit partir une deputation de Belgrade moitie d'officiers militaires, et moitie du civil, avec l'Auditeur general du Royaume, pour se transporter dans un village, ou un fameux Vampire decede depuis plusieurs annees faisoit un ravage excessif parmi les siens: car notez que ce n'est que dans leur famille et parmi leur propre parente, que ces suceurs de sang se plaisent a detruire notre espece. Cette deputation fut composee de gens et de sujets reconnus pour leurs moeurs, et meme pour leur savoir, irreprochables et meme savans parmi les deux ordres: ils furent sermentes, et accompagnes d'un lieutenant de Grenadiers du Regiment du Prince Alexandre de Wurtemberg, et de 24 Grenadiers dudit Regiment.

"Tout ce qu'il y eut d'honnetes gens, le Duc lui-meme qui se trouverent a Belgrade, se joignirent a cette deputation, pour etre spectateurs oculaires de la preuve veridique qu'on allait faire.

"Arrives sur les lieux, l'on trouva que dans l'espace de quinze jours le vampire, oncle de cinq, tant neveux que nieces, en avoit deja expedie trois et un de ses propres freres; il en etoit au cinquieme, belle jeune fille, sa niece, et l'avoit deja sucee deux fois, lorsque l'on mit fin a cette triste tragedie par les operations suivantes.

"On se rendit avec les commissaires deputes pas loin de Belgrade, dans un village, et cela en public, a l'entree de la nuit, a sa sepulture. Il y avoit environ trois ans qu'il etoit enterre; l'on vit sur son tombeau une lueur semblable a celle d'une lampe, mais moins vive.

"On fit l'ouverture du tombeau, et l'on y trouva un homme aussi entier, et paroissant aussi sain qu'aucun de nous assistans: les cheveux et les poils de son corps, les ongles, les dents et les yeux (ceux-ci demi-fermes) aussi fortement attaches apres lui, qu'ils le sont actuellement apres nous qui avons vie, et existons, et son coeur palpitant.

"Ensuite l'on proceda a le tirer hors de son tombeau, le corps n'etant pas a la verite flexible, mais n'y manquant nulle partie ni de chair, ni d'os; ensuite on lui perca le coeur avec une espece de lance de fer rond et pointu; il en sortit une matiere blanchatre et fluide avec du sang, mais le sang dominant sur la matiere, le tout n'ayant aucune mauvaise odeur; ensuite de quoi on lui trancha la tete avec une hache semblable a celle dont on se sert en Angleterre pour les executions: il en sortit aussi une matiere et du sang semblable a celle que je viens de depeindre, mais plus abondamment a proportion de ce qui sortit du coeur.

"Au surplus, on le rejetta dans la fosse, avec force chaux vive pour le consommer plus promptement; et des-lors sa niece, qui avoit ete sucee deux fois, se porta mieux. A l'endroit ou ces personnes sont sucees, il se forme une tache tres bleuatre; l'endroit du moment n'est pas determine, tantot c'est en un endroit, tantot c'est en un autre. C'est un fait notoire atteste par les actes les plus autentiques, et passe a la vue de plus de 1,300 personnes toutes dignes de foi."

Le meme abbe donne cette autre lettre sur le meme sujet[1]:

[Note 1: Meme ouvrage, t. II, p. 68.]

"Vous souhaitez, mon cher cousin, etre informe au juste de ce qui se passe en Hongrie au sujet de certains revenants, qui donnent la mort a bien des gens en ce pays-la. Je puis vous en parler savamment: car j'ai ete plusieurs annees dans ces quartiers-la, et je suis naturellement curieux. J'ai oui en ma vie raconter une infinite d'histoires ou pretendues telles, sur les esprits et sortileges; mais de mille a peine ai-je ajoute foi a une seule: on ne peut etre trop circonspect sur cet article sans courir risque d'en etre la dupe. Cependant il y a certains faits si averes, qu'on ne peut se dispenser de les croire. Quant aux revenants de Hongrie, voici comme la chose s'y passe. Une personne se trouve attaquee de langueur, perd l'appetit, maigrit a vue d'oeil, et au bout de huit ou dix jours, quelquefois quinze, meurt sans fievre ni aucun autre symptome, que la maigreur et le dessechement.

"On dit en ce pays-la que c'est un revenant qui s'attache a elle et lui suce le sang. De ceux qui sont attaques de cette maladie, la plupart croyent voir un spectre blanc, qui les suit partout comme l'ombre fait le corps. Lorsque nous etions en quartier chez les Valaques, dans le Bannat de Temeswar, deux cavaliers de la compagnie dont j'etois cornette moururent de cette maladie, et plusieurs autres qui en etoient encore attaques en seroient morts de meme, si un caporal de notre compagnie n'avoit fait cesser la maladie, en executant le remede que les gens du pays emploient pour cela. Il est des plus particuliers, et quoiqu'infaillible, je ne l'ai jamais lu dans aucun rituel. Le voici: "On choisit un jeune garcon qui est d'age a n'avoir jamais fait oeuvre de son corps, c'est-a-dire, qu'on croit vierge. On le fait monter a poil sur un cheval entier qui n'a jamais sailli, et absolument noir; on le fait promener dans le cimetiere, et passer sur toutes les fosses: celle ou l'animal refuse de passer malgre force coups de corvache qu'on lui delivre, est reputee remplie d'un vampire; on ouvre cette fosse, et l'on y trouve un cadavre aussi gras et aussi beau que si c'etoit un homme heureusement et tranquillement endormi: on coupe le col a ce cadavre d'un coup de beche, dont il sort un sang des plus beaux et des plus vermeils et en quantite. On jureroit que c'est un homme des plus sains et des plus vivans qu'on egorge. Cela fait, on comble la fosse, et on peut compter que la maladie cesse, et que tous ceux qui en etoient attaques, recouvrent leurs forces petit a petit, comme gens qui echappent d'une longue maladie, et qui ont ete extenues de longuemain. C'est ce qui arriva a nos cavaliers qui en etoient attaques. J'etois pour lors commandant de la compagnie, et mon capitaine et mon lieutenant etant absens, je fus tres-pique que ce caporal eut fait faire cette experience sans moi."

Dom Calmet[1] rapporte encore deux faits de vampirisme en Pologne:

[Note 1: Meme ouvrage, t. II, p. 72-73.]

"A Warsovie, un pretre ayant commande a un sellier de lui faire une bride pour son cheval, mourut auparavant que la bride fut faite; et comme il etoit de ceux que l'on nomme vampires en Pologne, il sortit de son tombeau habille comme on a coutume d'inhumer les ecclesiastiques, prit son cheval a l'ecurie, monta dessus, et fut a la vue de tout Warsovie a la boutique du sellier, ou d'abord il ne trouva que la femme qui fut fort effrayee, et appela son mari, qui vint; et ce pretre lui ayant demande sa bride, il lui repondit: Mais vous etes mort, M. le cure; a quoi il repondit: Je te vas faire voir que non, et en meme tems le frappa de telle sorte que le pauvre sellier mourut quelques jours apres et le pretre retourna en son tombeau."

"L'intendant du comte Simon Labienski, Staroste de Posnanie, etant mort, la comtesse douairiere de Labienski voulut, par reconnaissance de ses services, qu'il fut inhume dans le caveau des seigneurs de cette famille; ce qui fut execute. Quelque tems apres, le sacristain qui avoit soin du caveau s'apercut qu'il y avoit du derangement, et en avertit la comtesse, qui ordonna suivant l'usage recu en Pologne qu'on lui coupat la tete, ce qui fut fait en presence de plusieurs personnes, et entre autres du sieur Jonvinski, officier polonois et gouverneur du jeune comte Simon Labienski, qui vit que lorsque le sacristain tira ce cadavre de sa tombe pour lui couper la tete, il grinca les dents, et le sang en sortit aussi fluide que d'une personne qui mourroit d'une mort violente, ce qui fit dresser les cheveux a tous les assistans, et l'on trempa un mouchoir blanc dans le sang de ce cadavre dont on fit boire a tous ceux de la maison pour n'etre point tourmentes."

PRESAGES

I.—PRESAGES DE GUERRE, DE SUCCES ET DE DEFAITES.

"Parcourez, si vous voulez, tous les siecles, dit Gaffarel[1], vous n'en trouverez pas un, suivant ceste verite, ou quelque nouveau prodige n'ait monstre ou les biens, ou les malheurs qu'on a veu naistre. Ainsi vit-on un peu auparavant que Xerxes couvrit la terre d'un million d'hommes des horribles et espouventables meteores, presages du malheur, qui arriva tout aussi bien du temps d'Attila surnomme *flagellum Dei*; et si on veut se donner la peine de prendre la chose de plus haut, la pauvre Jerusalem fut-elle pas advertie du malheur qui la rendit la plus desolee des villes, par mille semblables prodiges? car souvent on vit en l'air des armees en ordre avec contenance de se vouloir choquer: et un jour de la Pentechoste, le grand prestre entrant dans le temple pour faire les sacrifices que Dieu ne regardait plus, on ouit un bruit tout soudain et aussitost une voix qui cria: "Retirons-nous d'icy!" Je laisse l'ouverture de la porte de cuivre sans qu'on la touchast et mille autres prodiges racontes dans Josephe.

[Note 1: *Curiositez inouyes*, p. 57.]

"Apian a marque ceux qui furent veus et ouys devant les guerres civiles, comme voix espouvantables et courses etranges des chevaux qu'on ne voyait point. Pline a descrit ceux qui furent pareillement ouys aux guerres Cymbriques et entre autres plusieurs voix du ciel et l'alarme que sonnaient certaines trompettes horribles. Auparavant que les Lacedemoniens fussent vaincus en la bataille Leuctrique, on oueyt dans le temple les armes qui rendirent son d'elles-mesmes: et environ ce temps, a Thebes, les portes du temple d'Hercule furent ouvertes sans qu'aucun les ouvrit, et les armes qui estoient pendues contre la muraille furent trouvees a terre comme le deduit Ciceron, non sans estonnement. Du temps que Miltiades alla contre les Perses, plusieurs spectres en firent voir l'evenement, et sans m'escarter si loin, voyez Tite Live qui, pour s'estre pleu a descrire un bon nombre de semblables merveilles, quelques autheurs lui ont donne le titre non d'historien, mais de tragedien. Que si nous voulons passer dans les autres siecles qui ne sont pas si eloignes de nous, nous trouverons que du regne de Theodose, on vit de mesme une estoille portant espee: et du temps du sultan Selim, mille croix qui brillaient en l'air et qui annoncaient la perte que les chretiens firent apres."

Francois Guichardin[1] parlant du commencement de la guerre portee par les Francais au dela des monts pour la conquete du royaume de Naples, dit ceci sur les affaires de 1494: "Chascun demeuroit esperdu des bruits courans qu'en divers endroits d'Italie l'on avoit veu des choses repugnantes au cours de nature et des cieux. Que de nuit en l'Apouille estoyent aparus trois soleils au milieu du ciel, environnez de nuages, avec horribles esclairs, foudres et tonnerres. Qu'au territoire d'Arezze estoyent visiblement passez par l'air infinis hommes armez, montez sur puissans chevaux, avec un terrible retentissement de trompettes et de tambours. Que les images des saints avoyent sue en plusieurs lieux d'Italie. Que partout estoyent nez plusieurs monstres d'hommes et d'animaux. Que plusieurs autres choses estoyent avenues contre l'ordre de nature en divers endroits, au moyen de quoi se remplissoyent d'une crainte incroyable les peuples desja estonez pour la renommee de la puissance et vaillance ardente des Francois."

[Note 1: Au Ier livre de son *Histoire des guerres d'Italie*, section XVI, cite par Goulart, *Thresor des histoires admirables*, t. V, p. 322.]

"Le Milanois, dit Goulart, fut averti en l'an 1520 et en l'an 1521 par divers estranges presages des grands changemens qui y avinrent es divers evenements de la guerre, et les desolations incroyables de tout le pays sur lequel il tomba du ciel douze cens pierres de grele de couleur de fer enrouille, extremement dures, et qui sentoyent le soulfre. Deux heures devant qu'elles tombassent, il se fit au ciel un feu du tout extraordinaire de merveilleuse estendue et fort ardant. C'est merveille que l'air ait soustenu si longuement un poids si lourd de tant de pierres entre lesquelles on en trouva une pesant soixante livres et une autre deux fois autant. Dedans deux ans apres les Francois quitterent l'Italie, en laquelle ils rentrerent l'an 1515. Milan se vit reduite a toute extremite de saccagement, guerres, embrasements, pestes. La foudre qui fit tant de dommage au chateau de Milan l'an 1521 sembla presager aussi la grande revolution des afaires qui y aparut depuis, tant en la mesme annee qu'es suivantes comme il se void es recit de Guichardin en son *Histoire des guerres d'Italie*."

D'apres Gomez[1], "Quelques mois devant la bataille de Ravenne, l'an 1512, l'Italie fut estonnee par divers prodiges et fit estat d'estre battue de force coups. Sur le couvent des Cordeliers de Modene furent veus de nuict des flambeaux allumez en l'air, et de jour apparurent la mesme des fantosmes en forme d'hommes qui s'entretuoyent. La ville de Creme fut en plein midi couverte de si espaisses tenebres, que chascun y pensoit estre en plein minuict. Tout l'air retentissoit de bruits espouvantables, les esclairs extraordinaires, et multipliez sans guere d'intervalles faisoyent un nouveau jour. Parmi cela survindrent des gresles extremement violentes et si pesantes que le raport en semble incroyable."

[Note 1: *Histoire de Ximenes*, liv. V, cite par Goulard, *Thresor des histoires admirables*, t. IV, p. 780.]

Paul Jove[1] raconte que "Devant que les Suisses sortissent de Novarre, ou ils tenoient bon, l'an 1513, pour Maximilien Sforce, duc de Milan, contre l'armee francoise, a laquelle commandoit le sieur de la Trimouille, assiste de

Jean-Jacques Trivulce et autres chefs de guerre, les chiens qui estoient au camp des Francois, s'amasserent en troupes et entrerent dedans Novarre, ou se rendans es corps de garde, ils commencerent a faire feste aux Suisses, par toutes les contenances coustumieres a tels animaux lorsque plus ils veulent amadouer leurs maistres. Jacques Motin d'Ury, vaillant capitaine, comme il en fit preuve bientost apres, prenant cette reddition des chiens a bon presage, s'accourut vers l'empereur Maximilian, et l'asseura que les Francois seroient mis en deroute pour ce que les anciens Suisses avoient tousjours marque que l'armee vers qui se rangeoyent les chiens du parti contraire demeuroit victorieuse: les chiens quittant les hommes couards et malheureux, pour se ranger aux vaillants et aux fortunez."

[Note 1: Livre II de ses *Histoires.*]

Le president de Thou[1] raconte ce qui suit: "Le propre jour que la ville d'Afrique, jadis Aphrodisium fut prise sur les Turcs par l'armee de l'empereur Charles V, de laquelle estoyent chefs Antoine Dore et Christofle de Vegue, une plaisante avanture fut prise a bon presage par les assiegeants. Vegue avoit en ses pavillons une biche privee qu'on scait etre un animal qui se donne l'espouvante au moindre bruit qu'on face. Neantmoins le jour de l'assaut environ le quinziesme de septembre 1550, ceste biche non tracassee de personne, ains de son mouvement, monte a la bresche et sans s'esfaroucher au bruit des huees de tant de soldats, ni de l'artillerie qui tonnoit horriblement, ni des baies qui siffloient de celle part, passa outre, et entra la premiere devant tous les soldats dedans la ville, laquelle tost apres fut emportee d'assaut, plusieurs Mores et Turcs tues a la bresche et par les places, et dix mille personnes de divers aage reduites en captivite par les victorieux."

[Note 1: A la fin du Ve livre de l'*Histoire de son temps.*]

Alvaro Gamecius[1] raconte que "Le cardinal Ximenes s'aprestant pour aller faire la guerre aux Mores en la coste de Barbarie, estant en un village nomme Vaiona, l'on y vid en l'air durant quelques jours une croix, de quoi chascun discouroit a sa fantaisie. Ximenes pensant a ce prodige, et prestant l'oreille aux diverses conjectures qu'on lui en proposoit, un de la troupe lui dit: Monseigneur, ceste croix vous admoneste de partir sans long delai: Vaiona est presque autant que Veayna, ce mot, en langue espagnole (Ve-ayna) signifie *va viste.* En s'embarquant, la croix se montra en Afrique: alors un evesque nomme Cazalla s'ecriant aux soldats leur dit: Courage, mes amis! la victoire est nostre sous ce signal. Un autre cas survint alors: c'est qu'un grand et furieux sanglier descendu des costaux bocageux proches de la rade, traversa quelques compagnies bien rangees: sur quoi grandes huees se firent, chascun criant: Mahomet! Mahomet! De sorte qu'a coups de dards et d'autres traits le sanglier fut terrasse mort. Au contraire l'arriere garde de l'armee des Mores fut remarquee suivie d'un tres grand nombre de vautours, oiseaux carnassiers.

L'on n'entendoit es forests proche d'Oran que rugissemens de lions, lesquels es nuicts suivantes s'assemblerent par troupes et allerent devorer les corps tues. Comme les Espagnols assailloyent Oran, on vid deux arcs en ciel sur la ville. Lors un docte personnage a la suite de Ximenes, eslongne dela se mit a crier: Oran est a nous! Ximenes en dit autant a ses amis: et comme il continuoit a discourir de ce presage, les nouvelles lui vindrent de la prise. Ce que je vais dire, adjouste Gomez, semblera de tout admirable: mais rien ne fut estime plus certain pour lors, et plusieurs le remarquerent en leurs escrits. Outre les lettres de particuliers a leurs amis, Gonsales, Gilles, et celui qui escrivit en latin l'histoire de ceste guerre de Barbarie, afferment tres expressement que le soleil s'arresta et contint son cours quatre heures et plus durant le combat des Espagnols contre les Mores d'Oran. Car ainsi que les Espagnols pretendoyent gagner la montagne, le soleil commencoit a baisser: ce qui troubloit fort Pierre de Navarre, chef des troupes, ne les voyant encore qu'au pied de la montagne. Ximenes avoit bien remarque cest arrest du soleil, mais il s'en teut, jusques a ce que cette merveille fut divulguee partout. On asseure aussi que quelques Mores ayant pris garde a cela, tout estonnez de ce signe du tout extraordinaire et miraculeux, abjurerent le mahometisme et se firent baptiser."

[Note 1: Au IVe livre de l'*Histoire de Fr. Ximenes*, cite par Goulart, *Thresor des histoires admirables*, t. IV. p. 682.]

D'apres Joachim Curseus[1], "Matthias surnomme Corvin, couronne roi de Hongrie l'an 1464, quelques annees apres faisant forte guerre aux Turcs, sans vouloir entendre ni a paix ni a trefve avec eux, assiegea une de leurs forteresses nommee Sabaai, quoiqu'elle eut cinq mille hommes de guerre en garnison. Il la fit battre rudement, et durant les plus grands tonnerres de son artillerie, portant balles de calibre et poids extraordinaire, s'endormit si profond, quoique d'ordinaire ce fust le plus vigilant et le moins dormant de son temps, qu'il ne se resveilla qu'a haute heure, encore que son chambellan l'appelast souvent et a haute voix. Ce qui lui fut un presage de victoire, car tost apres, il forca ceste place paravant estimee imprenable. Plutarque en dit autant d'Alexandre le Grand devant la bataille d'Arbelles contre Darius."

[Note 1: En ses *Annales de Silesie*, cite par Goulart, *Thresor des histoire admirables*, t. III, p. 320.]

Suivant Arluno[1], "Peu avant la prise de Ludovic Sforce, duc de Milan, emmene prisonnier en France, ou il mourut a Loches, on ouit autour du chasteau de Milan, sur la miniuct, un cliquetis d'armes, des sons de tambours et fanfares de trompettes; on vid des baies enflammees lescher les murailles. Dans le chasteau furent veus des conils ayans deux testes, des chiens furieux courir de chambre en chambre, et disparoir soudainement. Auparavant, comme Sforce faisoit revue de son armee, presque au mesme endroit ou quelque temps apres il fut pris prisonnier, le cheval de guerre sur lequel il estoit monte fondit par deux fois sous son maistre, et broncha par terre, sans qu'au cheval apparust douleur, foulure ni foiblesse quelconque."

[Note 1: En son *Histoire de Milan*, IIe section, citee par Goulart, *Thresor des histoires admirables*, tome IV, p. 332.]

Le docteur Aubery[1] cite par Goulart, raconte que "En la chapelle de Bourbon l'Archambauld a cinq lieues de Moulins, se presentent infinis embellissemens en pierre, bois, bronze et es vitres merveilleuses en l'esmail de leurs diverses couleurs. Les vistres qui sont au coste du couchant se voient enrichies de fleurs de lys sans nombre, et traversees ci-devant d'une barre. Mais le mesme jour que Henri III fut meschamment assassine, la foudre emporta cette barre, sans endommager les fleurs de lys qui la touchoient: presage heureux de l'acquisition du sceptre de France due a la royale maison de Bourbon."

[Note 1: Aubery, docteur medecin, en son *Traicte des bains de Bourbon-Lancy et Archambauld*.]

"Le jour qu'Alexandre de Medicis, duc de Florence, fut tue en sa chambre, et de la main de Laurent de Medicis, son cousin, l'an 1537, dit Goulart, d'apres le supplement de Sabellic, en saison d'hiver, le verger et le jardin de Cosme de Medicis, son successeur, reverdit et florit, tous les autres vergers et jardins dedans et dehors la ville de Florence demeurant en leur estat, selon la saison."

Goulart raconte, d'apres Curoeus[1], que "Le dixiesme jour de septembre l'an 1513, Jacques, quatriesme de ce nom, roy d'Escosse, ayant embrasse le parti de France, s'esleva contre l'Angleterre, et la querelle s'eschauffa tellement qu'il y eut bataille donnee en laquelle le roy Jaques et la fleur de la noblesse d'Escosse mourut sur le champ. Lors y avoit un gentilhomme escossois serre fort estroitement en prison a Londres, lequel dit tout haut, plusieurs l'oyans quelques heures avant la bataille: Si les deux armees (angloise et escossoise) combattent aujourd'hui, je scay pour certain que le roy mon seigneur sera le plus foible. Car je remarque en ce conflit et tourbillon des vents en l'air, que les vents sont merveilleusement contraires a l'Escosse. Ceste parole ne fut pas sans raison et sans evenement: car il est certain que les anges conservateurs des estats publics et de l'ordre establi de Dieu combattent fermement contre les esprits malins qui prennent plaisir aux meurtres, et au renversement du bon ordre que le seigneur aprouve, comme on lit en l'histoire de Perse, ou l'ange raconte a Daniel que par longue espace de temps il a reprime le malin esprit, lequel incitoit les Grecs a aller ruiner la monarchie persique."

[Note 1: *Annales de Silesie*.]

"Il y a en Norwege, dit Ziegler[1], un lac nomme le lac de Mos, dans lequel (sur l'instant du changement es affaires publiques) aparoit un serpent de longueur incroyable. L'an 1522, on y en vid un, lequel avoit, autant que plusieurs presumerent, cinquante brasses de longueur. Peu de temps apres le roi Christierne second fut chasse de son royaume."

[Note 1: *Description de Scondie*, cite par Goulart, *Thresor d'histoires admirables*.]

"Les peuples septentrionaux, ajoute Goulart, d'apres Olaus[1], disent que les poissons monstrueux et non gueres vus, venans a paroir en leur mer sont presages infaillibles de grands troubles par le monde."

[Note 1: Olaus, au liv. XXI, ch. I.]

Cardan[1] rapporte que "L'an 1554, les pescheurs de Genes tirerent de la mer une teste de poisson de grandeur prodigieuse, car on conta du fond de la gorge au bout du museau dix-neuf pas. L'annee suivante, les Genois perdirent l'isle de Corse."

[Note 1: Au LXXIVe chap. du XIVe livre *de la Diversite des choses*.]

II.—PRESAGES DE NAISSANCE

"L'evesque d'Olmutz raconte, dit Goulart[1], que lorsque Wenceslas, depuis empereur (sous lequel survindrent beaucoup de desordres en Alemagne, en Boheme et ailleurs) nasquit, le feu se prit a l'eglise de Saint-Sebauld, en la ville de Nuremberg, ou l'on chaufoit l'eau pour le baptiser, qu'il urina dedans les fonds et fit des ordures sur l'autel; sa mere, femme de l'empereur Charles IV, mourut en cette couche de Wenceslas, lequel fut le plus chetif empereur que l'Alemagne ait veu."

[Note 1: Au XXIIIe livre de l'*Histoire de Boheme.*]

D'apres Abraham Bucholcer[1]. "Jean Frideric, electeur de Saxe, ne le trentiesme jour de juillet 1503, apporta du ventre de sa mere le presage de son avanture, ascavoir sur son dos une croix luisante comme or, laquelle veue par un homme d'eglise venerable par sa vieillesse et piete, lequel avoit este appelle par les dames de chambre de l'electrice, il dit: Ce petit enfant portera quelque jour une croix que tout le monde verra, puis que des son entree au monde il en a l'enseigne si manifeste. On en vid le commencement en la princesse Sophie, sa mere, laquelle mourut douze jours apres cest acouchcment."

[Note 1: En sa *Chronologie.*]

"J'ai apris de gens dignes de foi, dit le docteur Philippe Camerarius[1], que le tres puissant roi de la Grand'Bretagne, Jacques, venant au monde, fut veu ayant sur le corps un lyon et une couronne bien apparente, aucuns disent de plus une espee: marques de grand presage et dignes de plus ample consideration."

[Note 1: Au IIIe vol. de ses *Meditations historiques*, liv. III, ch. II.]

Suivant Marin Barlet[1], "La princesse d'Albanie, fort enceinte, songea qu'elle se delivroit d'un grand serpent, qui de son corps couvroit l'Albanie, ouvroit la gueule sur la Turquie pour l'engloutir, et estendoit doucement la queue vers Occident. Elle se delivra d'un fils, lequel avoit sur le bras droit la forme d'une espee bien empreinte. Il fut nomme George, puis, par les Turcs, Scanderberg, c'est-a-dire seigneur Alexandre. Ce fut un tres sage, tres heureux et tres valeureux prince, qui fit rude guerre aux Turcs."

[Note 1: *Vie de Scanderberg*, cite par Goulart, *Thresor des histoires admirables*, t. III, p. 314.]

Baptiste Fulgose[1] raconte que "Elisabet d'Arc, paisanne lorraine, estant fort enceinte, elle conta a ses voisins, au village, avoir songe qu'elle enfantoit la foudre, dont elles ne firent que rire. Tost apres elle acoucha d'une fille, ce qui augmenta la risee. Ceste fille, nommee Jeanne, et surnommee la Pucelle, devenue en aage, quitta les moutons, prit les armes, et fut une vraye fouldre de guerre: car par une speciale faveur et force divine, elle ravit aux Anglois, possesseurs de la pluspart du royaume de France, tout le bonheur dont ils avoyent jouy plusieurs annees, les afoiblit, batit et harassa en tant de rencontres et de sieges, qu'ils furent contraints quitter tout. Finalement, Jeanne, prise en certaine sortie, fut bruslee vive par les Anglois, lesquels depuis ne durerent gueres en France, ains repasserent la mer."

[Note 1: Au liv. I, chap. V, du recueil de ses *Histoires memorables*, cite par Goulart, *Thresor des histoires admirables*, t. III, p. 341]

Jean Francois Pic de la Mirandole[1] raconte que "Bien peu de temps avant la naissance de Jean Picus, prince de la Mirandole, tant renomme entre les doctes de nostre temps, l'on descouvrit un grand globe de flamme ardante sur la chambre de la mere de ce prince, lequel globe de feu disparut incontinent. Cela presageoit premierement en la forme ronde la perfection de l'intelligence qu'auroit l'enfant, lequel nasquit en ceste chambre au mesme instant, et qui seroit admire de tout le monde, a cause de la prompte vivacite de son esprit, tout epris de l'amour des sciences, de la speculation des choses sublimes, et de la continuelle contemplation des mysteres celestes. Outre plus, ce feu sembloit presager l'excellence du parler de ce prince, lequel embrasoit ses auditeurs en l'amour des choses divines: mais que ce feu ne feroit que passer. De fait, ce grand prince mourut fort jeune, ascavoir en l'aage de trente-deux ans, l'an 1494, au mois de novembre, estant ne le vingt-quatriesme de fevrier 1463."

[Note 1: En la *Vie de Pic de la Mirandole*, son oncle.]

"Jerosme Fracastor de Verone, encore fort petit, a ce que raconte l'auteur de sa vie[1], estant porte entre les bras de sa mere un jour d'este, l'air venant a se troubler, voici un coup de fouldre, lequel atteint et tue la mere, sans que son petit enfant fust tant soit peu offense, presage de l'illustre renommee d'icelui, docte entre les doctes qui ont este depuis cent ans."

[Note 1: *Vie de J. Fracastor*, cite par Goulart, *Thresor des histoires admirables*, t. III, p. 315.]

III.—PRESAGES DE MORT

Goulart[1], d'apres un livre intitule *la Mort du roi* a fait un chapitre entier sur les avertissements merveilleux et predictions de diverses sortes de la mort du roi Henri IV; on y trouve ceux-ci:

[Note 1: *Thresor des histoires admirables* t. IV, p. 436.]

"On ne parloit en ce temps-la que de quelque grand accident qui devoit arriver. On rappeloit la memoire de plusieurs predictions sur les cometes, les eclipses et les conjonctions des planetes superieures. Leovice avoit conjure les rois qui estoient sous le Belier et la Balance de penser a eux. L'estoile veue l'annee precedente en plain midi avoit este consideree par les mathematiciens comme un signal de quelque sinistre effect. La riviere de Loire s'estoit desbordee en pareille fureur qu'au temps de la mort violente de Henri II et Henri III. Les saisons perverties, l'extreme froid, l'extreme chaleur, et ces montagnes de glace que l'on vid sur les rivieres de Loire et de Saone, mettoyent les esprits en pareilles apprehensions. On avoit fait courir par Paris des vers de la Samaritaine du Pont-Neuf a l'imitation des centuries de Nostradamus, qui parloit clairement de la mort du roi.

"L'arbre plante en la cour du Louvre, le premier jour de mai tomba de soi-mesme, sans effort et contre toute apparence, la teste devers le petit degre. Bassompierre voyant cela dit au duc de Guise, avec lequel il estoit apuye sur les barres de fer du petit perron au devant de la chambre de la roine, qu'en Alemagne et en Italie on prendroit ceste cheute a mauvais signes, et pour le renversement de l'arbre dont l'ombre servoit a tout le monde. Le roi estimant qu'ils parloyent d'autre chose, porta sa teste tout bellement entre les leurs, escouta ce discours, et leur dit: Il y a vingt ans que j'ai les oreilles battues de ces presages. Il n'en sera que ce qu'il plaira a Dieu.

"Plusieurs choses furent prinses et remarquees a Sainct-Denis pour mauvais augure. Le roi et la roine dirent que leur sommet avoit este rompu par une orfraye, oiseau nocturne et funebre, qui avoit crouasse toute la nuict sur la fenestre de leur chambre. La pierre qui sert a l'ouverture de la cave ou sont enterrez les rois, se trouva ouverte. La curiosite, qui s'amuse a toutes choses, prit a mauvais signe que le cierge de la roine s'esteignit de soi-mesme; et que si elle n'eust porte sa main a sa couronne, elle fust tombee deux fois. Le mesme jour du jeudi 13, ce mesme prince considerant les theatres si bien peuplez et en si bon ordre, dit que cela le faisoit souvenir du jour du jugement et que l'on seroit bien estonne si le juge se presentoit."

"L'empereur Maximilien Ier et Philippe Ier, son fils, roy d'Espagne, dit Hedion en sa *Chronique*[1], estans en leur cabinet au palais de Brusselles, pour resoudre de quelque afaire d'importance, un vent se leve lequel arrache et jette hors de la paroy entre les deux princes une assez grosse pierre, laquelle Philippe leve de terre: et comme il continuoit de parler a son pere, un tourbillon survint qui lui fit tomber ceste pierre des mains, laquelle se brisa sur le planche. C'est un presage, dit alors Philippe a Maximilien, que vous serez bien-tost pere de mes enfans. Peu de semaines apres, Philippe, jeune prince, mourut, laissant ses pupilles a l'empereur Maximilien son pere."

[Note 1: Cite par Goulart, *Thresor des histoires admirables*, t. II, p. 915.]

Selon Paul Jove[1], "Le pape Adrian VI s'acheminant d'Espagne a Rome pour son premier exploit voulut voir a Saragousse les os et reliques d'un sainct: ce qui fit dire a plusieurs qu'Adrian mourroit bien tost. Il avint alors aussi qu'une riche lampe de cristal, en l'eglise de ce sainct, se brisa soudainement, dont toute l'huile fut versee sur Adrian et sur quelques prestres autour de lui, dont leurs habillemens furent gastez. Arrive a Rome, le palais ou il demeuroit fut embrase et consomme en un instant. Il canoniza Benno, evesque aleman, et Antonin, archevesque de Florence: mais il les suivit bientost et mourut apres icelles canonizations, que l'on tient pour presages de mort prochaine aux papes qui les font."

[Note 1: En sa *Vie d'Adrian VI*, cite par Goulart, *Thresor des histoires admirables*, t. II, p. 945.]

D'apres Sabellic[1], Philebert de Chalon, prince d'Aurange, ayant assiege Florence, entendit que secours venoit aux Florentins. Sur ce il resoud d'aller au devant: et comme il vouloit monter a cheval, fait assembler autour de lui les capitaines, et commande qu'on apporte des flaccons et des tasses, les faisant emplir de vin, afin que tous beussent par ensemble. Comme les uns et les autres estoient prests a boyre, voici une pluye impetueuse et soudaine, le ciel estant fort serein auparavant, laquelle arrouse abondamment le prince et ses capitaines, qui beuvoyent en pleine campagne. Incontinent chacun dit son avis de ceste avanture. Le prince rioit a gorge desployee: A ce que je voy, dit-il, compagnons, nous ne parlerons que bien trempez a nos ennemis, puisque Dieu a voulu si benignement verser de l'eau en nostre vin. Ce furent ses derniers propos: car tost apres ayant charge et rompu ce secours il fut au combat transperce d'un boulet, dont il mourut."

[Note 1: Supplement au XIIIe livre, cite par Goulart, *Thresor des histoires admirables*, t. II, p. 943.]

Joach. Camerarius[1] et Abr. Bucolcer[2], racontent ce qui suit selon Goulart[3]: "Guillaume Nesenus, personnage excellent en scavoir et crainte de Dieu, s'estant jette dedans une barque de pescheur en temps d'este, pour traverser l'Elbe, riviere qui passe a Witeberg en Saxe, comme c'estoit sa coustume de s'esbatre quelques fois a passer ainsi ceste riviere, et conduire lui-mesme sa barque, alla heurter alors contre un tronc d'arbre cache dedans l'eau, qui renversa la barque, et Nesenus au fond dont il ne peut eschapper, ains fut noye. Cela avint sur le soir. Le mesme jour, un peu apres disne, comme Camerarius sommeilloit, avis lui fut qu'il entroit une barque de pescheur et qu'il tomboit en l'eau. Sur ce arriva vers lui, Philippe Melanchthon son familier ami, auquel il fit en riant le conte de ce sien songe, tenant sa vision pour chose vaine... Melanchthon et Camerarius devisans ensemble de ce songe et triste accident, se ramentierent l'un a l'autre ce qui leur estoit advenu et a Nesenus peu de jours auparavant. Ils faisoyent eux trois quelque voyage en Hesse, et ayans couche en une petite ville nommee Trese, le matin passerent un ruisseau proche de la, pour y abreuver leurs chevaux. Comme ils estoyent en l'eau, Nesenus decouvre en un costeau proche de la trois corbeaux croquetans, battans des aisles et sautelans. Sur ce il demande a Melanchthon que lui sembloit de cela? Melanchthon respondit promptement: Cela signifie que l'un de nous trois mourra bien tost. Camerarius confesse que ceste response le poignit jusques au coeur, et le troubla grandement; mais Nesenus ne fit qu'en secouer la teste, et poursuivit son chemin alaigrement. Camerarius adjouste qu'il fut en termes de demander a Melanchthon la raison de cette sienne conjecture; et que tost apres Melanchthon lui dit que, se sentant foible et valetudinaire, il ne pouvoit estimer que sa vie deut estre gueres plus longue. Et je ne ramentoy point ces choses, dit-il, comme si j'attribuois quelque efficace au vol et mouvement des oiseaux, ni ne fay point de science des conjectures qu'on voudroit bastir la dessus: comme aussi je scay que Melanchthon ne s'en est jamais soucie. Mais j'ai bien voulu faire ce recit pour monstrer que parfois on void avenir des choses merveilleuses dont il ne faut pas se mocquer, et qui apres l'evenement suggerent diverses pensees a ceux qui les voyent ou en entendent parler."

[Note 1: *Vie de Ph. Melanchthon.*]

[Note 2: *Indices chronologiques*, an 1524.]

[Note 3: *Thresor des histoires admirables*, t. I, p. 373.]

Au recit de Zuinger[1], "La peste estant fort aspre es environs du Rhin l'an 1364, plusieurs mourans a Basle avoyent ceste coustume par presage merveilleux au fort de la maladie, et quelques heures devant que rendre l'ame, d'appeller par nom et surnom quelqu'un de leurs parens, allies, voisin ou amis. Ce nomme tomboit tost apres malade, et faisoit le mesme, ainsi cest appel continuoit du troisiesme au quatriesme, et consequemment: en telle sorte qu'on eust dit que ces malades estoyent les huissiers de Dieu pour adjourner ceux que la providence designoit a comparoir en personne devant lui."

[Note 1: En son *Theatre de la vie humaine*, cite par Goulart, *Thresor des histoires admirables*, t. II, p. 446.]

D'apres Camerarius,[1] "Les comtes de Vesterbourg ont pres du Rhin un chasteau basti en lieu fort haut esleve. La peste y estant survenue, les comtes s'en retirerent pour aller quelques jours en air meilleur et plus asseure, ou ils sejournerent trop peu. De retour, comme ils montoyent au chasteau, et approchoyent de la porte, la cloche de l'horloge posee en une haute tour sonne onze heures en lieu de trois ou quatre apres midi. C'est accident extraordinaire occasiona les comtes de s'enquerir du portier paravant laisse seul au chasteau pour le garder, que vouloit dire ce changement. Il protesta n'en scavoir rien, veu qu'on avoit laisse l'horloge plusieurs jours, sans qu'aucun y eust touche. Incontinent la peste se renouvella, laquelle emporta les comtes et toutes les personnes rentrees avec eux au chasteau: le nombre fut d'onze, autant que l'horloge, avoit sonne de coups."

[Note 1: Au IIIe vol. de ses *Meditations historiques*, liv. I, ch. XV, cite par Goulart, *Thresor des histoires admirables*, t. III, p. 318.]

"En la seigneurie de l'archevesque et electeur de Treves, se void, dit Camerarius[1], un vivier ou estang en lieu conu de ceux du pays, duquel quand il sort quelque poisson de grandeur desmesuree, et qui se monstre, on tient que c'est un certain presage de la mort de l'electeur, et que par longue suite d'annees on a verifie ceste avanture. En la baronnie de Hohensax, en Suisse, quand un de la famille doit mourir, des plus hautes montagnes qui separent la baronnie d'avec le canton d'Appenzel, tombe une fort grosse pierre de rochers avec tant de bruit que le roulement d'icelle est entendu clairement pres et loin, jusques a ce qu'elle s'arreste en la plaine du chasteau de Fontez."

[Note 1: En ses *Meditations historiques*, vol. III, liv. I, ch. XV, cite par Goulart, *Thresor des histoires admirables*. t. III, p. 318.]

Taillepied[1] cite ce fait rapporte par Leon du Vair: "Que dirai-je du monastere de Saint-Maurice, qui est situe es confins et limites de Bourgongne, pres le fleuve du Rhosne? Il y a la dedans un vivier, auquel selon le nombre de moines, on met aussi tant de poissons: que s'il arrive que quelqu'un des religieux tombe malade, on verra aussi sur le fil de l'eau un de ces poissons qui nagera comme estant demy-mort, et si ce religieux doit aller de vie a trespas, ce poisson mourra deux ou trois jours devant luy."

[Note 1: *Traite de l'apparition des esprits*, p. 139.]

"Le sixiesme jour d'avril 1490, dit Goulart[1], Mathias, roi de Hongrie, surnomme la frayeur des Turcs, mourut d'apoplexie a Vienne, en Austriche. Tous les lyons que l'on gardoit en des lieux clos a Bude moururent ce jour la. Un peu devant le trespas du prince Jean Casimir, comte palatin du Rhin et administrateur de l'electoral, le lyon qu'il faisoit soigneusement nourrir mourut: ce que le prince prit pour presage de son deslogement. Un cheval que Louis, roi de Hongrie, montoit, perit soudain, un peu devant la bataille de Varne, en laquelle ce jeune prince demoura. Car ayant este mis en route, et voulant se sauver a travers un marests, le cheval qui le portoit ne peut l'en desgager, ains y enfondra et perdit son maistre. Le frere Battory, roi de Pologne, estant mort en Transsilvanie, le cheval du roi mourut soudain, et quelques jours apres vindrent nouvelles du trespas du prince decede fort loin de la."

[Note 1: *Thresor des histoires admirables*, t. III. p. 316]

D'apres Joach. Camerarius[1], "Maurice, electeur de Saxe, prince vaillant et excellent, eut divers presages de sa mort peu de jours avant la bataille donnee l'an 1553, entre lui et Albert, marquis de Brandebourg, lequel il mit en route. La teste d'une siene statue de pierre fut emportee d'un coup de fouldre, sans que les statues des autres electeurs eslevees en lieu public en une ville de Saxe nommee Berlin, fussent tant soit peu atteintes de cest esclat. Un vent impetueux s'esleva le jour precedent la bataille, lequel arracha et deschira deux grands pavillons de l'electeur, en l'un desquels on faisoit sa cuisine, en l'autre se dressoyent les tables pour ses repas ordinaires. Au mesme temps il plut du sang aupres de Lipsic."

[Note 1: En sa harangue funebre sur la mort de Maurice, electeur de Saxe.]

"En l'eglise cathedrale de Mersburg, pres de Lipsic, dit Goulart[1], y a un evesque et des chanoines ausquels il estoit loisible de se marier. Ils ont laisse en icelle de grands et riches joyaux donnez des longtemps, et ont fait conscience de s'en accommoder. Pour la garde du temple il y a ordinairement quelques hommes qui tour a tour veillent en icelui tant de jour que de nuict. Iceux rapporterent avoir observe de fort longtemps et entendu de leurs devanciers gardes que trois semaines avant le deces de chascun chanoine de nuict se fait un grand tumulte dedans le temple: et comme si quelque puissant homme donnoit de toute sa force quelques coups de poing clos sur la chaire du chanoine qui doit mourir; laquelle ces gardes marquent incontinent: et le lendemain venu en avertissent le chapitre. C'est un adjournement personnel a ce chanoine, lequel meurt dedans trois semaines apres."

[Note 1: *Thresor des histoires admirables*, t. I, p. 549.]

Suivant un petit ouvrage anonyme[1], "Les Espagnols parlent d'une cloche en Arragon par eux appellee la cloche du miracle, en une colline pres de Villela, laquelle (disent-ils) contient dix brasses de tour, sonne parfois, mais rarement, de soi-mesme, sans estre agitee par aucun instrument ni moyen visible ou sensible, comme de mains d'hommes, de violence des vents, de tremblement de terre, ou autres semblables agitations. Elle commence en tintant, puis sonne a volee, par intervalles d'heures et de jours. Les Portugais disent qu'elle sonna lors que le roi Sebastien fit le voyage d'Afrique et en l'an 1601 depuis le 13 de juin jusques au 24, a diverses reprises. On dit qu'elle sonna lorsque Alphonse V, roi d'Arragon, alla en Italie pour prendre possession du royaume de Naples, en la mort de Charles V, en une extreme maladie du roi Philippe II arreste a Badajos et au trespass de la roine Anne, sa derniere femme."

[Note 1: *Histoire de la paix*, imprimee a Paris par Jean Richer, 1607, p. 233 et 234.]

Taillepied[1] rapporte certains presages qui precedent l'execution des condamnes: "Il advient aussi beaucoup de choses estranges es chateaux ou sera emprisonne quelque malfaicteur digne de mort: car on y oira de nuict de grands tintamarres, comme si l'on vouloit sauver par force le prisonnier, et semblera que les portes doivent etre forcees; mais en allant voir que c'est, on ne trouvera personne, et le prisonnier n'en aura rien senty, ny ouy. On dit aussi que les bourreaux scavent souventes fois quand ils doivent executer quelque malfaicteur a mort: car leurs epees desquelles ils font justice leur en donnent quelque signe. Beaucoup de choses adviennent touchant ces pauvres miserables qui se tuent eux-memes. Il a fallu souvent les mener bien loing pour les jecter dans quelque grand'eau: adonc si les chevaux qui les tiraient les descendoient de quelque montagne, a grand'peine en pouvaient-ils venir a bout; et au contraire s'il falloit monter ils estoient contraints de courir, tant cela les poussoit fort."

[Note 1: *Traite de l'apparition des esprits*, p. 138.]

IV.—AVERTISSEMENTS

"Souvent Dieu nous fait savoir, dit Gaffarel[1], ce qui doit arriver par quelque signe interieur, soit en veillant, soit en dormant. Ainsi Camerarius pretend qu'il y a des personnes qui sentent la mort de leurs parents, soit devant ou apres qu'ils sont trespassez par une inquietude estrange et non accoustumee, fussent-ils a mille lieues loin d'eux. Feue ma mere Lucrece de Bermond avoit un signe presque semblable: car il ne mouroit aucun de nos parents qu'elle ne songeast en dormant peu de temps auparavant, ou des cheveux, ou des oeufs, ou des dents melees de terre, et cela estoit infaillible et moy mesme lorsqu'elle disoit qu'elle avoit songe telles choses, j'en observois apres l'evenement."

[Note 1: *Curiositez inouyes.*]

D'apres Taillepied[1], "On a observe es maisons de ville que, quand quelque conseiller devoit mourir, on entendoit du bruit en la place ou il s'asseoit au conseil: comme le mesme advient aux bancs des eglises, ou en autres lieux ou on aura frequente et travaille. Quand quelque moyne ou serviteur de couvent sera malade, on verra de nuit faire une biere en la meme sorte qu'on la feroit par apres. On oit bien souvent es cimetieres de village faire une fosse avec grands soupirs et gemissemens quand quelqu'un doit mourir, et comme elle sera faite le jour suivant. Quelquefois aussi pendant que la lune luisoit on a veu des gens aller en procession apres les funerailles d'un mort. Aucuns disent que quand on voit l'esprit de quelqu'un, et il ne meurt incontinent apres, c'est signe qu'il vivra longtemps, mais il ne se faut pas amuser a telles speculations, ains plustost chascun doit s'apprester comme s'il falloit mourir des demain afin de n'estre abuse."

[Note 1: *Traite de l'apparition des esprits*, in-12, p. 137.]

Suivant Th. Zuinger[1] "Henry II, roi de France, ayant este deconseille et prie nommement par la reine sa femme de ne point courir la lance le jour qu'il fut blesse a mort, ayant eu la nuict precedente vision expresse et presage du coup, ne voulut pourtant desister, mesme il contraignit le comte, de Montgomerry de venir a la jouste. Comme ils s'apprestoyent a rompre la derniere lance, un jeune garcon qui regardoit d'une fenestre ce passe temps, commence a crier tout haut regardant et monstrant le comte de Montgomerry: Helas! cest homme s'en va tuer le roy."

[Note 1: *Theatre de la vie humaine*, Ve vol., liv. IV.]

"Suivant Buchanan[1], "Jaques Londin, Escossois, d'honneste maison, ayant este longtemps travaille d'une fievre, le jour devant que Jaques V, roy d'Escosse fut tue, se haussant un peu dedans son lict environ midi, et comme tout estonne, commence a dire tout haut a ceux qui estoyent autour de lui: Sus, sus, secourez le roy: les parricides l'environnent pour le tuer. Un peu apres il se met a pleurer et crier piteusement: Il n'est plus temps de lui aider, le pauvre prince est mort. Incontinent apres, ce malade expira."

[Note 1: *Histoire d'Escosse*, liv. XVII. cite par Goulart, *Thresor des histoires admirables*, t. II, p. 944.]

"Un autre presage du meurtre de ce prince fut comme conjoint avec le meurtre mesme. Trois domestiques du comte d'Atholie, gentils-hommes bien conus et vertueux, logez non gueres loin de la maison du roy, endormis environ la minuict, il sembla a l'un d'eux couche contre la paroy, nomme Dugal Stuart, que certain personnage s'aprochoit de lui, qui passant la main doucement par dessus la joue et la barbe de Stuart lui disoit: Debout, on veut vous tuer. Il s'esveille, et pensant a ce songe, l'un de ses compagnons s'escrie d'un autre lict: Qui est-ce qui me foule aux pieds? Stuart lui respond: C'est a l'avanture quelque chat qui rode ici la nuict. Alors le troisiesme qui dormoit encor, s'esveillant en sursaut, se jette du lict en bas et demande: Qui m'adonne bien serre sur la joue? Sur ce il lui semble que quelqu'un sautoit avec grand bruit par la porte hors de la chambre. Comme ces trois gentilshommes devisoyent de leurs visions, voici la maison du roy renversee avec grand bruit par violence et de pouldre a canon, dont s'ensuit la mort du prince."

D'apres le petit livre intitule *la Mort du roi*, cite par Goulart[1], "Le vendredi quatorziesme jour de may 1610, une religieuse de l'abbaye de Sainct-Paul en Picardie, soeur de Villers Hodan, gouverneur de Dieppe, estant en quelque indisposition, fut visitee en sa chambre par son abbesse, soeur du cardinal de Sourdi, et apres qu'elles se furent entretenues de paroles propres a leur condition, elle s'escria sans trouble ni sans les agitations et frayeurs propres aux enthousiastes: Madame, faites prier Dieu pour le roi: car on le tue. Et un peu apres: Helas! il est tue! En la conference des paroles et de l'acte on a trouve que tout cela n'avoit eu qu'une mesme heure."

[Note 1: *Thresor des histoires admirables*, t. IV.]

On lit dans une lettre de Mme de Sevigne au president de Monceau que, trois semaines avant la mort du grand Conde, pendant qu'on l'attendait a Fontainebleau, M. de Vernillon, l'un de ses gentilshommes, revenant de la chasse sur les trois heures, et approchant du chateau de Chantilly (sejour ordinaire du prince), vit, a une fenetre de son cabinet, un fantome revetu de son armure, qui semblait garder un homme enseveli; il descendit de cheval et s'approcha, le voyant toujours; son valet vit la meme chose et l'en avertit. Ils demanderent la clef du cabinet au concierge; mais ils en trouverent les fenetres fermees, et un silence qui n'avait pas ete trouble depuis six mois. On conta cela au prince, qui en fut un peu frappe, qui s'en moqua cependant, ou parut s'en moquer, mais tout le monde sut cette histoire et trembla pour ce prince, qui mourut trois semaines apres.

On sait que le duc de Buckingham, favori de Jacques Ier, roi d'Angleterre, fut assassine en 1628 par Felton, officier a qui il avait fait des injustices. Quelque temps avant sa mort, Guillaume Parker, ancien ami de sa famille, apercut a ses cotes en plein midi le fantome du vieux sir George Villiers, pere du duc, qui depuis longtemps ne vivait plus. Parker prit d'abord cette apparition pour une illusion de ses sens; mais bientot il reconnut la voix de son vieil ami, qui le pria d'avertir le duc de Buckingham d'etre sur ses gardes, et disparut. Parker, demeure seul, reflechit a cette commission, et, la trouvant difficile, il negligea de s'en acquitter. Le fantome revint une seconde fois et joignit les menaces aux prieres, de sorte que Parker se decida a lui obeir; mais il fut traite de fou, et Buckingham dedaigna son avis.

Le spectre reparut une troisieme fois, se plaignit de l'endurcissement de son fils, et tirant un poignard de dessous sa robe: "Allez encore, dit-il a Parker; annoncez a l'ingrat que vous avez vu l'instrument qui doit lui donner la mort."

Et de peur qu'il ne rejetat ce nouvel avertissement, le fantome revela a son ami un des plus intimes secrets du duc. Parker retourna a la cour. Buckingham, d'abord frappe de le voir instruit de son secret, reprit bientot le ton de raillerie, et conseilla au prophete d'aller se guerir de sa demence. Neanmoins, quelques semaines apres, le duc de Buckingham fut assassine.

Paul Jove[1] rapporte que "Des chevaliers de Rhodes rendirent l'isle et la ville au Turc le jour de Noel, l'an 1521. En mesme instant de ceste reddition, comme le pape Adrian VI entroit en sa chapelle a Rome pour chanter messe, ayant fait le douziesme pas, une grosse pierre du portail de ceste chapelle se dissoult et tombe soudainement sur deux suisses de la garde du pape, qui tout a l'instant en furent escrasez sur la place."

[Note 1: En la *Vie d'Adrian VI*, cite par Goulart, *Thresor des histoires admirables*, t. III, p. 327.]

Cardan[1] raconte que "Baptiste, son parent, estudiant a Pavie, s'esveilla de nuict, et delibera prendre son fusil pour allumer la chandelle. En ces entrefaictes il entend une voix disant: Adieu, mon fils, je m'en vay a Rome, et lui sembla qu'il voyoit une tres grande lumiere, comme d'un fagot de paille tout en feu. Tout estonne il se cache sous la coultre de son lict, et y demeure le reste de la nuict et la matinee, jusques a ce que ses compagnons retournent de la lecon. Ils frapent a la porte de la chambre, dont leur ayant fait ouverture, et raconte son songe, il adjouste en pleurant que c'estoyent nouvelles de la mort de sa mere. Eux n'en firent que secouer les oreilles. Mais le lendemain il receut nouvelle que sa mere estoit decedee en la mesme heure qu'il avoit veu ceste grande lumiere, en un lieu eloigne d'environ une journee a pied loin de Pavie."

[Note 1: *De la variete des choses*, Ve livre, chap. LXXXIV, cite par Goulart, *Thresor des histoires admirables*, t. II, p. 1012.]

D'apres Zuinger[1], "Jean Huber, docte medecin en la ville de Basle, estant en l'article de la mort, avis fut la nuict a Jean Lucas Isel, honnorable citoyen de Basle, demeurant lors a Besancon, lequel ne scavoit du tout rien de ceste maladie, qu'il voyoit son lict couvert de terre fraischement fossoyee, laquelle voulant secouer, apres avoir jette bas la couverte, il vid (ce lui sembloit) Huber couche tout de son long sous les linceux, en un clin d'oeil transforme en petit enfant. La nuict du lendemain il eut une autre vision: car il sembla qu'il oyoit divers piteux cris de personnes qui plouroyent le trespas de Hubert, lequel vrayement estoit mort en ces entrefaictes. Isel esveille receut au bout de quelques jours nouvelles de la mort de Huber."

[Note 1: En son *Theatre de la vie humaine*, Ve vol., liv. IV, cite par Goulart, *Thresor des histoires admirables*, t. II, p. 1044.]

D'apres des Caurres[1], "Possidonius historien, raconte de deux amis et compagnons d'Arcadie, qui est une partie d'Achaie en la Grece, que venans en la cite de Megara apres Athenes, l'un logea a l'hostellerie, l'autre pour espargner logea a un cabaret. Celuy qui etoit au grand logis, la nuict en dormant vit son compagnon qui le prioit luy venir secourir, car son tavernier estoit apres a le tuer. Quoy oyant, son compagnon s'esveilla et estimant que ce fut un songe, se remist en son lict. Et si tost apres qu'il fut endormy, voicy derechef son compagnon qui lui apparut, disant que puisqu'il ne l'avoit secouru en sa vie, qu'il luy aidast a venger sa mort contre le tavernier qui l'avoit meurdry, lequel avoit mis son corps sur une charrette couverte de fumier, a fin que le matin il envoyast par son chartier comme on a accoustume a vuider le fumier, et luy dit qu'il se trouvast le matin a la porte, la ou il trouveroit le corps, ce qui fut faict. Le chartier gagna au pied, et le cabaretier perdit la vie."

[Note 1: *Oeuvres morales et diversifiees*, p. 377.]

"Durant nos dernieres guerres, dit Goulart[1], un conseiller en la ville de Montpeslier, personnage honorable, estant avec d'autres au temple, priant Dieu, eut une vision soudaine de tous les endroits de sa maison: il lui sembla qu'un sien petit fils unique tomboit d'une haute gallerie en la basse cour de son logis. Il se leve en sursaut, va chez soi au grand pas, demande son enfant, le trouve sain et sauf, raconte son extase, commet des lors une chambriere pour garder ce petit fils et de nuict et de jour. Trois mois apres, ceste chambriere infiniment soigneuse de l'enfant se trouva avec icelui en la gallerie, et n'ayant fait que tourner le dos, l'enfant tombe en la basse cour et est trouve roide mort. Le conseiller esperdu se prend a sa femme, qui n'en pouvoit mais, et la tanse fort asprement. Quatre jours apres, comme ceste mere desolee ouvre certain cabinet, un fantosme tout tel que son fils mort, se presente a elle riant et feignant vouloir l'embrasser. Lors elle s'escrie: Ha! Satan, tu veux me tenter. Mon Dieu, assiste a ta servante. Ces mots proferes, le fantosme s'esvanouit."

[Note 1: *Thresor des histoires admirables*, tome III, p. 328.]

Les sorcieres ont eu quelquefois des corneilles a leur service, comme on le voit par la legende qui suit, et qui, conservee par Vincent Guillerin[1], a inspire plus d'une ballade sauvage, en Angleterre et en Ecosse.

[Note 1: *Spect. hist.* lib. XXVI.]

"Une vieille Anglaise de la petite ville de Barkley exercait en secret au XIe siecle, la magie et la sorcellerie avec grande habilete. Un jour, pendant qu'elle dinait, une corneille qu'elle avait aupres d'elle et dont personne ne soupconnait l'emploi, lui croassa je ne sais quoi de plus clair qu'a l'ordinaire. Elle palit, poussa de profonds soupirs et s'ecria: "J'apprendrai aujourd'hui de grands malheurs.""

"A peine achevait-elle ces mots, qu'on vint lui annoncer que son fils aine et toute la famille de ce fils etaient morts de mort subite. Penetree de douleur, elle assembla ses autres enfants, parmi lesquels etait un bon moine et une sainte religieuse; elle leur dit en gemissant:

"Jusqu'a ce jour, je me suis livree, mes enfants, aux arts magiques. Vous fremissez; mais le passe n'est plus en mon pouvoir. Je n'ai d'espoir que dans vos prieres. Je sais que les demons sont a la veille de me posseder pour me punir de mes crimes. Je vous prie, comme votre mere, de soulager les tourments que j'endure deja. Sans vous, ma perte me parait assuree, car je vais mourir dans un instant. Renfermez mon corps dans une peau de cerf, dans une biere de pierre recouverte de plomb que vous lierez par trois tours de chaine. Si, pendant trois nuits, je reste tranquille, vous m'ensevelirez la quatrieme, quoique je craigne que la terre ne veuille point recevoir mon corps. Pendant cinquante nuits, chantez des psaumes pour moi, et que pendant cinquante nuits on dise des messes."

"Ses enfants troubles executerent ses ordres; mais ce fut sans succes. La corneille, qui sans doute n'etait qu'un demon, avait disparu. Les deux premieres nuits, tandis que les clercs chantaient des psaumes, les demons enleverent, comme s'ils eussent ete de paille, les portes du caveau et emporterent les deux chaines qui enveloppaient la caisse: la nuit suivante, vers le chant du coq, tout le monastere parut ebranle par les demons qui entouraient l'edifice. L'un d'entre eux, le plus terrible, parut avec une taille colossale, et reclama la biere. Il appela la morte par son nom; il lui ordonna de sortir. "Je ne le puis, repondit le cadavre, je suis liee."

"Tu vas etre deliee," repondit Satan; et aussitot il brisa comme une ficelle la troisieme chaine de fer qui restait autour de la biere: il decouvrit d'un coup de pied le couvercle, et prenant la morte par la main, il l'entraina en presence de tous les assistants. Un cheval noir se trouvait la, hennissant fierement, couvert d'une selle garnie partout de crochets de fer; on y placa la malheureuse et tout disparut; on entendit seulement dans le lointain les derniers cris de la sorciere."

FIN

Milton Keynes UK
Ingram Content Group UK Ltd.
UKHW042225180324
439698UK00005B/472